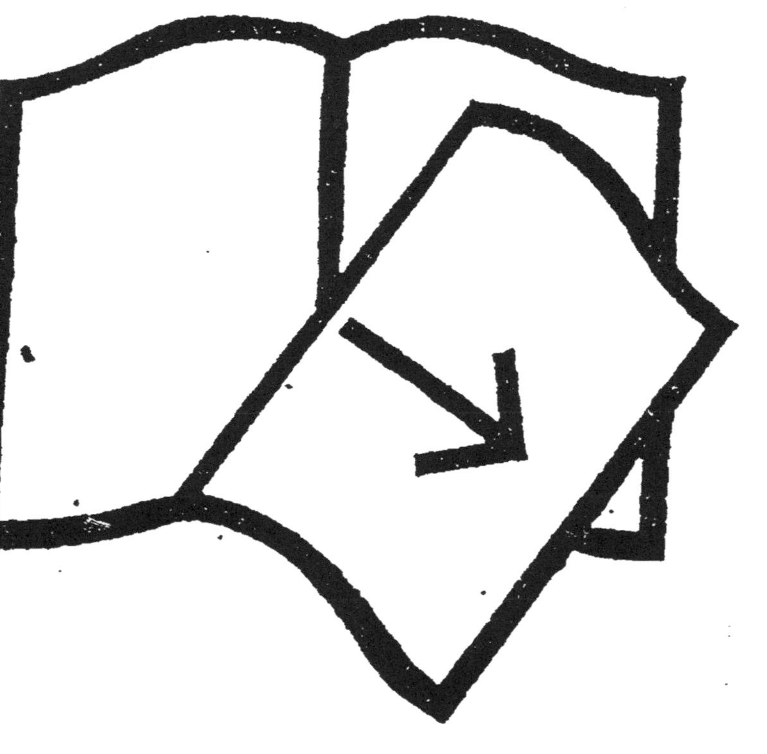

Couverture inférieure manquante

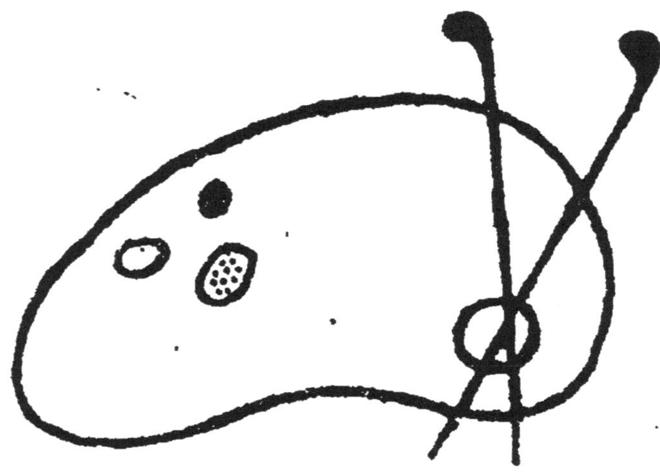

Début d'une série de documents
en couleur

e de Philosophie scientifique

ALFRED BINET

Directeur de laboratoire à la Sorbonne.

LES

Idées modernes sur les enfants

PARIS

ERNEST FLAMMARION, ÉDITEUR

26, RUE RACINE, 26

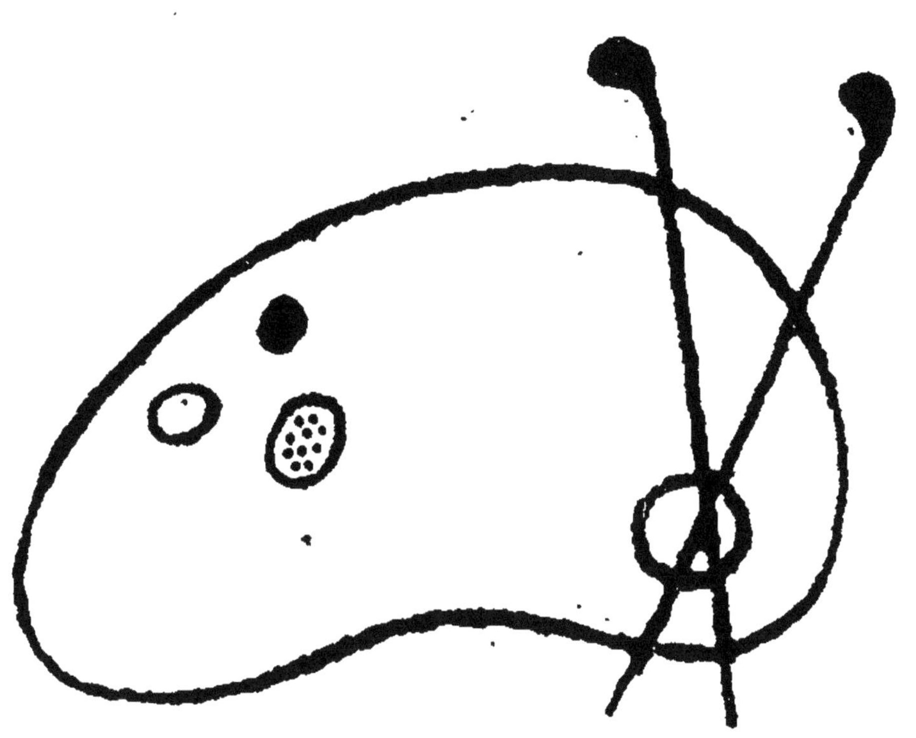

Les Idées modernes
sur les enfants

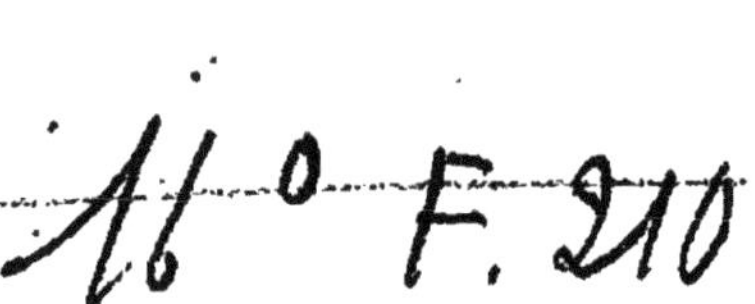

Bibliothèque de Philosophie scientifique

LES
Idées modernes
sur les enfants

PAR

ALFRED BINET

DIRECTEUR DE LABORATOIRE A LA SORBONNE

(Hautes Études.)

PARIS

ERNEST FLAMMARION, ÉDITEUR

26, RUE RACINE, 26

1909

Les
Idées modernes sur les Enfants

CHAPITRE I

But de ce Livre.

Ce livre est un bilan. Je l'ai écrit pour exprimer aussi sincèrement qu'il m'a été possible ce que trente ans de recherches expérimentales, poursuivies principalement en Amérique et en Allemagne, et un peu en France, nous ont appris sur les choses de l'éducation. On trouvera donc ici les résumés et les conclusions de ces études, qui ont été désignées, quelquefois avec enthousiasme, quelquefois aussi avec dédain, en ajoutant au mot de pédagogie les qualificatifs de *scientifique, moderne, expérimentale, physiologique, psychologique*, ou même en forgeant le mot nouveau de *pédologie*. J'ai cherché à juger quels sont, parmi tant de travaux publiés, ceux qui méritent d'être introduits dans la pratique de l'enseignement, ceux qu'on doit en rejeter, et dans quelle mesure les méthodes nouvelles doivent faire progresser la pédagogie. C'est là une des questions les plus importantes qui se posent de notre temps. J'ai essayé de l'examiner avec un grand effort d'impartialité.

Malheureusement, il m'a été impossible de faire

tenir dans le cadre étroit de ce livre le domaine très vaste de l'éducation. Il a fallu restreindre le sujet pour l'exposer avec précision et détail. J'en ai pris ce qui m'a paru présenter l'intérêt le plus vif et le plus pressant. Il doit donc être bien entendu, dès à présent, entre mes lecteurs et moi, que ce livre ne saurait répondre à toutes les questions que l'on pourrait se poser quand on envisage, en tant que père, ou que maître, ou que sociologue, l'éducation des enfants et des jeunes gens. Ces questions sont bien nombreuses; elles se ramènent à trois principales :

1° Les programmes;

2° Les méthodes d'enseignement;

3° Les aptitudes des enfants.

Disons un mot de ces trois grandes divisions, afin de nous orienter.

1° On appelle programme la liste détaillée des enseignements donnés à l'école. Ce sont les programmes qui préoccupent surtout l'opinion; ils sont l'œuvre des pouvoirs publics, et c'est sur eux que se porte constamment l'attention toutes les fois que pour des raisons politiques, ou économiques, ou autres, il se déclare dans notre pays ce qu'on appelle d'un mot curieux et bien tendancieux : *une crise de l'enseignement;* aussitôt la même pensée vient à tous, il n'y a qu'une ressource, qu'un remède, changer les programmes!

Cette préoccupation ne doit être critiquée que dans la proportion où elle est exclusive, car évidemment il faut reconnaître que le contenu de ce qu'on enseigne offre toujours une influence énorme sur l'éducation des intelligences et sur l'utilité de l'instruction. L'esprit dans lequel les programmes ont été conçus — dans le cas du moins où ils expriment un esprit quelconque — nous révèle partiellement quel est le but, l'idéal qu'on s'est proposé d'atteindre, et c'est à ce propos que se posent de très graves questions sur la valeur de cet idéal, sa valeur absolue et surtout sa valeur relative au temps, à la race. On peut se demander, par exemple : Doit-on développer, chez les enfants, surtout l'instruction ou bien l'intelligence, surtout l'intelligence ou bien aussi la volonté, surtout la volonté ou bien aussi la force physique? Doit-on, en d'autres termes, prendre comme idéal le type de l'intellectuel réfléchi et sédentaire, qui se développe par la culture des humanités et qui tend sans cesse à devenir un fonctionnaire, et plus tard un retraité? Ou bien le type de l'homme d'action, du commerçant, de l'industriel, de l'agronome, et même du colon, l'homme plein d'initiative, qui ne compte que sur lui, et qui fait passer les résultats matériels de son activité avant les soucis de sa culture intellectuelle?

Autre question, qui rentre dans la même catégorie, car elle met aussi en discussion un idéal d'éducation : Doit-on viser à développer surtout, chez l'enfant, les aptitudes sociales, comme l'habitude de la discipline, la recherche du groupement, la solidarité, le dévouement à des intérêts généraux, et une foule d'autres qualités excellentes qui sont du même genre, qui sont hautement sociales, ou bien doit-on, au contraire, favoriser tout ce qui donne l'essor à l'individu, à sa personnalité, à sa vie intérieure, c'est-à-dire le jugement personnel, le sens critique, l'esprit d'indépendance?

Ces belles questions, qui ont à diverses reprises préoccupé l'opinion, ne font pas partie de notre programme, mais nous y ferons mainte allusion et, dès à présent, nous pouvons en dire ceci : si on veut qu'elles ne restent pas à l'état de formules vagues et banales, qu'on entoure de dissertations littéraires et d'homélies, il est nécessaire de réaliser deux conditions : il faut d'abord juger la valeur relative de ces vues idéales d'éducation, en examinant le milieu, le temps, la race, les besoins et les aspirations de la société dont on veut faire l'éducation. Ce qui est bon pour les Anglo-Saxons peut être détestable pour des Latins; ce qui est bon pour tel groupe, telle classe, tel enfant, peut ne pas convenir à d'autres. Il y a là une longue discussion à faire, discussion de psychologie, de pédagogie, et surtout de sociologie.

Il faut, en second lieu, se préoccuper de savoir comment une éducation doit être conçue pour satisfaire pleinement l'idéal éducatif qu'on aura choisi, et cet ajustement n'est nullement chose aisée. Il ne suffit pas de faire une déclaration de principe. Il ne suffit pas de donner des directions morales. Il ne suffit pas de faire des appels éloquents à la bonne volonté de tous; il faut que l'œuvre d'enseignement soit organisée de telle manière que l'idée éducative influe mécaniquement sur les procédés d'éducation.

2° Après les programmes, les méthodes. Nous prenons le terme de méthodes dans le sens le plus large possible, de manière à y comprendre tous les actes, tous les procédés, toutes les organisations qui contribuent de loin, comme de près, à faire de l'enseignement. En ce sens, le choix des maîtres, leur éducation préalable, leur mode de recrutement rentrent déjà dans l'affaire des méthodes; plus directement peut-être en font partie les réglementations de la durée des études et de la distribution des leçons; pour la durée, on étudiera les nombres d'heures de classe et de journées de vacances, la date et la longueur des vacances, qui sont un repos, sans doute, mais qui peuvent devenir, en se prolongeant trop, une perte d'entraînement. On examinera comment il faut répartir les leçons suivant leur difficulté et l'aridité qu'elles présentent, si, par exemple, ce qu'il y a de plus abstrait dans le programme ne doit pas être enseigné aux premières de la journée, quand l'esprit est vivifié par le repos de la nuit ; on veillera aussi à l'alternance, si utile quand elle est bien comprise, du travail intellectuel et du travail physique, en cherchant le renouvellement d'intérêt que produit cette alternance, en évitant les dangers de l'éparpillement, en évitant encore plus l'erreur qui consiste à se reposer d'une fatigue par un exercice d'un autre genre poussé au point de devenir une seconde fatigue s'ajoutant à la première ; rien n'est plus mauvais, en effet, que de vouloir corriger un excès de travail intellectuel par un excès de travail musculaire. Toutes ces questions sont dominées par la considération si importante de la fatigue intellectuelle des écoliers et de leur surmenage, et, sur ce point, on est heureux de penser que la psychologie expérimentale a obtenu déjà des résultats appréciables.

Si on ignore encore le moyen de diagnostiquer la fatigue commençante d'un élève pris en particulier, si surtout on ne fait que pressentir les règles si graves de l'hygiène du travail intellectuel, du moins dès à présent on possède les moyens d'étudier, d'enregistrer la fatigue collective de toute une classe ; et, par conséquent, quand on le voudra, on pourra régler en conséquence de ce qu'on sait une répartition rationnelle des heures de classe, suivant l'âge des enfants et le degré des études.

Mais tout ceci n'est qu'accessoire, comparativement à une autre question qui constitue le nœud vital des méthodes d'enseignement, je veux dire la forme même de cet enseignement. Il y a bien des manières de faire pénétrer une idée, ou de forger une habitude ; on peut impressionner les organes des sens, la vue, l'ouïe, le toucher, ou bien on peut faire de l'enseignement par la parole. Certaines méthodes sont bonnes, d'autres sont détestables.

Depuis longtemps on reproche à notre Université

un abus de la méthode orale, qui consiste à s'adresser uniquement à la fonction verbale, qui transforme toute leçon en exercices de langage, qui pose comme but à tout enseignement une leçon bien apprise et pouvant être récitée. Il est évident qu'on a commis là une erreur capitale ; l'enseignement a pour but de former des manières d'agir et de penser, et de fortifier ces manières en habitudes, afin de réaliser une meilleure adaptation de l'individu à son mileu ; l'école ne vaut que comme préparation à la vie ; tout enseignement est vain qui reste verbal, car le verbalisme n'est que du symbolisme, et la vie n'est pas une parole.

Un autre défaut de l'enseignement universitaire est de laisser le sujet passif, d'en faire un récepteur, comme une urne dans laquelle on verse de l'instruction ; il faut que l'écolier soit actif, que l'enseignement soit un excitant auquel il réponde par des actes, qui seront une modification, un perfectionnement de sa conduite, et qui attesteront qu'il s'est développé comme intelligence et caractère.

Et par-dessus tout, la dernière, la plus grave des questions que soulève l'examen des méthodes, consiste à mettre en balance le nombre d'heures, de jours, d'années qu'un enfant passe à l'école, assis sur un banc, et le profit qu'il en retire ; et il faut se demander si l'affaire est bonne pour lui, et si la quantité d'instruction et d'éducation qu'il a acquise compense le temps et la peine qui ont été dépensés. Évidemment, il y aurait là-dessus beaucoup à dire, et à critiquer.

Avec regret, nous sommes obligés de nous défendre ce domaine, car ce n'est pas le nôtre. Notre livre ne traite point des méthodes d'enseignement, du moins en général ; mais, de temps en temps, nous serons obligés, par suite de notre sujet, de faire des incursions dans l'analyse des méthodes, car il est difficile d'établir des frontières entre des questions qui sont bien solidaires les unes des autres.

3° Parlons donc enfin, après toutes ces distinctions et limitations, du thème que nous avons choisi. Nous avons dit que la dernière des trois questions entre lesquelles se partage la pédagogie porte le titre suivant : les aptitudes des enfants.

Et, en effet, théoriquement, un exposé complet de l'enseignement comprend trois subdivisions : ce qu'on enseigne — ce sont les programmes ; comment on enseigne — ce sont les méthodes ; qui on enseigne — ce sont les enfants. Nous examinerons donc la pédagogie dans ses rapports immédiats avec les enfants et les écoliers ; — et particulièrement avec les garçons, écoliers de six à quatorze ans ; — nous chercherons à savoir ce qu'ils sont, en quoi consiste l'art de les connaître ; nous montrerons que cet art n'a pas pour but de nous donner le plaisir charmant de pénétrer dans leur âme, de nous jouer leurs idées et leurs émotions, mais qu'il s'agit de dégager leurs aptitudes réelles, afin de couper à leur mesure l'enseignement qu'ils reçoivent. C'est là une des parties les plus négligées de l'éducation, et je ne crains pas de dire qu'on surprendrait beaucoup de pédagogues en leur apprenant qu'elle existe.

Dans la centaine de livres d'éducation qui se publie annuellement, on ne trouve souvent pas une seule page, où l'auteur se soit inquiété des aptitudes différentes des enfants. L'enfant, pour ces pédagogues peu avertis, est une quantité négligeable. On semble admettre *a priori* que l'enfant n'est pas autre chose qu'un homme en miniature, *homunculus*, avec des atténuations en degré de toutes les facultés de l'adulte ; on admet encore qu'il existe un enfant type, et auquel tous ressemblent plus ou moins ; et on méconnaît ainsi toutes les différences qui existent, non seulement entre leurs caractères, leurs manières de sentir, mais aussi entre leurs manières de penser, et leurs aptitudes intellectuelles. Beaucoup de maîtres sont dans cette erreur ; ils ont devant eux une classe composée de 40 à 60 élèves, et quelquefois davantage ; au moment où ils répandent l'enseignement sur cette petite foule enfantine, ils fixent leur attention sur la valeur de l'enseignement en lui-même, considéré *in abstracto*, dans l'absolu, et non sur les qualités de réceptivité des enfants, sur leurs caractères et leurs aptitudes, et sur la nécessité de s'adapter à leurs besoins et à leurs capacités.

Leur classe est un troupeau dont ils ne discernent pas les unités. Ils donnent donc le même enseignement à tous, ils les traitent tous de la même manière, par exemple, ceux qui ont de la mémoire et ceux qui n'en ont pas ; ils se préoccupent si peu de toutes ces existences individuelles que souvent j'ai été surpris de constater qu'ils ignorent l'âge de leurs élèves ou qu'ils n'en tiennent aucun compte. Si, sur le même banc, le hasard a rapproché un enfant de neuf ans et un autre de douze ans, ils demanderont à ces deux écoliers le même effort, et les puniront de la même peine pour la même faute, ce qui est une application vraiment injuste de la règle qui veut que la justice soit égale pour tous.

Je me rappelle, à ce propos, le fait suivant, qui m'est resté dans la mémoire, parce qu'il m'a prouvé qu'un maître, qui est professeur excellent, peut n'être qu'un observateur médiocre. Je demandais un jour à ce maître de me désigner l'enfant le plus intelligent de sa classe ; et il me nomma un élève de douze ans. Dans sa classe, l'âge moyen et normal des enfants était de dix ans ; celui qu'il me désignait n'aurait donc pas dû, s'il avait été régulier dans son développement intellectuel, rester dans cette classe-là ; il aurait dû être monté bien plus haut ; il avait un retard d'instruction, et probablement d'intelligence, qui était égal à deux ans. Quelle étrange erreur de ne pas tenir compte de son âge, et de présenter cet arriéré — car c'en était un — comme le plus intelligent de quarante enfants !

Je citerai un autre exemple de la tendance des maîtres à ne pas tenir compte des facultés de leurs élèves; c'est un exemple très simple, très facile à comprendre, et on s'étonnera peut-être qu'une pareille erreur puisse être commise. Beaucoup d'écoliers ont une faiblesse de la vue et de l'audition, et ils profitent mal, on le comprend, d'un enseignement qu'ils ne perçoivent pas. J'ai fait avec le Dr Simon une enquête dans les écoles de Paris; j'ai examiné un grand nombre d'enfants, au point de vue vision, j'en ai trouvé plusieurs, plus de 5 %, qui avaient une vision défectueuse. Le croirait-on? Dans la plupart des cas, les maîtres ne se doutaient de rien; l'enfant était placé trop loin de la chaire ou du tableau noir, pour entendre et pour voir; mais comme d'ordinaire les enfants ne se plaignent pas, le maître n'avait pas songé un seul instant à les rapprocher de lui et de son tableau. J'ai pu intervenir utilement, et, grâce au bienveillant appui de M. Liard, obtenir des maîtres du primaire, dans toute l'académie de Paris, qu'ils fassent annuellement un examen pédagogique de la vision.

Je terminerai par un autre exemple, relatif à la psychologie de ce qu'on peut appeler les « queues de classes ». Il y a dans toute classe nombreuse un certain nombre de cancres qui sont invariablement les derniers dans les compositions, et qui ne profitent pour ainsi dire jamais de l'enseignement donné en classe; ils y restent aussi étrangers que les mendiants qui vont l'hiver se chauffer dans notre musée du Louvre restent indifférents à la beauté des Rembrandt. Rien n'est plus intéressant que de connaître la psychologie de ces cancres; il faut les examiner l'un après l'autre, savoir pour quelle raison ils occupent ce rang inférieur, si c'est par défaut d'intelligence ou de caractère, et si leur état peut être amendé. C'est une question qui a une grande importance sociale ; et on doit se préoccuper constamment de diminuer le nombre de ces déchets, afin qu'ils ne deviennent pas définitifs. Mais, je le demande, combien y a-t-il de maîtres qui aient fait une étude attentive de ces cancres, qui aient cherché à les secourir, et qui se soient dit : « si ces élèves réussissent si mal dans leurs études, c'est peut-être ma faute autant que la leur? »

Je suis persuadé que plusieurs maîtres excellents s'en sont préoccupés; mais je sais par expérience que beaucoup aussi ne se doutent même pas qu'il y a là une question à étudier, un devoir professionnel à accomplir; ils semblent admettre implicitement que dans une classe où il y a des premiers, il doit y avoir aussi des derniers, que c'est là un phénomène naturel, inévitable, dont un maître ne doit pas se préoccuper, comme l'existence de riches et de pauvres dans une société. Quelle erreur encore!...

Et puisqu'il est bon de toujours procéder par des exemples réels, concrets, vivants, je relaterai ici ce que j'ai observé un jour dans une école normale d'instituteurs de province. Il y a de cela une dizaine d'années. Je faisais alors des expériences, avec mon cher ami et collaborateur Victor Henri, sur une promotion d'élèves-maîtres. Cette promotion n'était pas composée uniquement de sujets brillants; les premiers ne manquaient pas de finesse d'esprit; mais ceux que le directeur d'école avait classés derniers étaient véritablement des natures très lourdes, qui auraient été à leur place derrière la charrue beaucoup mieux que dans une chaire de professeur. L'inspecteur d'Académie m'avait expliqué la raison déplorable de cette infériorité; le département était riche, peuplé de châteaux, et les jeunes gens intelligents qui voulaient gagner beaucoup préféraient entrer dans la grande domesticité de ces châtelains; on avait beaucoup de peine à recruter des instituteurs, et on n'était pas trop difficile, on prenait ce qu'on trouvait. C'est sur cette série qui se composait de seize sujets, que je fis une foule d'expériences, pendant tout un hiver; et c'est ainsi que je m'aperçus d'un fait qui fut pour moi une révélation; le classement donné par le directeur était vérifié par toutes celles de mes épreuves qui ressemblaient à des exercices scolaires, qui exigeaient un sens littéraire ou le maniement d'idées générales; mais certaines épreuves demandaient des facultés tout autres, une vision dans l'espace, par exemple, une certaine adresse manuelle, ou un discernement de petites différences de sensation; bref, dans ces derniers exercices, on ne faisait pas de la haute culture, mais on se rapprochait un peu des travaux manuels et des actes de la vie pratique. O surprise! Les derniers de la série, ces esprits si lourds, si peu intelligents, réussissaient aussi bien et même mieux que certains premiers pour ces travaux empiriques, qui présentaient cependant d'assez grandes difficultés. Et je compris alors quelle erreur on commettait en les jugeant d'après des épreuves qui n'étaient pas faites pour leur nature d'esprit, et surtout en leur donnant un genre d'instruction qui était contraire à leur type intellectuel.

J'espère en avoir assez dit, non pas pour convaincre mes lecteurs, mais au moins pour leur donner cette idée qu'il y a peut-être là une question dont on ne se préoccupe pas assez. Quant à moi, après une expérience déjà longue, — il y a vingt-cinq ans que je fais des recherches dans les écoles, — je crois que la détermination des aptitudes des enfants est la plus grosse affaire de l'enseignement et de l'éducation; c'est d'après leurs aptitudes qu'on doit les instruire, et aussi les diriger vers une profession. La pédagogie doit avoir comme préliminaire une étude de psychologie individuelle.

Bien entendu, si on exagère une idée juste, on la

fausse; un enseignement ne doit pas être approprié uniquement aux aptitudes de chacun, car nous ne sommes pas seuls au monde; nous vivons dans un temps, dans un milieu, parmi des individus et une nature auxquels nous sommes obligés de nous adapter; l'adaptation est la loi souveraine de la vie. L'instruction et l'éducation, qui ont pour but de faciliter cette adaptation, doivent nécessairement tenir compte à la fois de ces deux données : le milieu avec ses exigences, l'être humain avec ses ressources.

Il peut arriver que ces deux données s'harmonisent mal, et qu'on soit obligé à un compromis; la question n'est pas simple. Quelques enfants, par exemple, — ce sont à la vérité des anormaux, — ont beaucoup de peine pour apprendre à lire; c'est un supplice pour eux; leurs tendances d'esprit les attireraient dans un domaine tout différent; et si on ne consultait que leur psychologie, on leur apprendrait plutôt à manier le marteau que le syllabaire. Ce serait faire peut-être de la bonne psychologie, ce serait faire aussi de la bien mauvaise sociologie. Dans notre société moderne, où le nombre des illettrés devient infime, la lecture et l'écriture jouent un rôle si important, surtout dans les grandes agglomérations, que l'illettré s'y trouve dans un état grave d'infériorité; il faut donc imposer aux arriérés, toutes les fois que c'est possible, l'effort de l'apprentissage de la lecture, en raison du milieu où ils doivent vivre.

Quelques pédagogues et psychologues se sont préoccupés, dans ces derniers temps, de l'importance des aptitudes individuelles; et, par suite d'une réaction violente contre la routine actuelle, quelques-uns des plus zélés sont allés jusqu'à demander ou à poser comme idéal « l'école sur mesure ». C'est une école doit l'enseignement serait individualisé au point qu'on tiendrait compte de la personnalité physique, intellectuelle et morale de chaque élève. Si on en demande tant, on n'obtiendra rien. Un enseignement public ne peut être que collectif, donné par un maître à plusieurs élèves à la fois : collectif, c'est le contraire d'individuel c'est du vêtement tout fait, et non du vêtement sur mesure. L'enseignement collectif ne doit pas être rejeté complètement, il a des avantages nombreux, dont on ne peut pas se passer, car sans lui, il n'y a ni imitation, ni émulation, ni esprit de corps, ces excitants si puissants du progrès. Nous préférons quelques solutions moins radicales, parmi lesquelles nous recommandons les suivantes. On pourrait, dans les écoles nombreuses, où la loi impose l'organisation de classes parallèles, étudier une répartition des élèves dans ces classes selon leurs aptitudes; dans certaines on ferait plus de littérature, dans d'autres plus de sciences, dans d'autres plus de pratique et plus de travail d'atelier. Nous ne donnons que des exemples, mais ces exemples, bien entendu, devraient être profondément étudiés. C'est bien là du reste ce qui a été réalisé dans notre enseignement secondaire par le régime des cycles. On pourrait en essayer l'introduction dans l'enseignement primaire. On pourrait veiller à ce que la répartition des élèves dans ces classes ne se fît pas au hasard, c'est-à-dire uniquement selon le désir souvent bien aveugle des familles et des élèves. Sans entreprendre contre la volonté de personne, je crois qu'un maître averti serait capable de donner des conseils utiles, surtout s'il prenait la peine d'étudier de près les qualités d'un enfant. En effet, mon opinion mûrement réfléchie est que nous n'avons pas tellement besoin d'une nouvelle réglementation ministérielle : ce qui est infiniment plus utile, c'est que les maîtres de tous ordres ne continuent pas à rester dans une ignorance systématique de ces questions de psychologie individuelle, c'est qu'ils ne s'en méfient pas, c'est qu'ils s'y intéressent, et surtout qu'ils les pratiquent. Il faut un esprit nouveau dans nos écoles, et cet esprit doit résulter d'un rapprochement entre le maître et les élèves. L'administration peut faire quelque chose pour ce rapprochement, en diminuant le nombre des classes trop nombreuses : car il est évident que si un professeur doit enseigner à soixante enfants, il n'a pas le temps de les connaître individuellement, et il perd le goût de pénétrer leur psychologie. Faciliter le travail, ne pas l'entraver, ne pas le rendre impossible, c'est tout ce qu'on peut demander à une administration intelligente. Le reste appartient à l'initiative du maître. Nous voudrions que l'usage s'établît des causeries après la classe ; nous voudrions que le maître assistât à quelques récréations, qu'il fût un entraîneur, un organisateur de jeux ; que son caractère, la sympathie qu'il inspire le fissent prendre souvent comme arbitre ; que surtout il inspirât confiance, et qu'au besoin les enfants fussent encouragés à lui faire des confidences. C'est un usage pratiqué par les prêtres et par les professeurs d'Outre-Manche. D'autre part, il est à désirer que le maître s'instruise des questions de psychologie individuelle, en connaisse les méthodes, apprenne l'art d'interroger sans faire de suggestion, et s'imprime dans l'esprit les types de mentalité enfantine les plus connus, afin de pouvoir ramener à quelques-uns de ces types, quand la chose est possible, les mentalités de ses élèves : car c'est par ces classements qu'on fait les meilleurs diagnostics. Et enfin, en troisième lieu, ce qu'il faut demander aux maîtres, c'est de prendre avec décision l'attitude d'expérimentateurs, quand c'est nécessaire ; nous les convions, dans les cas de doute, à appliquer quelques-uns de ces *mental tests*, qui précisent une aptitude, une faculté ; nous leurs indiquerons seulement, au cours de ce livre, quand nous leur donnerons le détail des mental tests vraiment utiles et pratiques, les nombreuses règles de prudence dont il ne faut pas se départir soit pour expérimenter, soit pour interpréter après l'expérimentation.

Il y a là, on le comprend, toute une formation d'esprit nouvelle, tendant à faire du professeur ce qu'il est rarement; il est un enseigneur, il doit devenir aussi un observateur. Ce sont deux attitudes bien différentes, et l'expérience m'a appris à quel point elles sont indépendantes. J'ai rencontré des maîtres merveilleux, qui imaginaient sans cesse de nouvelles méthodes d'enseignement, et tenaient bien en main toute leur classe; les progrès d'instruction, d'éducation et même d'intelligence qu'ils faisaient faire à leurs élèves étaient indéniables. Mais ces enseigneurs n'étaient nullement des observateurs; ils ne pouvaient presque rien nous apprendre sur l'histoire, les aptitudes, les caractères de leurs élèves, et, par conséquent, ce qu'ils savaient restait leur propriété personnelle et incommunicable. Seguin, le célèbre professeur d'anormaux, était un instituteur de cette espèce; il a écrit des livres où il n'y a rien. J'en ai vu d'autres, bons esprits aussi, qui assistaient à mes recherches d'observation, mais les troublaient constamment par des interventions intempestives qui me prouvaient qu'ils n'avaient par compris la différence entre l'enseignement et l'observation; quand il s'agissait uniquement de voir, d'observer, de juger, c'est-à-dire de constater un état de fait, ils avaient l'obsession de redresser, corriger, enseigner; ils ressemblaient à ces examinateurs qui, au lieu de se contenter de poser des questions, veulent faire constamment la leçon au candidat.

La formation d'esprit qui est nécessaire à un observateur est donc toute différente de celle d'un professeur; ajoutons que c'est une éducation qui ne s'improvise pas; ajoutons encore et surtout que cette éducation ne peut pas s'acquérir uniquement en écoutant des cours.

J'avoue même, tout bas, que les conférences pédagogiques, souvent excellentes, que l'on fait aujourd'hui un peu partout pour rehausser l'éclat de la pédagogie dans l'esprit de tant de gens qu'elle ennuie et qui la dédaignent, me paraissent avoir un grand inconvénient : celui de sacrifier à la leçon apprise, au développement du langage, ce qui est déjà la plaie de notre enseignement. Il vaudrait bien mieux, à notre avis, des leçons de choses, des travaux pratiques de pédagogie ou de psychologie individuelle, où on mettrait les élèves-maîtres en présence de certaines difficultés, où on leur ferait chercher la caractéristique mentale d'un enfant, les méthodes à lui appliquer. A ces travaux pratiques de pédagogie j'ajouterai un autre secours, *les consultations pédagogiques*, données par des spécialistes comme des exemples pour instruire; ces consultations m'ont paru si importantes que j'en ai publié quelques-unes dans ce volume[1]. Dans cet ordre d'idées, je crois bien que tout reste à faire; mais, certainement tout se fera. Il le faut. L'intérêt des enfants l'exige. L'intérêt de la société l'exige aussi. Je n'écris ce livre que pour aider au développement de ce mouvement.

1. J'ajoute que le *laboratoire de pédagogie* que j'ai créé il y quatre ans, dans une école primaire de Paris, rue Grange-aux-Belles, et où M. Vaney, directeur de l'école, a été mon collaborateur assidu et si consciencieux, est ouvert libéralement à ceux qui désirent des consultations pédagogiques sur des enfants. Je profite de l'occasion pour remercier tous ceux qui ont favorisé nos recherches de pédagogie expérimentale dans ce milieu, et en toute première ligne mes amis M. Bédorez, directeur de l'enseignement primaire de la Seine, et M. Belot, inspecteur primaire.

CHAPITRE II

L'Enfant à l'École.

I

LE CRITÉRIUM D'UNE BONNE INSTRUCTION.

Il ne faut jamais perdre de vue, lorsqu'on parle de l'éducation, de l'instruction et de la formation des esprits, que toute activité humaine est soumise à une loi souveraine : l'adaptation de l'individu à son milieu ; et que l'enseignement qu'on donne aux jeunes ayant pour but d'augmenter la valeur de cette adaptation, ne doit être jugé que par la réponse à cette question capitale : l'adaptation a-t-elle été améliorée ? Voilà notre critérium de pédagogie. Mais ajoutons que pour apprécier sainement avec ce critérium un enseignement quelconque, il est très important de tenir compte à la fois de l'intérêt de l'individu et de l'intérêt de la société à laquelle il appartient. Pour qu'une éducation soit jugée bonne, il faut non seulement qu'elle augmente le rendement d'un individu particulier, mais qu'elle fasse profiter la collectivité de cette augmentation. S'il n'en était pas ainsi, il faudrait considérer comme bons des enseignements pernicieux, ou même criminels, par exemple celui de l'escroquerie, si cet enseignement réussissait à former des élèves d'un tel mérite qu'ils ne seraient jamais pincés par la police, et qu'ils arriveraient tous à la fortune.

On ne peut pas, dans nos milieux sociaux, porter un jugement quelconque de valeur, sans prendre en considération l'intérêt de la société autant que celui de l'individu.

Cette règle une fois posée, il s'ensuit que pour savoir si un programme d'enseignement est bien conçu, si les méthodes d'enseignement sont à conserver, si l'ajustement de tout cela aux aptitudes de l'écolier a eu lieu convenablement, il est nécessaire de recourir à une constatation de fait. Il faudrait suivre les écoliers dans la vie, savoir ce qu'ils y deviennent, apprécier leur destinée, et prendre comme terme de comparaison d'autres individus, qui ont reçu un enseignement tout différent ou nul. En effet, l'école se juge par ses conséquences post-scolaires : elle n'a pas d'autre raison d'être ; elle ne se juge pas, ou elle se juge incomplètement, par ses succès d'examens et de concours ; et il faut avoir perdu les notions d'ensemble pour voir dans les prix, dans les examens de fin d'année le but de l'enseignement. L'erreur est fréquente chez les écoliers. Ils ne savent encore presque rien de la vie ; la vie, pour eux, c'est l'école ; ils ne songent qu'à s'adapter au milieu scolaire, qu'ils considèrent comme une fin, et non comme une préparation ; lorsqu'on leur donne une leçon à apprendre, ils s'imaginent que c'est pour la réciter, et que lorsqu'ils l'ont récitée, et ont obtenu la note, ils peuvent l'oublier ; ils s'imaginent qu'on fait ses devoirs pour mériter des récompenses, et que si on est paresseux, la seule conséquence qui en résulte, c'est qu'on a le bonnet d'âne ou des privations de sortie.

Ce n'est que bien plus tard que l'esprit de l'enfant dépasse les murs de l'école, et considère les conséquences utiles, mais plus lointaines, de l'enseignement qu'on lui donne. Cet élargissement d'horizon est une loi naturelle du développement mental. Je me demande si chez beaucoup de maîtres il n'y a pas eu un arrêt de ce développement naturel.

Eux aussi n'ont-ils pas de l'école la conception d'un milieu qui se suffit à lui-même, et que les élèves sont faits pour l'école, et non l'école pour les élèves ? Et les parents, qui tiennent tellement dans certains milieux à ce que leur progéniture passe le baccalauréat, parce que c'est un moyen de distinction sociale entre la bourgeoisie et la classe ouvrière, ne cèdent-ils pas à la même illusion, ne pensent-ils pas que le diplôme a en soi une vertu mystérieuse ?

Il est vrai que quelques ironistes prennent de temps en temps le contre-pied de ces préjugés, en décriant l'importance des succès scolaires. A les entendre, ce sont les derniers au lycée qui arrivent les premiers dans la vie. On cite volontiers des exemples. Chacun connaît celui de Mérimée ; le romancier impeccable n'aurait été qu'un cancre. On en a dit autant de Darwin. Dernièrement, Maurice Donnay mettait toute sa verve malicieuse et charmante à célébrer les mérites de celui qui n'a été que le vingt-troisième. Mais a-t-il réellement le droit de se moquer de l'enseignement du lycée ? Il m'a raconté que sa vie scolaire se passa dans l'engourdissement d'un rêve, où il pensait à très peu de chose ; il se calomnie ; de son propre aveu, il a remporté deux prix au lycée, l'un de gymnastique, l'autre de catéchisme. N'est-ce pas admirable, et cela n'atteste-t-il pas un développement tout à fait harmonieux du corps et de l'âme ?

La vérité ne doit pas être cherchée dans un juste milieu entre ces deux opinions extrêmes, dont la dernière, qui consiste à dédaigner l'enseignement de l'école et ses classements, est purement fantaisiste, car elle ne s'appuie que sur des anecdotes. Ce que nous souhaitons, ce n'est pas à proprement parler un revirement d'opinion, c'est d'une part, qu'on parte de cette notion si simple que l'école ne vaut que comme préparation à la vie, et que d'autre part, pour juger de la valeur de cette préparation, on ne se contente pas d'à peu près ou d'observations accidentelles. Nous sommes étonnés d'avoir à constater qu'il nous manque une étude suivie sur la destinée des écoliers, mise en rapport avec l'enseignement qu'ils ont reçu ; une large statistique, ou, pour mieux dire, une étude sérieuse et approfondie, qui s'appuierait sur des statistiques critiquées, aurait dû être faite depuis longtemps pour nous mettre en mesure de nous rendre compte si l'enseignement que nous donnons est utile, ou s'il ne doit pas être modifié. Généralement, l'œuvre la plus importante est celle à laquelle on pense le moins ; mais il arrive aussi que par la nécessité elle finit par s'imposer à l'attention. On le voit bien en ce moment même ; le besoin de contrôle que nous signalons commence à se faire jour. D'une part, il s'est déclaré dans les milieux primaires ce qu'on appelle « une crise de l'apprentissage », qui met en cause les programmes de l'instruction dans les écoles ; et d'autre part, depuis longtemps, on crée des écoles techniques, des cours, des ateliers, mille moyens divers de donner au jeune apprenti l'enseignement professionnel ; certes, on n'y a pas toujours réussi, il est même arrivé souvent qu'on faisait fausse route, et que des écoles supérieures, entretenues à grands frais, n'ont servi à former que des fonctionnaires, au lieu d'ouvriers ; mais il n'importe ; si le remède n'est pas trouvé, on est devenu conscient du mal, et on a compris que pour juger l'école, il faut regarder dans la vie. De même toutes ces œuvres d'instruction et d'éducation post-scolaire, pour lesquelles on a déjà tant dépensé, et qui, elles aussi, ont manqué si souvent leur but, prouvent bien que l'on comprend l'utilité de juger l'enseignement en tant que préparation à la vie réelle. Peu à peu, on abandonnera ces idées généreuses, mais vraiment trop schématiques, d'après lesquelles l'instruction est un bien en soi, et la lecture vaut comme moralisation ; on comprend que l'instruction n'est qu'un moyen, un moyen dont on doit se servir pour rendre meilleure l'adaptation de l'individu à son milieu ; conséquemment, il n'y a point d'instruction qui par elle-même soit recommandable, comme une vérité unique ; l'instruction étant un moyen doit varier avec les personnes, les tempéraments, les milieux économiques auxquels l'individu disputera sa vie. Au lieu d'une sorte d'étude abstraite des programmes, on fera de plus en plus une étude d'ajustement, et on modifiera l'instruction en vue des buts bien déterminés qu'on veut atteindre.

Réduit à mes seules forces, j'ai essayé d'entreprendre en petit l'enquête que je préconise, et les résultats que j'ai recueillis m'ont démontré surtout que la question à résoudre est moins simple que je ne le croyais. Je me suis adressé à un instituteur de la campagne qui a exercé pendant vingt-cinq ans dans le même village et qui en connaît tous les habitants. Sur ma demande, cet instituteur, M. Limosin, a dressé la liste de cent anciens élèves, dont une moitié avait passé le certificat d'études et dont l'autre moitié n'avait pas passé cet examen ; il a recherché ce que ces élèves sont devenus depuis leur sortie de l'école et, suivant leur situation sociale et leur degré de réussite, il les a cotés de 1 à 10. L'adjoint de la commune a été appelé à coter aussi tous ces élèves, sans connaître le travail de l'instituteur, et leurs appréciations, quoique différant de temps en temps par un point ou deux, ont donné sensiblement les mêmes résultats d'ensemble. Les élèves pourvus du certificat d'études ont obtenu en moyenne la note 7, qui signifie que leur condition sociale est assez bonne, tandis que les autres élèves n'ont obtenu que la note 5, 3, qui signifie que leur condition sociale est médiocre ou s'élève à peine au passable.

La première idée qui me vint en recueillant ces résultats fut qu'ils étaient tout à l'honneur de l'école primaire et que celle-ci constitue, dans le petit village qui fut étudié, une préparation excellente à la vie, puisque les élèves que l'école a pourvus de leur certificat d'études sont ceux qui ont le mieux combattu dans le champ clos de l'existence. Après un peu de réflexions, je me sens moins sûr de cette conclusion; je la crois très exagérée. Ce qui me paraît prouvé, c'est qu'on réussit dans la vie grâce à trois facteurs principaux, la santé, l'intelligence et le caractère; ajoutons-y un quatrième facteur, un peu de fortune. Il me semble qu'à l'école aussi, pour obtenir l'examen final, il faut montrer des qualités analogues de santé, d'intelligence et de caractère; si la fortune des enfants et des parents n'entre pas directement en jeu, elle constitue cependant pour l'écolier un avantage indéniable, car les parents les plus fortunés ont plus de loisirs pour s'occuper des études de leurs enfants, ils les nourrissent mieux et leur assurent une meilleure hygiène, et, en fait, ils collaborent davantage que les parents pauvres à l'œuvre de l'école. Donc, il résulte de tout ceci que le milieu scolaire et le milieu social se ressemblent assez; ils subissent les mêmes influences, et ceux qui parviennent à bien s'adapter au premier de ces milieux ont des chances de bien s'adapter aussi au second.

Voilà ce qui semble démontré par notre petite statistique. Mais je crois qu'on en dépasserait le sens si on en concluait que l'école, telle qu'elle est actuellement organisée, avec ses programmes et ses méthodes, constitue une bonne préparation à la vie. C'est une toute autre question. L'acquisition de l'instruction scolaire chez ceux qui réussissent dans la vie est une preuve d'intelligence et de caractère, et non une preuve que l'instruction qu'on leur donne est le meilleur viatique dans le « struggle for life ». Pour prouver le bien fondé de cette distinction, imaginons une école primaire où l'on imposerait aux enfants un enseignement d'une inutilité criante; on leur ferait apprendre, par exemple, de l'hébreu ou du chinois : ce sont encore les plus intelligents, ceux qui plus tard réussiront le mieux, qui arriveront à acquérir leur brevet de chinois; mais ce ne sera pas une preuve que cet enseignement-là pourra être bien utile à des petits Français. On comprend par là qu'il faut analyser cette question pour y voir un peu clair. L'enquête devrait consister surtout à demander à d'anciens élèves quelles sont les notions scolaires qui leur ont servi, quelles sont celles qu'ils jugent inutiles, celles aussi qu'ils regrettent qu'on ne leur ait pas données. Il faudrait encore comparer la destinée post-scolaire d'élèves ayant reçu des genres d'instruction tout à fait différents. Pourquoi dans les musées et les écoles de sciences sociales, n'a-t-on jamais fait cette enquête?

II

LA MESURE DU DEGRÉ D'INSTRUCTION.

Pour le moment, nous sommes obligés de juger les élèves d'après les programmes de l'enseignement auquel ils ont été soumis. Nous acceptons donc cet enseignement et ces programmes comme une fin qui ne se discute pas et nous devons considérer comme le meilleur celui des élèves qui a pu s'assimiler le plus de connaissances scolaires.

Occupons-nous surtout de la forme de l'examen; recherchons comment se fait le choix des questions et de quelle manière elles sont posées. Bien des réformes seraient à introduire ici, et tout le monde a pu vérifier les observations que je vais consigner.

Si on suit attentivement quelques examens de droit ou de médecine, on est surpris de la différence qui existe entre les exigences de professeurs faisant passer un examen identique. Certains sont très indulgents, peut-être par bonté, peut-être par indifférence et scepticisme, et ils ne semblent avoir d'autre idée que de tendre la perche au malheureux candidat qui se noie; ils ne le refusent que s'ils y sont contraints et forcés. Il y en a d'autres qui semblent avoir pour objectif de *coler* le candidat; l'examen est une vraie lutte à main plate, et ils ne s'arrêtent que lorsque leur adversaire a été *tombé*. D'autres encore se font sur un sujet une opinion personnelle et ils veulent que le candidat trouve leur idée ou même le mot qu'ils ont dans l'esprit, ce qui ne serait possible que par un miracle de télépathie. Il résulte de tout cela que les questions posées à un même examen sont d'une si grande différence de difficulté que le succès d'un candidat ressemble à une loterie. Je me rappelle avoir suivi avec grand intérêt plusieurs examens d'anatomie. Certains jurys prononçaient l'admission pour des élèves qui réellement étaient au-dessous du médiocre; d'autres refusaient sans pitié des étudiants beaucoup plus instruits. Le caractère de l'examinateur, ses dispositions du moment, ses aigreurs d'estomac, la présence d'un confrère compétent qui l'écoute et le juge, toutes ces petites causes peuvent changer du tout au tout la manière d'interroger et de coter. Il est à observer qu'en général les spécialistes sont féroces dans leur partie; un anatomiste et un chirurgien sont bien plus exigeants en anatomie qu'un chimiste ou un clinicien; un romaniste est plus impitoyable en droit romain qu'un économiste. Et j'ajouterai encore que la « tête du candidat » peut lui profiter ou lui nuire, suivant la sympathie ou l'antipathie qu'il inspire. On m'a avoué un jour que, dans les examens oraux, un examinateur absolument impartial d'intention ne le sera pas en fait pour une candidate dont la figure ne lui déplaît pas.

Nous avons essayé, à notre laboratoire de pédagogie, de montrer que toutes ces erreurs et défaillances
ne sont pas inévitables et qu'il est possible d'organiser
des examens qui soient des *mesures* du degré d'instruction. C'est mon collaborateur, M. Vaney, qui a été
chargé de ce travail[1]. Il a arrêté tout un plan d'examens qui permet de mesurer l'instruction d'un élève,
âge par âge, depuis sept ans jusqu'à douze ans. C'est
une méthode qu'on a rendue applicable à l'instruction
de l'école primaire seulement, parce que notre laboratoire est situé dans une école primaire et que,
d'ailleurs, l'enseignement secondaire reste fermé jusqu'ici à la plupart de nos recherches de psychologie
expérimentale. Mais il serait bien facile d'étendre la
méthode à l'enseignement secondaire et à n'importe
quelle espèce d'enseignement, car le principe de la
méthode resterait le même.

Ce principe se résume dans les deux propositions
suivantes : 1° l'examen n'est pas livré au hasard, au
caprice de l'inspiration, aux surprises des associations
d'idées, il se compose d'un système de questions dont
la teneur est invariable, et dont la difficulté est dosée;
2° le degré d'instruction d'un enfant n'est point jugé,
in abstracto, comme bon, médiocre, mauvais, suivant
une échelle subjective de valeur; il est comparé au
degré d'instruction de la moyenne d'enfants de même
âge et de même condition sociale qui fréquentent les
mêmes écoles.

Le résultat obtenu peut être aussitôt transformé,
sans commentaire d'aucune sorte, en une notation
qui exprime qu'un enfant est, pour son instruction, un
régulier, ou qu'il est en avance de six mois, d'un an,
de deux ans, et ainsi de suite, ou, au contraire, en
retard de six mois, un an ou deux ans, et davantage.

Ce système de notation est si commode qu'après

1. Voir à ce propos *Année psychologique*, XI, p. 146.

l'avoir applique à l'instruction, nous l'avons étendu à l'intelligence, à la force musculaire, au développement ;physique ; en un mot, à tout ce qui se mesure chez un écolier.

Nous n'avons pas l'intention de donner ici les détails si nombreux qui sont nécessaires pour exécuter en pratique une de ces mesures d'instruction dont nous venons de parler. Il suffira d'en montrer la possibilité en reproduisant le tableau très simple, qui sert de base à ce procédé ; ce tableau porte le nom de *barème* d'instruction. Il indique quelles sont les connaissances scolaires qu'on peut raisonnablement demander à un écolier, car elles sont possédées, ces connaissances, par la moyenne des écoliers de même âge.

On interroge les enfants sur trois matières principales d'enseignement : la lecture, l'orthographe et le calcul. Il serait possible, et même facile, croyons-nous, d'ajouter des interrogations typiques sur l'histoire, la géographie, les sciences, et de graduer des exercices de rédaction.

1° *Lecture.* — Pour caractériser la lecture, on a senti le besoin d'établir des degrés plus variés, et surtout plus sûrs, que ceux qui consisteraient à juger qu'un élève lit bien, passablement ou mal. Ces degrés, imaginés pour la première fois par notre collaborateur M. Vaney, sont assez nets pour que deux observateurs, après un peu d'exercice, arrivent à les juger identiquement ; ils offrent, en outre, l'intérêt de nous faire connaître quel est le développement exact, la psychogénie d'un acte appris, c'est ce que nous expliquerons plus loin. On a donc distingué trois degrés principaux, et les voici : la lecture *syllabique*, qui consiste à faire des pauses entre chaque syllabe ; la lecture *hésitante*, qui présente des arrêts après chaque mot ou après un groupe de mots, arrêts qui ne sont

BARÈME D'INSTRUCTION

Organisé par M. Vaney pour les écoles primaires de Paris.

AGE des enfants.	DEGRÉS de lecture.	PROBLÈMES TYPES DE CALCULS	ORTHOGRAPHE	
			Phrase type.	Nombre de fautes.
6 à 7 ans.	Sous-syllabique ou syllabique.	De 19 pommes, retrancher (ou ôter ou retirer) 6 pommes. Combien en reste-t-il ?	Les jolies petites filles étudient les plantes qu'elles ont ramassées hier.	16
7 à 8 ans.	Hésitant.	Soustraire 8 sous de 59 sous. Combien en reste-t-il ?		11
8 à 9 ans.	Hésitant ou courant.	Une caisse contient 604 oranges. On en vend 58. Combien en reste-t-il ?		8
9 à 10 ans.	Courant.	Pour faire une robe, il faut 7 mètres d'étoffe. Combien fera-t-on de robes avec 89 mètres, et quelle sera la longueur de ce qui restera d'étoffe ?		6
10 à 11 ans.	Courant ou expressif.	Un ouvrier gagne 250 francs dans le mois de février, qui a 28 jours. Il dépense 195 francs. Combien a-t-il économisé par jour ?		4

point nécessités, bien entendu, par le sens ou par la ponctuation; la lecture *courante*, enfin, qui ne comporte pas d'autre arrêt que celui des signes de ponctuation, et qui constitue une lecture tout à fait correcte. On comprend, en analysant ces expressions, et en y réfléchissant un peu, qu'elles visent le mécanisme intime de la lecture. La lecture ne consiste pas simplement à percevoir des signes écrits et à faire certaines articulations appropriées à mesure qu'on perçoit les signes; l'opération est plus compliquée, et exige un automatisme plus grand. On ne lit pas à haute voix ce qu'on perçoit, mais on articule ce qu'on vient de percevoir, et, pendant qu'on l'articule, on prépare déjà l'articulation suivante en faisant une perception en avant-coureur. C'est ce qui permet de lire sans interruption. Pour que les deux actes de perception d'un mot et d'articulation d'un autre mot puissent ainsi se faire simultanément, il faut que l'habitude les ait rendus faciles, et qu'on puisse les exécuter avec un minimum d'attention. C'est précisément cette habitude qui manque aux commençants; plus ou moins, ils sont obligés de percevoir un premier mot, puis de l'articuler, et ce n'est que lorsque l'articulation du premier mot est finie qu'ils perçoivent le second mot, puis l'articulent et ainsi de suite. En appelant syllabique, hésitant ou courant, ces degrés différents de lecture, on met donc très justement en lumière les étapes nécessaires de l'apprentissage, et l'étape où l'écolier se trouve précisément arrêté.

Les besoins du diagnostic ont obligé à faire d'autres distinctions, car les précédentes ne sont pas suffisantes pour rendre compte de tous les cas qui se présentent et qu'il est nécessaire de noter. Aujourd'hui, avec les méthodes dont on se sert, il faut environ un an pour amener un enfant de six ans à syllaber correctement. Avant cette période de temps, l'enfant sait ses lettres, il sait même épeler, mais il ne syllabe pas ; ou bien, s'il syllabe, c'est en commettant beaucoup de fautes. On rencontre, du reste, des enfants qui commettent continuellement des fautes de lecture, quand ils ont une lecture hésitante, et même courante ; ce sont des élèves qui manquent d'attention ou qui, dès le début, ont été mal enseignés ; on en rencontre beaucoup dans ce cas ; il est presque impossible de comprendre ce qu'ils lisent à haute voix. Pour exprimer qu'un sujet quelconque ne fait pas encore une lecture syllabique correcte, il fallait un terme spécial ; nous avons proposé celui de lecture *sous-syllabique*, terme très général qui englobe, par conséquent, beaucoup de cas divers et disparates, où la syllabation n'est pas satisfaisante.

De même, la lecture courante n'est pas la forme la plus parfaite qu'on puisse atteindre. Lire à haute voix est tout un art, dont des maîtres, comme Legouvé, ont montré les nuances infinies ; on ne lit pas seulement, on dit, et, quand on sait dire, on ne se contente pas de faire des pauses aux bons endroits de la ponctuation et du sens, mais on change sa voix, on prend des intonations qui sont en rapport avec l'idée et avec le sentiment de la lecture. C'est ce qu'on appelle la lecture *expressive*. Elle est bien supérieure à la lecture courante, qui, par définition, reste monotone et indifférente au sens des phrases. Nous avons marqué sur notre tableau qu'à partir de dix ans, les enfants doivent savoir mettre de l'expression dans leur lecture ; mais c'est une règle qui souffre de très nombreuses exceptions. Bien que l'expression soit un art qui s'enseigne, comme la lecture courante, beaucoup d'enfants l'apprennent plus facilement que d'autres. On en rencontre qui mettent de l'expression même dans une lecture hésitante ; certains, au contraire, n'en donneront jamais. C'est pour la même raison qu'on rencontre dans la vie des gens qui ont en parlant des intonations justes, personnelles et fines, tandis que d'autres parlent sans intonation ou avec des intonations lourdes, ou même fausses.

D'ordinaire, lorsqu'on entend un enfant lire avec expression, on est tout disposé à le croire intelligent, on s'aperçoit qu'il comprend et sent ce qu'il lit; mais on peut s'y tromper. L'expression est plutôt un don artistique; et il est inné, quoiqu'on puisse l'acquérir; c'est un don qui prouve plutôt un talent d'expression qu'une faculté d'intelligence, bien qu'on le rencontre chez les intelligents plus souvent que chez les sots.

2° Calcul. — Les connaissances en calcul s'apprécient au moyen de problèmes courts, dont notre tableau ne contient qu'un seul échantillon par âge. Si on examine ces problèmes, on va objecter sans doute qu'ils sont trop succincts, trop fragmentaires pour être représentatifs de l'ensemble de nos connaissances en calcul.

D'abord, nous dira-t-on, pourquoi demander toujours des problèmes, et jamais des opérations? Ensuite pourquoi s'être réduit à faire des problèmes de soustraction pour les deux premières années scolaires? Est-ce que pendant ces années-là les élèves n'apprennent pas l'addition et la multiplication? Plus tard, ne leur enseigne-t-on pas le système métrique, les fractions? D'où vient que le tableau ne donne aucun échantillon de tout cela?

Une sélection aussi sévère n'a été faite qu'après une longue étude, et je me rappelle que, tout au début, M. Vaney avait imaginé pour chaque âge scolaire une très longue série de problèmes et d'opérations. Puis, on a sacrifié les opérations, pour deux raisons : d'abord, parce qu'elles sont impliquées dans les problèmes et feraient, par conséquent, double emploi; ensuite, parce que les opérations peuvent être apprises et exécutées automatiquement par des élèves incapables d'en comprendre le sens et de les utiliser. J'ai vu des enfants qui font correctement une multiplication énorme, de quatre chiffres par quatre chiffres, et qui ratent un problème aussi simple que celui dit de « la caisse d'oranges ». C'est de l'instruction sans intelligence, c'est-à-dire une instruction conçue d'après un idéal déplorable, et nous devons chercher à dépister et à éliminer cette instruction de pur automatisme toutes les fois que nous la rencontrons.

Voilà donc pour la première objection. Arrivons à la seconde. Pourquoi ne cherche-t-on pas à constater pour chaque élève ses connaissances dans tout le domaine du calcul ? Pourquoi n'explore-t-on pas son degré d'habileté pour les additions, les multiplications, les divisions, le système métrique, les fractions? C'est qu'un examen doit être court ; il se borne à un petit nombre d'épreuves, choisies de telle sorte qu'elles soient représentatives de l'ensemble. Or, il a paru, après recherche attentive, que les opérations qui consistent à augmenter, comme l'addition, la multiplication, s'apprennent plus facilement et sont mieux sues que les opérations qui consistent à diminuer, comme le sont la soustraction, la division ; c'est dans ces dernières surtout que le jeune écolier donne des signes de lenteur, d'embarras et de faiblesse. Dès qu'un élève fait correctement une division, il est inutile d'explorer sa manière de multiplier, elle doit être bonne ; elle est impliquée, du reste, dans la division.

Pendant que l'enfant fait ses opérations de calcul, la surveillance discrète qu'on exerce sur lui ne manque pas de révéler d'intéressants petits faits. On voit à la manière dont l'énoncé est écrit si l'élève a reçu de bonnes habitudes. L'étourderie, le manque d'attention ont souvent l'occasion de se manifester dans les calculs; non seulement ils se trahissent dans l'oubli des retenues, mais parfois dans les incorrections commises en écrivant l'énoncé; tel élève à qui l'on dicte 604 écrira 608. Dans les problèmes, on peut souvent faire très nettement la part de l'intelligence et de l'instruction.

Il y a des enfants qui comprennent le sens du problème mais ignorent la manière de faire les opérations. Pour le problème de « la robe », par exemple, qui exige une division, comme ils ne savent pas faire cette division, ils s'avisent d'ajouter 7 à lui-même autant de fois que c'est nécessaire pour arriver à 89, et ils comptent le nombre de fois qu'ils ont fait ces additions; ils additionnent au lieu de diviser, et cela revient au même. D'autres élèves au contraire, qui savent bien faire les opérations, manquent du sens des problèmes; ne pouvant se rendre compte s'il faut multiplier ou diviser, ils font à tout hasard une multiplication; pour le problème de « la robe », ils multiplieront 7 par 89, ce qui leur donne un résultat fantastique qui ne les étonnera pas. L'épreuve de calcul permet donc, quelquefois, d'entrevoir l'intelligence du candidat, en même temps que son pouvoir d'attention et son esprit de méthode.

3° *Orthographe* — Notre examen se termine par une épreuve d'orthographe, une dictée. On sait qu'il est aujourd'hui démontré que la dictée ne vaut rien pour apprendre l'orthographe, mais elle est excellente comme moyen de contrôle. On dicte de petites phrases, aussi courtes que possible, dans lesquelles on a d'avance entassé avec art un grand nombre de difficultés grammaticales; la règle fondamentale de l'accord du participe, — si difficile à comprendre pour les enfants, — n'y est jamais oubliée. Par des épreuves préalables, faites sur des milliers d'écoliers, on a appris combien de fautes l'enfant de chaque âge commet pour chacune de ces phrases. On a laborieusement calculé les moyennes de fautes. Les chiffres de notre tableau expriment le résultat obtenu par le procédé de calcul le plus simple : toute erreur de règle compte pour un point, toute faute d'usage pour un point aussi, et on ne marque jamais plus de deux points pour un seul mot. Nous donnons un échantillon de nos dictées; il est entendu que ce n'est qu'un échantillon; celui-ci est un peu court. Si on veut arriver à une véritable mesure du savoir en orthographe, il est prudent de faire au moins trois dictées. On peut du reste en dire autant pour les problèmes.

L'examen terminé, on comprend, sans qu'il soit besoin pour nous d'insister beaucoup, qu'en utilisant les résultats, on arrive à fixer le degré d'instruction du candidat; ce degré est exprimé soit en retard, soit en avance, d'une ou plusieurs années; un enfant de neuf ans par exemple est jugé comme possédant l'instruction d'un enfant de huit ans, ou de dix ans; dans le premier cas, il est en retard d'un an, dans le second cas, il est en avance d'un an. Tout cela est simple, clair, logique; et, remarquons-le expressément, la conclusion s'obtient au moyen d'épreuves qui ne sont point longues. L'examen ne prend pas plus de dix minutes par enfant. C'est un peu plus long que les examens ordinaires du baccalauréat, qui sont expédiés en cinq minutes, quand la session est chargée; mais vraiment la constatation du degré d'instruction me paraît plus sérieuse avec notre procédé.

III

QUELS SERVICES RENDRA LA MESURE EXACTE DU DEGRÉ D'INSTRUCTION.

Entre les mains de mes collaborateurs et entre les miennes, ce procédé de mesure de l'instruction a fait ses preuves. Nous nous en sommes déjà servis des centaines de fois, soit sur toute une classe, pour les épreuves qui, comme la dictée et le calcul, peuvent se faire en commun, soit sur l'enfant isolé, pour les épreuves de lecture. Nous avions besoin de ce procédé surtout, comme nous l'avons indiqué plus haut, pour reconnaître les enfants anormaux qui existent dans les écoles primaires, et y sont confondus avec des normaux ; il s'agissait de recruter ces anormaux pour les classes spéciales. On avait d'abord essayé simplement d'en donner une définition ; on avait cru que cela suffirait aux directeurs pour reconnaître parmi leurs élèves ceux qui semblaient anormaux. Mais notre définition était très vague, et l'usage qu'on en fit nous étonna. Tandis que le directeur d'une école nous répondait : « Je n'ai pas un seul anormal chez moi », celui d'une école voisine en signalait cinquante. Afin de couper court à ces fantaisies, nous eûmes l'idée de reprendre la notion de l'anormal telle qu'elle a cours en Belgique, et d'établir la règle suivante : est anormal tout enfant qui présente un retard de trois ans au moins dans ses études, à la condition toutefois que ce retard ne s'excuse pas par une grande insuffisance de fréquentation scolaire. Pour mesurer le retard d'instruction, le procédé que nous venons de décrire nous a rendu, par sa rapidité et sa précision, des services incontestables.

Nous l'avons éprouvé dans tant de circonstances, et il s'est montré si fidèle, que nous n'hésitons pas à le recommander à tous ceux qui veulent savoir exactement si un enfant est régulier dans ses études, et s'il progresse avec une allure normale.

Mais il doit être entendu que la précision de cet examen est celle seulement que comportent et tolèrent les phénomènes moraux ; un degré d'instruction ne se mesure pas exactement comme une taille ou un poids. L'attention d'un enfant, sa mémoire, sa présence d'esprit sont des qualités fragiles qui ne se présentent pas toujours dans le même état ; un jour, il fera dix fautes dans une dictée ; le jour suivant il en fera vingt dans une dictée équivalente. Un jour, il trouvera comme par enchantement la solution d'un problème, qui lui échappait la veille. Ne sommes-nous pas tous sujets, nous les adultes, à ces fluctuations, à ces méprises? A plus forte raison doit-on s'y attendre chez des êtres jeunes, dont l'organisation psychique est encore si instable. L'examen n'a donc pas, et ne peut pas avoir pour effet de cristalliser un enfant; celui-ci reste variable, comme le veut sa nature. Mais au moins on supprime une autre variable, qu'il était bien inutile de conserver, celle provenant de l'examinateur, et des questions si différentes qu'il peut avoir le caprice de poser.

Je pense aussi, avec M. Vaney, que ce même procédé pourrait être utilisé largement dans les épreuves du certificat d'études. Cet examen, qui clôt l'instruction primaire, a le défaut de tous les examens où les questions sont laissées à l'arbitraire du juge; il varie de difficulté selon des circonstances futiles dont on ne devrait pas tenir compte, et qui produisent autant d'erreurs. J'ai vu dans les journaux pédagogiques les dictées et les problèmes qui ont été proposés à des séances diverses des certificats d'études. Les difficultés n'en sont point dosées avec rigueur; il n'y a là aucune méthode. C'est au jugé, c'est-à-dire d'une manière très défectueuse et très approximative, qu'on a choisi telle dictée ou tel problème. Si on veut faire cesser cet arbitraire, qui est bien inutile, et qui même est une injustice, il faut coter la difficulté des épreuves en recourant à un procédé analogue à celui que nous venons d'indiquer. Et pourquoi le baccalauréat, ce célèbre examen dont on a dit qu'il est le scandale de l'Université — jugement porté par un des professeurs qui ont fait le plus de bacheliers — pourquoi le baccalauréat ne profiterait-il pas du même travail de régularisation? Ce qui est bon pour le primaire ne peut pas être mauvais pour le secondaire.

Il y a une autre application à laquelle je pense.

On s'inquiète actuellement beaucoup du nombre immense d'illettrés dont on constate l'existence parmi les conscrits. Ce nombre ne serait pas inférieur à

6 °/₀ : il étonne ; on ne s'attendait pas à ce que les lois sur l'obligation scolaire fussent si mal observées. C'est qu'elles manquent de sanction sérieuse. Actuellement, on cherche à réagir ; on veut constater exactement le degré d'instruction des conscrits au moment de leur incorporation. Il me paraît tout indiqué d'employer, pour cet examen, un procédé analogue au nôtre. Ce sera le seul moyen de donner des garanties au candidat, et de faire une sélection sérieuse. Et même, après la sélection, il serait bon de songer à la sanction. A notre avis, et pour le dire en passant, si l'on prolongeait de quelques mois le service militaire des illettrés, le nombre des conscrits illettrés diminuerait comme par enchantement. Et si cette prolongation de service semblait trop onéreuse pour le budget de la guerre, il serait facile d'en alléger la dépense en accordant par compensation des congés et des diminutions de temps de service aux conscrits qui feraient leurs preuves d'instruction militaire.

Allons plus loin. Remarquons qu'en introduisant un peu de méthode dans un examen d'instruction, nous avons fait de cet examen un procédé qui dans une certaine mesure devient précis ; or, la précision, quand elle est liée à l'exactitude, a des conséquences infinies qu'on ne peut pas prévoir, et qui surprennent quand elles se produisent. C'est en somme le contrôle introduit brusquement dans des domaines où l'on n'y pensait guère. Et veut-on des exemples de son utilité? Chaque jour quelque maître imagine une méthode originale pour enseigner le calcul, l'orthographe, les langues ; s'il a de l'autorité, des appuis, surtout des appuis politiques, il arrive à faire essayer publiquement sa méthode. Mais comment la juge-t-on? Comment en apprécie-t-on les résultats ? Toujours d'une façon approximative, suivant l'optimisme des uns, ou l'esprit de dénigrement des autres. Si la mode s'en mêle, elle est comme le flot, elle soulève, elle porte aux nues le procédé nouveau ; mais peu après la vague se retire, et ce qui paraît merveille tombe dans un profond oubli. Qu'est devenue la méthode Jacottot, et tant d'autres ?

La mesure du degré d'instruction donnerait à la pédagogie le contrôle qui lui manque, le contrôle sans lequel on ne peut pas voir clair, on ne se rend compte de rien, et on fait le même succès aux mauvaises méthodes qu'aux bonnes. Tout l'avenir de la pédagogie, comme science précise et vraiment utile, est suspendu à l'introduction de cette réforme.

Autre exemple d'application. A l'heure actuelle, l'esprit de nos contemporains n'incline guère vers la discipline ; les maîtres n'acceptent plus avec une déférence exagérée les observations de leurs supérieurs ; ils les discutent ; et on les y a presque encouragés, puisque les règlements nouveaux confèrent au maître le droit de prendre connaissance de l'appréciation qui a été inscrite dans son dossier par l'inspecteur. Si le maître n'accepte pas l'appréciation et la croit injuste, l'inspecteur sera probablement d'un avis opposé ; comment va-t-on apaiser le différend ? Comment savoir qui a raison, de l'inspecteur ou de son subordonné ? On ne peut plus admettre aujourd'hui que la supériorité hiérarchique soit un argument sans réplique. La valeur d'un maître se mesure, entre autres choses, par le profit que ses élèves trouvent dans sa classe. Le maître, auquel on refuse toute qualité pédagogique, peut répondre : « Voyez mes élèves ; rendez-vous compte de leur instruction, mesurez cette instruction, et si vous trouvez qu'elle est inférieure en degré à la moyenne obtenue dans des classes équivalentes, alors seulement j'accepterai votre blâme ». Le maître qui tiendrait un pareil langage aurait cent fois raison ; et on ne l'encourage pas à l'indiscipline en le poussant dans cette voie.

J'ai constaté moi-même à plusieurs reprises combien il est facile de se rendre compte des qualités professionnelles d'un maître par cette méthode-là. Il m'est arrivé un jour de faire dicter dans les douze classes d'une école primaire une simple phrase; j'emportai chez moi les copies, je les corrigeai, je fis le pourcentage des erreurs par classe, puis je revins voir le directeur de l'école.

— Monsieur le directeur, lui dis-je à brûle-pourpoint, est-ce que vous êtes content de tous vos maîtres?

— Ah! monsieur, s'écria le directeur en levant les bras au ciel, que me dites-vous là! Il y a un de mes maîtres qui fait mon désespoir. Depuis trois ans, je demande qu'on le change d'école. Il n'y a pas moyen. Personne n'en veut. C'est une injustice, car je trouve que cela devrait être chacun son tour, et...

— N'est-ce pas le maître de la septième?

Le directeur me regarda avec surprise : j'avais deviné juste. Le pourcentage des fautes d'orthographe dans cette septième classe était bien supérieur à celui de la sixième qui était une classe parallèle; il était supérieur même à celui de la huitième, qui était composée d'enfants plus jeunes. Cela m'avait suffi pour mon diagnostic. Je ne connaissais pas ce maître, je ne l'ai jamais vu. La preuve était là, indiscutable, inscrite dans les devoirs de ses élèves. Et il est d'autant plus important de pouvoir faire ces diagnostics, que le tort causé par un mauvais maître aux élèves de sa classe est bien plus grand qu'on ne pense. Il ne fait pas tort à un enfant ou deux, mais à quarante, cinquante; il ne leur fait pas perdre un jour, une semaine, mais toute une année; ils peuvent, pendant cette année-là, non seulement ne pas avancer comme instruction, mais prendre de mauvaises habitudes de paresse, qui se prolongent pendant plusieurs années successives; cela est incroyable, et cependant cela est. J'ai fait une fois cette constatation vraiment pénible dans un graphique que le directeur d'une école avait bien voulu construire sur ma demande, pour me montrer quel est le retentissement prolongé d'une classe mal faite : grâce au système des classes parallèles, on pouvait suivre la trace de l'influence des mauvais maîtres pendant plusieurs années successives.

Résumons ; la méthode qui consiste à mesurer le degré d'instruction des écoliers a trois avantages principaux : elle fait connaître l'instruction rélle de chaque écolier, en le mettant à l'abri des hasards de l'examen ; elle permet de contrôler la valeur professionnelle des maîtres, si celle-ci est contestée par un supérieur ; elle donne le moyen de connaître la valeur des méthodes de pédagogie, qu'on expérimente et qu'on introduit le plus souvent dans l'enseignement, sans leur avoir demandé de faire leurs preuves. Ces avantages-là ne sont-ils pas considérables ?

IV

Je suppose maintenant qu'il soit bien établi qu'un élève est en retard pour l'instruction. Cette constatation doit être le point de départ d'une étude nouvelle. Nous ne faisons pas ici de la mesure stérile ou de la description inutile ; nous voulons avant tout être pratiques et rendre service aux enfants. Il ne suffit pas de constater le mal, il faut, aussitôt après l'avoir constaté, chercher le remède. Comme la médecine, la pédagogie implique à la fois un diagnostic et un traitement. Le diagnostic est établi, il s'agit donc de traiter l'écolier.

Ici, point de constatation d'ensemble à faire ; ce n'est plus le moment de faire des expériences collectives, mais bien des recherches individuelles. Quand il a été établi qu'un enfant est en retard, il faut prendre cet enfant à part, analyser son cas, examiner comment il est possible d'expliquer par exemple qu'il fasse peu de progrès ou qu'il commette toujours un certain genre de faute ; et lorsqu'on aura saisi ce qui paraît être une cause, on cherchera les moyens qui sont les plus propres à la combattre.

C'est à ce propos que nous allons dresser le plan de ce livre ; car il faut être très clair, c'est un devoir de conscience quand on fait de la pédagogie ; et un des meilleurs moyens d'être clair, c'est d'expliquer d'avance ses intentions. Nous allons, pour fixer les idées, nous supposer en présence d'un enfant qui occupe continuellement les derniers rangs de la classe ; sur une classe de trente-cinq élèves, il est souvent le dernier, parfois l'avant-dernier ; il ne s'élève jamais au-dessus. C'est ce qu'on appelle un cancre. Dans ce livre, nous ne nous consacrerons pas seulement aux cancres : bien d'autres enfants ont besoin de secours pédagogique, même les plus intelligents, et nous le verrons plus loin en détail ; car quoi que fasse un élève, on peut presque toujours lui faire faire mieux, en étudiant sa nature de plus près. Le cancre n'est pour nous qu'un exemple, mais un exemple typique.

Pour peu qu'on étende ses recherches, on s'aperçoit que la cause des insuccès scolaires varie énormément d'un enfant à l'autre. Il est donc nécessaire d'examiner une centaine de cancres pour se rendre compte de toutes les directions où une explication peut être cherchée. Voici quelques-unes des directions principales que nous indiquons par avance :

1° L'état de développement physique, qui pèche soit par excès, soit par défaut ;

2° Un état pathologique, produit par exemple par des végétations adénoïdes du fond de la gorge, par de l'anémie, de la tuberculose, de la neurasthénie, ou une affection mentale à ses débuts, etc. ;

3° Une altération des organes des sens, en particulier de la vision et de l'audition;

4° Une insufflsance de développement intellectuel : l'enfant ne comprend pas, il manque d'intelligence;

5° Une faiblesse de mémoire : l'enfant comprend, mais il ne retient pas;

6° Une difficulté à comprendre l'aridité des idées abstraites et générales, avec bonne intelligence pour la vie pratique et les travaux manuels;

7° Une désorientation momentanée, produite par quelque cause accidentelle : par exemple l'enfant a changé d'école et de maître; ou bien il a été placé dans une classe trop forte pour lui; ou enfin, la relation de sympathie ne s'est pas produite entre le maître et lui;

8° Une apathie accentuée, ce qui constitue à proprement parler la paresse. C'est de l'inertie ou un défaut de goût pour le travail intellectuel, une insensibilité aux stimulants ordinaires de l'activité;

9° De l'instabilité de caractère sous ses différentes formes;

10° De l'indiscipline, c'est-à-dire une instabilité aggravée par un sentiment d'hostilité vis-à-vis du maître;

11° En dernier lieu, notons l'influence souvent si grande de la famille, qui devrait collaborer à l'œuvre de l'école, et y collaborer à la fois matériellement, intellectuellement, moralement. Elle manque trop souvent à ce devoir, surtout dans les classes pauvres.

Cette série de faits concrets, qui nous est révélée par l'expérience, peut être résumée de la manière suivante : il faut, lorsque l'on cherche l'explication de quelque défaut chez un enfant, examiner tour à tour son état physique, ses organes des sens, son intelligence, sa mémoire, ses aptitudes et son caractère.

Ce seront là nos têtes de chapitre.

CHAPITRE III

Le corps de l'Enfant.

POURQUOI LE DÉVELOPPEMENT CORPOREL D'UN ENFANT EST UTILE A CONNAITRE.

Le problème de la recherche des causes, que nous avons posé dans le chapitre précédent, nous amène à parler d'abord de l'état physiologique des enfants, de leur santé et de leur développement corporel. Lorsque l'un d'eux ne réussit pas dans ses études, qu'il se laisse devancer par ses camarades de même âge, qu'il ne fait pas d'efforts intellectuels, qu'il paraît ne pas comprendre les leçons, ou qu'enfin il montre à un certain âge un changement très prononcé de caractère, qu'il devient présomptueux, fat, indiscipliné, insupportable, ou bien triste, taciturne, négligent, c'est une question de savoir si l'explication de son état ne peut pas être donnée par un examen physiologique de son individu, et si, notamment, ses insuccès scolaires ne tiennent pas à une incapacité physique de travailler.

Cherchons d'abord à acquérir quelques idées nettes sur cette incapacité physique, car, sous ce terme on confond souvent beaucoup de choses très différentes, par exemple l'état de santé et la force musculaire;

quand une personne est musclée comme un athlète, on s'imagine qu'elle a, par là même, un bon état de santé; et quoique en général il existe une relation entre les deux, il est bon de se rendre compte que la santé correspond à tout un ensemble de qualités physiques qu. ne se ramènent pas à la force musculaire ni au développement corporel, qui en sont distinctes théoriquement et qui peuvent en être indépendantes pratiquement.

Par l'état de santé, nous proposons qu'on entende la synthèse de quatre qualités principales :

1° L'absence de prédispositions morbides, telles que la prédisposition au cancer, à la tuberculose, pour ne parler que des plus dangereuses;

2° L'absence d'un état actuel de maladie, affection aiguë, affection chronique, ou séquelles d'une affection chronique antérieure; le seul exemple qu'il convient de donner pour éclaircir ce commentaire est celui de séquelles; citons les paralysies infantiles, qui succèdent aux convulsions, ou encore les déformations osseuses qui sont le résultat d'une diathèse scrofuleuse;

3° La tolérance des écarts de régime; c'est la définition même de la santé. Le degré de la santé ne se constate pas dans une vie régulière et sage; il faut un écart de régime pour la mettre à l'épreuve, et voir si elle est stable ou instable. Lorsqu'un sujet fait un excès de table ou de boisson, lorsqu'il est obligé de veiller toute une nuit sans un instant de repos, ou de faire une marche très longue et fatigante, on peut constater alors, par la manière dont son organisme supporte cet écart de régime et le répare, quelle est la qualité de sa santé. Mais à l'état de régime ordinaire, cette qualité est fort difficile à apprécier, même pour un médecin; les signes objectifs font le plus souvent défaut;

4° La longévité. Elle paraît distincte, en quelque mesure, des qualités précédentes, et elle est géné_ ralement la conséquence d'une influence héréditaire.

Par opposition à l'état de santé, la force physique résulte de deux ordres principaux de facteurs : le degré du développement corporel (taille, poids, autres mesures anatomiques) et la quantité de travail qu'un individu est capable de produire en un temps donné. Ici aussi, il faudrait faire des distinctions; dans la motilité, on distinguerait l'adresse, la vitesse, l'élégance et la force; celle-ci à son tour doit être considérée à un double point de vue : le maximum de force pouvant être atteint à un moment donné; et d'autre part la prolongation de l'effort et l'endurance, c'est-à-dire la résistance à la fatigue.

Après avoir montré le nombre, la variété et la complexité des qualités que l'on comprend sous les noms de force physique, il est bon d'ajouter que, malgré notre analyse, il peut être utile en pratique de considérer cet état physique en bloc; car, en moyenne, lorsque les enfants sont grands, pesants de corps, vigoureux de leurs muscles, ils sont en bonne santé; et d'autre part, le moyen le plus sûr, le plus expéditif de mesurer l'état de santé d'un groupe d'enfants est encore de mesurer leur état physique; le procédé serait à critiquer, si on l'appliquait à un enfant particulier; il devient absolument légitime pour un groupe.

Nous donnerons les noms de *vigueur* et de *chétivité* à cet ensemble, suivant le degré où il se réalise.

Parlons d'abord de l'état de santé; nous n'en dirons que deux mots, car cette étude n'appartient pas au sujet de notre livre; nous ne faisons pas ici de médecine, mais de la pédagogie psychologique. L'étude de l'état de santé appartient non pas à l'instituteur, mais au médecin. Seulement, comme l'instituteur est toujours présent en classe, et tient les enfants sous une surveillance continue, il a l'occasion de faire bien des constatations qui échappent au médecin et dont il peut avertir ce dernier. D'une enquête faite avec la collaboration de M. l'Inspecteur Lacabe, sur l'état physique et intellectuel des élèves qui occupent le dernier cinquième du classement dans les compositions, il résulte que nombreux sont les enfants dont les insuccès scolaires s'expliquent par la chétivité. Les correspondants de l'enquête ont envoyé souvent des notices ainsi conçues :

« Cet enfant de huit ans est somnolent, endormi, atone; il n'a jamais répondu à une question posée; irréprochable au point de vue de la discipline, il est inerte pendant la récréation, triste et timide. Sa taille est en retard de quatre ans. Il est chétif, maigre, sans forces. Sa famille est dans la misère, et ne porte aucune attention à son travail. »

« Cette petite fille de dix ans, en retard de deux ans... déploie une grande activité physique... mais elle possède un tempérament maladif. En six mois, elle a quatre-vingts absences. Milieu social : misère. »

Lorsque l'on constate chez un enfant un état maladif, absence de forces, corps chétif, pas de disposition à jouer, maigreur, teint pâle, etc., il est évident qu'on doit prendre vis-à-vis de lui une attitude bien spéciale; s'il montre de la paresse, de l'indolence, parfois même de l'insubordination, il ne faut pas le gronder, le réprimander, ni surtout le punir pour des fautes dont il n'est pas responsable; il faut se dire que le vrai coupable, c'est un tube digestif qui digère mal ou qui est mal nourri, c'est un estomac dilaté, c'est un sang qui n'est pas assez riche, c'est un système nerveux qui est mal équilibré, c'est une respiration gênée par des végétations du fond de la gorge, c'est une période de formation qui produit une crise morale, ce sont peut-être aussi les premiers symptômes de cette maladie si grave qu'on appelle la démence précoce; il est évident que si ces malaises d'origine physique peuvent être amendés en partie par des encouragements moraux et une suggestion raisonnable, les punitions consistant à priver l'enfant de récréation, de mouvement et d'air, ou à lui faire copier des lignes, ou à augmenter sa charge de devoirs, vont à l'encontre du but qu'on désire atteindre; ce n'est pas la punition scolaire qui modifie les sécrétions de l'estomac et corrige l'anémie du sang.

Tout ce que le maitre peut faire, c'est d'intervenir avec douceur pour épargner à l'enfant de trop grandes fatigues, pour l'exciter à prendre un peu d'exercice, le faire jouer avec des camarades au caractère doux, lui faire faire quelquefois des mouvements respiratoires, encourager ses moindres efforts, lui en tenir grand compte et ainsi de suite. Le rôle principal dans cette affaire est celui du médecin scolaire.

C'est un rôle qui, jusqu'ici, a été bien réduit; on fait de lui le médecin des bâtiments; et il ne s'intéresse à la santé des enfants que s'ils sont atteints d'une maladie épidémique. Récemment, des médecins hygiénistes ont proposé toute une extension, très importante, du service médical scolaire. Ils désirent que le médecin suive l'état de croissance et l'état de santé de chaque enfant; il fera sur cet enfant tous les trois mois, ou tous les six mois, des mesures de taille, poids, circonférence de poitrine; il examinera le fonctionnement de la vision et de l'audition; il constatera l'état du système nerveux, du tube digestif, du poumon, du système osseux, de la peau; et toutes ses mensurations et constatations seront écrites par lui sur un carnet individuel consacré à chaque enfant. Voilà bien de la paperasserie, et des examens bien longs, si le médecin doit examiner l'un après l'autre, à chaque trimestre, les trois cents à six cents enfants d'une école primaire. Nous avons montré ailleurs qu'on pourrait en tout cas épargner du temps en chargeant l'instituteur de tout ce qui est mensuration et examen des organes des sens. Mais peu importe ce détail, qui n'est que secondaire ; ce qu'il faut surtout mettre en relief, c'est l'idée que les médecins se font des services que le carnet sanitaire rendra aux enfants. Pour que ces services ne soient pas purement fictifs, il faudrait que les attributions du médecin scolaire fussent conçues autrement qu'on ne les conçoit actuellement.

Actuellement, on veut en effet que le médecin scolaire, après avoir examiné un enfant malade ou prédisposé, et si cet enfant n'a point une maladie contagieuse, ne prescrive aucune sorte de traitement ; on veut même qu'il ne formule aucun diagnostic, et qu'il se contente de faire signaler aux familles que leur enfant a besoin de soins médicaux, sans ajouter un seul mot. Cette réserve est imposée par le désir de respecter les droits des médecins non scolaires, et de ne pas leur faire une concurrence très sérieuse. Ceux-ci en effet perdraient tous leurs clients si les médecins scolaires les soignaient gratuitement.

Il y a là un bel exemple de fraternité professionnelle, et nous l'admirerions de tout cœur, si la santé des enfants n'en faisait les frais. C'est peut-être cette partie de la question qu'on oublie trop ; et notre avis est que si ce sont les malades qui font vivre le médecin, il n'en résulte pas que les malades soient faits pour le médecin. En restreignant outre mesure l'initiative du médecin scolaire, on rend sa fonction bien peu importante ; quand l'écolier malade ou maladif appartient à un milieu aisé, sa famille, dans la plupart des cas, aura son médecin traitant, et saura déjà à quoi s'en tenir sur la santé de l'écolier ; l'avertissement du médecin scolaire ne lui apprendra rien de très nouveau. Quand, au contraire, il s'agit d'un enfant qui appartient à un milieu pauvre, il y a des chances pour que les parents n'aient jamais consulté de médecin ; et il y a des chances aussi pour que ces parents continuent à n'en pas consulter, afin de ne pas payer le prix de la consultation et du traitement, et même afin d'éviter le dérangement d'une visite. C'est donc surtout aux enfants des classes pauvres qu'il faudrait assurer à l'école une consultation médicale gratuite; l'intérêt des enfants le demande; et cet intérêt est vraiment assez grand pour faire négliger toute autre considération.

Nous avons envisagé les cas vraiment graves où l'état physique des enfants révèle un état de maladie chronique ou aiguë; ce sont là des cas exceptionnels. Ceux-là mis à part, il faut se préoccuper de savoir si le développement corporel d'un enfant se fait ou non d'une manière normale; c'est une partie de la question qui est moins médicale, et qui intéresse davantage la pédagogie proprement dite : elle est aussi plus accessible à l'expérimentation et à des conclusions précises, car l'état de développement corporel se juge mieux que l'état de santé. Voici les raisons pour lesquelles un maître doit se préoccuper du développement corporel de ses écoliers, et voici les conditions où cet examen physique doit surtout se faire.

Tout d'abord, l'âge d'un enfant est lié à son développement. Il faut distinguer entre deux sortes d'âges : l'un est l'âge chronologique, qui résulte de la date inscrite sur l'acte de naissance; l'autre est l'âge anatomique et physiologique, qui est exprimé par la hauteur de la taille, par le poids, par la force musculaire, le développement de la dentition et du système pileux, le timbre de la voix, et tous les autres signes révélateurs de la maturité. Normalement, ces deux âges, le chronologique et le physiologique, se correspondent; mais ils se correspondent avec de nombreuses exceptions. Il n'est pas rare de rencontrer

des enfants qui sont plus âgés ou moins âgés que leur
âge légal ; et l'avance ou le retard s'élève parfois à
deux ans, à trois ans, rarement à plus. Comment
faut-il juger l'âge de l'enfant dans ces cas de désac-
cord? On a souvent à prendre en considération l'âge
d'un enfant, par exemple pour la classe où on le
place, ou pour les examens auxquels on lui permet
de se présenter ; les règlements fixent même pour
certains examens des limites d'âge. Il paraît naturel
de tenir surtout compte de l'âge physiologique, car
c'est bien l'âge réel, effectivement vécu ; l'autre n'est
qu'une fiction.

Autre question : il est important de connaître et de
mesurer les forces physiques d'un individu pour
savoir quel est l'entraînement physique dont il a
besoin, quels sont les exercices qui sont appropriés
à son corps, et à quelle dose il faut lui distribuer
les leçons de gymnastique. Ces leçons sont de divers
ordre ; et malgré la suppression générale des agrès,
qui est de mode aujourd'hui, il reste toute une série
d'exercices qui n'exigent pas la même quantité
d'effort, et n'entraînent pas la même quantité de
fatigue. La culture physique doit évidemment s'adapter à la valeur physiologique de chaque individu ; ce
qui est bon pour l'un peut être mauvais pour un
autre. Il est absurde de soumettre au même travail
musculaire des sujets qui se distinguent par d'énormes
différences de développement physique ; c'est absurde
et dangereux. Il est un certain degré de fatigue qu'il
ne faut pas craindre de rechercher, car elle est
salutaire pour le corps, elle en chasse les déchets,
et elle se répare vite ; mais lorsque la fatigue dépasse
une certaine limite, l'organisme a de la peine à se
réparer, il y a du surmenage, de l'épuisement et de
l'intoxication. Par conséquent, si on ne tient pas
compte de l'état des forces des individus, si on

confond les forts et les faibles dans une même escouade, on risque de leur demander un travail qui sera insuffisant pour exercer les uns, excessif et débilitant pour les autres. Ce que nous disons là de la gymnastique s'applique à plus forte raison aux jeux ordinaires, dont l'effet, quand ils sont bien gradués, est excellent. On ne saurait applaudir sans réserve aux programmes de certaines écoles nouvelles, par cela seul qu'elles font une part immense à la vie physique des écoliers. Le surmenage physique est tout autant à éviter que le surmenage intellectuel.

Ce n'est pas seulement la gymnastique qu'il faut doser, c'est aussi les sports. Aujourd'hui, le goût des sports est très répandu dans la jeunesse ; c'est même une des marques les plus curieuses de notre temps, et les plus heureuses ; la bicyclette, l'aviron, le football, et tous ces autres jeux de pelouse que nous avons empruntés aux Anglais, sont extrêmement en faveur ; le petit écolier chétif, à lunettes, le fort en thème du temps jadis est presque devenu un mythe ; en tout cas, il est beaucoup moins considéré, imité, envié. Tous les physiologistes ont applaudi à ce mouvement général, ils y ont vu un moyen de régénération pour la race ; les patriotes se sont émus, ils ont été persuadés que cette culture physique intensive nous donnerait de meilleurs soldats. Malgré toutes ces raisons, on commence à remarquer que les excès de sport ne sont point, comme on l'a cru naïvement, toujours favorables à la santé, bien au contraire.

Dans les collèges et lycées, où la vie sportive est adoptée avec le plus de ferveur, le niveau des études a baissé. C'est là une application d'une règle qu'on peut considérer comme générale ; une certaine dose d'exercice physique est excellente pour l'entretien de la santé et peut influer aussi, par contre-coup, et très légèrement, sur le développement de l'intelligence ; mais, quand cette dose est dépassée, il se produit dans l'organisme ce qu'on remarque dans tout budget : une dépense sur un chapitre entraîne une économie nécessaire sur un autre ; en d'autres termes, trop d'exercice physique nuit à la culture intellectuelle. C'est une raison pour regarder de très près quels sont les enfants qui prennent part aux exercices les plus fatigants et les plus violents ; c'est une raison surtout pour que les maîtres et les parents jugent sans faiblesse l'état des forces de leurs enfants et ne permettent à ceux-ci que des exercices ne dépassant pas leurs pouvoirs physiques réels, et ne nuisant pas à leurs études.

L'examen des forces physiques a aussi son utilité, lorsqu'on se décide à envoyer un enfant dans une école de plein air, ou dans ces colonies scolaires de la campagne ou du bord de la mer, qui sont destinées à tonifier, par une vie physique bien saine, les enfants anémiés des grandes villes. La balance et la toise pourraient être utilisées, au départ des enfants et au moment de leur retour, pour vérifier dans quelle mesure ils ont profité du séjour dans la colonie de vacances, et pour savoir, par suite, si le régime adopté était meilleur ou moins bon qu'un autre. On procède très souvent aujourd'hui à ces mensurations ; mais elles sont faites dans un tel esprit d'optimisme et de réclame qu'elles nous paraissent suspectes. Ceux qui les font ne savent pas le premier mot des précautions qui sont absolument indispensables pour assurer la sincérité des opérations ; ces précautions, nous les signalerons tout à l'heure.

Lorsque les enfants sont devenus des jeunes gens et quittent le milieu scolaire pour entrer dans la vie, à ce moment-là encore une cote de leurs qualités physiques serait bien utile à prendre ; elle donnerait à l'élève et à ses parents des renseignements précieux sur les professions et métiers pour lesquels ce sujet est le plus apte ; et, du même coup, l'élève apprendrait à ne pas faire fausse route, en s'engageant dans des occupations où la demande est supérieure à ses forces physiques. Chaque métier, peut-on remarquer, exige une dépense physique différente ; l'ouvrier doit être plus fort que l'employé ; le manœuvre dépense plus de ses muscles que l'ouvrier d'art ; et, dans le métier du bâtiment, le travail du fer réclame des sujets plus résistants que le travail du bois ; le peintre en bâtiments n'a pas besoin d'être aussi robuste que le maçon. Le mineur, qui vit sous terre, doit avoir plus de résistance que celui qui travaille à l'air libre. Que d'infortunes, que de déboires on éviterait, si le maître pouvait discrètement instruire chaque élève de ses capacités, et lui montrer le chemin où il peut s'engager sans péril ! Il y aurait moins de déclassés, moins de mécontents, moins de révolutionnaires ; il y aurait surtout moins de mortalité.

C'est ainsi que, pour peu qu'on y réfléchisse, on s'aperçoit avec étonnement qu'il y a un nombre considérable de problèmes d'éducation qui pourraient se résoudre de la manière la plus satisfaisante par l'examen physique des élèves. Et nous ne sommes pas encore au bout de notre énumération. Nous citerons encore deux questions.

La première de ces questions, c'est la valeur comparative de deux systèmes de gymnastique, l'ancienne gymnastique française, avec exercices d'agrès pour les membres supérieurs, et la gymnastique suédoise. C'est cette dernière qui triomphe aujourd'hui. La discussion a été purement théorique ; aucune expérience, aucun contrôle n'est intervenu ; on n'y a même pas songé, tant on aime peu réfléchir, tant on préfère l'engouement et la mode. Il serait cependant bien simple de rechercher sur deux groupes suffisamment nombreux d'élèves quel est le mode de gymnastique qui profite le plus à leur corps.

Dernière question, l'internat. Est-il exact que

l'internat-prison, qui a attristé la jeunesse de tant d'hommes de notre génération, soit aussi malsain pour le développement corporel que pour le développement de l'esprit ? Il est encore facile de le savoir, en comparant le développement corporel moyen des internes et des externes. L'influence néfaste produite par les concours, par le surmenage, par l'insalubrité des bâtiments, par les erreurs du régime alimentaire, tout cela peut se doser avec l'examen physique, bien mieux que par tout autre procédé. Du moment qu'une collection de sujets, placés dans certaines conditions, montrent des signes de déficience physique, de chétivité, il est incontestable que ces conditions ne sont point bonnes. Un exemple à l'appui. Il y a dix ans, je faisais des contrôles de ce genre dans les écoles normales d'instituteurs et d'institutrices. Je me rappelle encore quelques-unes de mes constatations. Il y eut des écoles où je fus effrayé par la maigreur et la chétivité des élèves que je pesais ; on m'apprit que ces élèves, des jeunes filles, étaient surmenées par un concours dans lequel elles n'arrivaient que dans la proportion d'une sur vingt. On ajouta que les bâtiments de l'école étaient étroits, vieux et insalubres. C'était la confirmation et l'explication de ce que me racontait la balance.

II

LE RAPPORT ENTRE L'INTELLIGENCE ET LE DÉVELOPPEMENT PHYSIQUE.

Dans les pages précédentes, nous avons insisté sur un certain nombre de circonstances où il y a un grand intérêt pour les écoliers, pour les familles, pour la société, à ce que la force physique des écoliers soit attentivement mesurée. Nous voulons maintenant examiner une question un peu différente, celle des rapports qui existent entre l'intelligence d'un enfant et sa force corporelle. En examinant cette question, qui présente déjà par elle-même un grand intérêt, nous serons amenés à prendre en considération certains phénomènes sociaux qui sont en train de se produire, sans que personne y fasse grande attention, et qui, un jour ou l'autre, auront une influence énorme sur l'existence de la société.

Commençons par une question toute simple et d'intérêt purement psychologique.

Peut-on constater une relation quelconque entre l'intelligence d'un écolier et son développement cor-corporel ? Beaucoup d'éducateurs, de philosophes, de médecins croient à l'existence de cette relation, qui s'exprime en langue vulgaire par l'aphorisme banal : *mens sana in corpore sano.* Mais si on consulte les résultats de mensurations précises qui ont été faites en divers pays, on s'aperçoit qu'il est bien difficile de connaître la vérité. Pour certains auteurs, les enfants les plus intelligents d'une classe ont le plus de vigueur physique, et ils le prouvent avec des chiffres et des statistiques. Pour les autres, ce sont, au contraire, les derniers élèves, les queues de classe, les cancres, qui montrent le plus beau développement physique, et cela s'atteste également avec des chiffres et des statistiques. Puis, viennent d'autres auteurs qui démontrent de la même manière que le rapport cherché entre l'intelligence et le développement physique n'existe pas. Devant ces contradictions, on s'étonne, on hésite, et finalement on devient sceptique, on se range de l'avis des derniers auteurs, et on conclut que décidément l'intelligence n'a rien à faire avec la force corporelle.

Mais, si on analyse de près tous ces travaux, en se rendant compte des méthodes employées, on s'explique assez bien leurs contradictions. Des auteurs, comme

Gilbert[1], Boas[2], West[3], pour juger de l'intelligence des enfants, s'en sont remis à l'appréciation des maîtres et ont demandé à ceux-ci de diviser tous les élèves de leur classe en trois groupes : les plus intelligents, les moyens, les moins intelligents. C'est grâce à cette méthode que ces auteurs ont trouvé un rapport inverse entre le développement corporel et le développement intellectuel, et on comprend bien l'erreur commise. D'abord, les maîtres peuvent se tromper dans leur classement, et, surtout, ils ont tendance à ne pas tenir compte des âges différents des enfants ; de là bien des conséquences. Je préfère de beaucoup la méthode adoptée par l'anthropologiste américain Porter, qui, pour apprécier l'intelligence, ne tient compte que du degré d'instruction et décide qu'à égalité d'âge, l'enfant le plus intelligent est celui qui occupe la classe la plus avancée. En employant cette méthode, Porter a trouvé que les enfants les plus intelligents ont sur les autres une supériorité de poids et de taille[4].

Voulant me faire là-dessus une opinion personnelle, j'ai pris la peine de mesurer le développement physique de six cents enfants environ d'école primaire ; puis, pour opérer leur classement intellectuel, j'ai employé concurremment deux méthodes. La première, à laquelle il vient d'être fait allusion, pourrait prendre le nom de méthode subjective ; elle résulte de l'appréciation des maîtres. La seconde méthode, plus savante, tient compte de la combinaison de deux données : l'âge des enfants et leur degré d'instruction. A égalité d'âge, celui-là est jugé le plus intelligent qui est le plus instruit. Comme on sait exacte-

---

1. *Yale Studies*, vol. II.
2. *Science*, New Series, vol. I, p. 225.
3. *Science*, New Series, vol. IV, p. 156
4. *Transactions of the Saint-Louis Academy of Science*, vol. VI, p. 161.

ment en combien d'années les enfants d'école qui ont une évolution normale doivent parcourir tout le cycle des études, on peut déterminer, pour chacun d'eux s'il est régulier ou s'il est en retard, ou s'il est en avance; on peut même savoir si ce retard ou cette avance sont seulement d'un an, ou de deux ans, ou de trois, ou davantage. Ainsi, un enfant de dix ans, qui est à l'école primaire, se trouvera dans le cours moyen, deuxième division, s'il est régulier; si on le rencontre dans le cours élémentaire, deuxième division, c'est qu'il est en retard de deux ans; si, au contraire, il s'est déjà élevé dans le cours supérieur, il est en avance d'un an. Une notation analogue peut être appliquée aux lycées, aux collèges, à tous les établissements qui présentent un cours d'étude régulier. Il suffit de transformer le degré d'instruction par rapport à l'âge en degré d'intelligence pour avoir un classement très intéressant, qui ne résulte point d'une appréciation subjective et toujours un peu arbitraire des maîtres, mais qui traduit tout un ensemble de résultats, toute la somme d'efforts, d'actes d'attention, de mémoire et de jugement que suppose l'instruction scolaire. Il est tout naturel de juger l'intelligence d'un enfant d'après ses succès scolaires. C'est pour la même raison qu'on juge l'intelligence d'un adulte d'après sa réussite dans la vie.

J'ai employé comparativement ces deux méthodes pour savoir si le degré d'intelligence des élèves est en quelque relation avec leur développement physique. La première méthode, celle qui consiste à utiliser l'appréciation des maîtres, ne m'a absolument rien donné; au contraire, avec la méthode du degré d'instruction, je me suis aperçu tout de suite que la relation cherchée devient très claire et très nette. Il a fallu, pour gagner une certitude, étendre beaucoup les recherches, les multiplier dans diverses écoles; heureusement, j'avais avec moi des collaborateurs courageux et consciencieux, le docteur Simon, M. Vaney, qui m'ont vaillamment secondé. Nous passons sur les détails des opérations qui ont consisté à prendre en considération le poids, la taille, la largeur des épaules, etc., etc., mais nous voulons tout au moins citer quelques chiffres qui préciseront les idées. Ceux-ci sont relatifs à deux écoles de garçons :

ENFANTS DE DÉVELOPPEMENT PHYSIQUE	ENFANTS DE DÉVELOPPEMENT INTELLECTUEL		
	Avancé.	Régulier.	Retardé,
Avancé.	33 %	46 %	21 %
Régulier	35 %	33 %	30 %
Retardé.	22 %	39 %	39 %

Un court commentaire suffira pour expliquer le sens de ces chiffres. Prenons la première colonne de gauche. Nous y voyons que parmi les enfants avancés de l'intelligence, il y en a 33 qui sont avancés comme developpement corporel, 35 réguliers, et 22 retardés. Cette distribution est curieuse ; elle montre que les avancés intellectuels sont plus nombreux parmi les avancés physiques que parmi les retardés physiques ; mais c'est une règle qui souffre bien des exceptions puisque 22 % d'élèves à brillante intelligence sont parmi les chétifs.

Ainsi, la relation cherchée existe certainement, mais elle n'apparaît que dans les grands nombres ; et elle se trouve démentie dans une minorité si imposante de cas qu'elle ne pourrait servir à aucun diagnostic individuel. Si un enfant de douze ans a la taille, le poids, la force musculaire d'un enfant de dix ans, s'il a par conséquent deux ans de retard physique, on n'a le droit de rien en conclure en ce qui concerne son intelligence. Peut-être son intelligence est-elle en retard comme son corps ; peut-être est-elle d'une force moyenne; peut-être même est-elle extraordinairement précoce.

Nous rencontrons ici, pour la première fois, l'occasion de signaler une distinction très importante entre les *vérités de moyenne* et les *vérités d'application individuelle*. Certaines dispositions physiques et morales ne se constatent que par des épreuves répétées sur un grand nombre d'individus; elles ne peuvent servir qu'à des conclusions de groupe. Nous en verrons bientôt maint exemple. En voici déjà un très net, fourni par l'étude du développement physique. Certaines autres dispositions ont l'intérêt de se prêter à des applications individuelles, parce qu'elles sont le signe d'une qualité qui ne manque jamais. Ainsi le râle sous-crépitant, en médecine, n'est pas un signe générique : c'est un signe certain de pneumonie. De même, en psychologie, nous trouverons beaucoup de ces signes précieux qui permettent de juger et de ranger un individu.

Pourquoi donc est-ce que la mensuration corporelle d'un écolier ne nous renseigne pas avec précision sur sa capacité d'intelligence? Il y a là un défaut de rapport qui choque. Est-ce que l'intelligence n'a pas besoin d'un substratum anatomique? Est-ce qu'elle n'est pas sous la dépendance d'un cerveau bien conformé, bien irrigué, bien nourri? Est-ce que le cerveau, à son tour, ne dépend pas des autres organes, du cœur, de l'estomac, du rein, et aussi du système musculaire et du système osseux? Est-ce qu'il n'y a pas un lien de dépendance entre toutes les parties d'un organisme? Et, par conséquent, si l'être physique d'un écolier est vigoureux, est-ce qu'on ne devrait pas trouver la même vigueur dans son être moral?

Sans doute, ces corrélations existent, mais il faut croire qu'elles sont moins simples que notre imagination ne les conçoit; en tout cas, elles sont influencées par une foule de facteurs accessoires et insaisissables. Laissons là les théories et ne considérons que la pratique. Dans la pratique scolaire, il reste évident que le lien unissant la capacité intellectuelle à la capacité physique est assez lâche, et que d'un examen d'anthropométrie corporelle on ne peut rien conclure sur l'intelligence d'un écolier. Le diagnostic pédagogique ne peut pas, du moins dans l'état actuel de nos connaissances, utiliser ces données anatomiques et physiologiques.

Cependant, il est des cas où l'état physique d'un enfant permet de faire des conclusions relatives à son état mental. Jusqu'ici nous nous sommes mis au point de vue du diagnostic. Supposons maintenant que nous sommes dans les conditions d'une autre hypothèse qui pour le moins présente autant d'intérêt pratique que la précédente. Nous avons appris, par des preuves certaines, qu'un enfant est réellement moins intelligent que la plupart de ses camarades ; il a de la difficulté et de la lenteur à comprendre, sa mémoire est paresseuse, son attention se fatigue vite. D'aspect chétif, il a une taille et un poids en retard de deux ans, une capacité respiratoire en retard de trois ans, et ainsi de suite. Dans ce cas, point de diagnostic à faire ; on n'a pas à partir de l'état physique pour conjecturer l'état intellectuel, puisque l'état intellectuel du sujet est aussi bien défini que son état physique. L'accord de ces deux états, qui présentent un caractère commun de misère, ne peut pas être négligé. Il est légitime de rechercher si réellement il existe entre les deux états un lien de causalité. Pour cela, on aura recours au médecin scolaire ; celui-ci fera un examen des dents, du tube digestif, il recherchera les végétations de l'arrière-gorge, les signes d'anémie, les maladies organiques du cœur et du poumon ; et il sera en mesure de savoir si le soupçon qu'on a eu est confirmé par un examen méthodique. On voit donc que la pratique des mensurations corporelles scolaires ne doit point être rejetée; car si ces mensurations, prises en elles-mêmes et isolées du reste, ont peu de signification pour le diagnostic de l'intelligence, elles servent beaucoup lorsqu'elles sont confirmées par des observations d'un autre genre; leur principal avantage est d'éveiller l'attention du pédagogue sur un enfant suspect qui sans cet examen corporel aurait passé inaperçu.

L'examen et la mesure du développement physique des enfants n'ont pas seulement un intérêt de pédagogie; toutes ces questions, quand on les comprend bien, débordent les intérêts propres de l'école, et prennent une véritable importance sociale; car elles mettent en jeu l'avenir de notre race et l'organisation de notre société. Après avoir constaté que le peu de développement intellectuel de certains écoliers est une expression d'un petit développement physique, on ne peut pas se contenter de décrire cette corrélation pour son bel intérêt philosophique; il ne suffit pas d'aligner des chiffres, il faut savoir ce que ces chiffres nous révèlent, il faut surtout regarder un peu les enfants qui ont été mesurés.

Nous avons voulu, dans une école où nous faisons nos mesures anthropométriques, regarder attentivement quels sont les enfants qui offrent un retard d'au moins deux ans dans leurs mesures. Nous avons fait appeler devant nous tous ces retardés et pour mieux mettre en lumière leur déficience intellectuelle, pour mieux aiguiser notre pouvoir d'observation, nous les avons comparés à des écoliers de même âge, dont le développement était rigoureusement normal. Nous ne connaissions ni les uns, ni les autres, nous ignorions même leurs âges, nous cherchions à deviner quels étaient les chétifs. Le Dr Simon, notre fidèle collaborateur, nous assistait dans cet

essai. Nous ne fîmes pas déshabiller les enfants;
on se contenta de regarder leur tête et leur aspect
général. Le tableau vivant que nous eûmes sous les
yeux fut saisissant, à tel point que sur trente enfants,
composés mi-partie de normaux, mi-partie de retardés, qui nous furent présentés les uns après les
autres, sans qu'on nous apprît leur âge, nous ne
nous sommes trompés que six fois; dans les vingt-
quatre autres cas, nous avons reconnu les retardés.
Ce qui nous guidait surtout, c'était la vue d'ensemble, l'attitude du corps, la coloration de la peau
du visage, la forme et l'expression des traits. De tout
cela se dégageait une impression indéfinissable de
misère physiologique.

Et ce qu'il y a de plus attristant et de plus grave,
c'est que cette misère physiologique est l'expression
d'une misère sociale, c'est-à-dire d'une misère autrement profonde, qui tient à la constitution même de
notre société. Ici nous ne présentons pas de recherches
entièrement personnelles, qu'on pourrait à la rigueur
mettre sur le compte d'un milieu très spécial. Les
résultats que nous avons obtenus sont, malheureusement, en harmonie complète avec ceux de tous les auteurs qui ont travaillé dans les écoles ouvertes au
peuple. Et ces auteurs sont nombreux. Citons Burg-
graeve, Niceforo, Mac Donald, Schuyten, etc. Tous
ont vu, comme nous l'avons vu nous-mêmes, qu'une
grande, très grande partie des enfants qui ont un développement corporel au-dessous de leur âge sont des
enfants dont les parents sont de condition pauvre et
même misérable.

Il est facile d'établir rapidement dans une école
primaire une statistique des enfants les plus pauvres,
d'après la manière dont on les fait profiter de l'assistance. Cette assistance se traduit de deux manières,
par une distribution de vêtements gratuits, et par une
distribution de nourriture gratuite. Il est clair que ces

distributions sont faites par le directeur de l'école après une enquête discrète sur la condition sociale des parents ; on connaît donc quels sont les parents les moins fortunés, on peut même établir des degrés d'infortune, et pour tout dire, des classes sociales. Or, en cherchant comment les enfants avancés et retardés physiquement se distribuent dans ces classes sociales, nous trouvons que les retardés sont en majorité dans les classes qui ont besoin d'assistance, soit de nourriture, soit de vêtement, soit des deux à la fois ; tandis que les réguliers et surtout les avancés physiquement appartiennent en majorité aux classes moins pauvres.

Voilà donc un fait bien démontré, malheureusement. Un bon nombre des enfants de corps chétif qui fréquentent nos écoles primaires publiques sont réduits à cet état, par suite de privations subies dans la famille, privations qui probablement portent à la fois sur la nourriture et sur l'hygiène. Et ce qu'il y a de plus grave encore, c'est que cette diminution de vigueur physique n'est pas un phénomène individuel, s'étant produit seulement chez les enfants, et dont on pourrait amener la suppression par une assistance attentive ; non, c'est bien réellement de la misère héréditaire, qui caractérise la famille pauvre, car ce n'est pas seulement l'enfant qui, lorsqu'on le mesure physiquement, se montre inférieur à la moyenne ; la même infériorité existe chez son père et chez sa mère. Nous avons prié ceux-ci par circulaire de nous envoyer leur mesure ; nous avons adressé cette demande à tous les parents des écoliers ; et les chiffres nombreux qui nous ont été envoyés, et dont, naturellement, nous ne pouvons attester que la valeur globale (car nous ignorons avec quel soin chaque parent a mesuré sa taille), nous montrent à l'évidence que déjà la taille des parents pauvres est légèrement au-dessous de la moyenne, tandis que celle des parents aisés reste légèrement au-dessus. En effet, il y a 54 °/₀ de pauvres au-dessous de la taille de 1 m. 60, et il y a seulement 47 °/₀ de parents aisés qui soient au-dessous. Les différences ne sont point élevées comme valeurs absolues, mais bien significatives comme direction.

C'est ainsi qu'en employant des instruments aussi modestes qu'une toise et une balance, et en faisant des opérations qui semblent bien élémentaires, presque inutiles, l'éducateur se trouve conduit devant les problèmes sociaux les plus angoissants de notre époque. Ces problèmes, ce n'est pas à lui de les résoudre; ils dépassent l'école et la pédagogie. Mais il doit les signaler avec insistance aux pouvoirs publics, et dans la proportion où il détient une parcelle des fonctions d'assistance, si développées chez nous, il doit s'appliquer à ce que les secours dont il dispose aillent aux enfants qui en ont le plus besoin. Non seulement des enquêtes sur les milieux, sur les parents, mais encore des mensurations attentives du développement corporel devraient être faites dans toutes les écoles, et les résultats de ces mensurations, après contrôle, devraient être utilisés puisqu'ils constituent une véritable mesure de la misère sociale. Je demanderais à ce que ces résultats fussent groupés dans un office central, où l'on aurait une vue d'ensemble sur les écoles, et où l'on chercherait à proportionner à la misère de la population de chaque école la quantité de secours en vêtements et en nourriture qu'on lui accorde. Ainsi, le service des cantines gratuites, qui dépend actuellement de conditions accidentelles et toutes locales, devrait être entièrement revisé sur les bases que nous indiquons, de manière que les aliments gratuits fussent distribués en plus grande abondance dans les écoles les plus pauvres. Nous ne demandons pas de nouveaux crédits, mais une distribution plus rationnelle de ceux qui existent déjà.

C'est en faisant prévaloir ces idées de contrôle scientifique, c'est en guidant ainsi la répartition générale des secours, que l'éducateur contribuera, pour une grande part, à introduire le bon sens, la précision et la justice dans les œuvres d'humanité.

Voilà ce qu'on peut dire sur la manière dont il faut diriger les actes d'assistance. Mais la question est encore plus étendue, et le mal est encore plus profond que ce que nous avons laissé supposer. Les classes pauvres et misérables ne présentent pas seulement des signes de dégénérescence physique. Leur dégénérescence physique s'accompagne de dégénérescence intellectuelle et morale. Ce ne sont pas seulement des vues théoriques, ce sont malheureusement des faits, des faits indéniables; nous les avons recueillis non seulement à Paris, mais dans des villes de province, et jusqu'au milieu des populations agricoles. Partout, les enfants de parents pauvres et misérables sont moins intelligents que les autres; ce qui l'atteste, c'est d'abord qu'en général ils sont plus souvent en retard dans leurs études; ils ont à onze ans, par exemple, l'instruction à laquelle les fils de familles plus aisées atteignent dès neuf et dix ans; autre preuve, ils arrivent en moins grand nombre au certificat d'études, cet examen dont il ne faut pas médire, car il est une mesure de niveau intellectuel. Dans une petite école de campagne, on a fait une petite enquête, sur ma demande, et on a trouvé que tous les enfants de milieux aisés avaient eu leur certificat, tandis que ceux des milieux de misère ne l'avaient obtenu que dans la proportion infiniment faible de un sur quatre. Voilà pour l'intelligence. Ce n'est pas tout; les sentiments moraux ont subi une déchéance parallèle. Ne parlons point des sentiments moraux des jeunes enfants, car à l'école on n'a guère l'occasion de les observer; mais prenons surtout en considération ceux des parents. Les père et mère ont un devoir essentiel à remplir vis-à-vis de leurs enfants : leur donner des soins matériels, veiller à leur propreté, à leur nourriture, à leur hygiène et leur imposer l'ordre, le soin, la régularité ; puis viennent les soins intellectuels : se rendre compte de la manière dont les devoirs sont faits et les leçons sont sues ; et enfin, les leçons morales, inculquées surtout par l'exemple, les bons conseils, les récompenses justifiées, et les punitions sans excès ni faiblesse. A ce triple point de vue, matériel, intellectuel et moral, les parents de condition pauvre et misérable se montrent nettement inférieurs aux parents de milieux plus aisés. Un instituteur de province, M. Limosin, bien placé pour les connaître, m'a renseigné à ce sujet au moyen d'une statistique attentive, qui ne peut laisser aucun doute, tant les conclusions en sont éloquentes ; et tous les directeurs d'écoles parisiennes auxquels j'ai montré ces conclusions m'ont assuré sans hésiter que leur expérience personnelle leur permettait d'y souscrire.

Comment donc expliquer une telle déchéance des classes pauvres ? S'il s'agissait de cas isolés et peu francs, on aurait la tentation de recourir à de petites explications. On remarquerait par exemple que plusieurs pères très pauvres sont très occupés pendant la journée, reviennent le soir chez eux très surmenés, et n'ont pas le temps de veiller sur le travail de leurs enfants ; plusieurs aussi ne se rendent pas encore bien compte de l'utilité de l'instruction. D'autres raisons pourraient être invoquées. Nous ne croyons pas à leur généralité. La déchéance sociale en présence de laquelle nous nous trouvons est trop importante pour s'expliquer par des causes aussi petites, elle nous paraît être plutôt une conséquence de la déchéance physique. Tout se tient dans l'organisme ; si la partie physique subit une régression, la partie mentale doit subir à la longue une régression analogue. Or, c'est par suite d'un abaissement du niveau physique que l'individu montre moins d'intelligence, moins d'attention, moins de mémoire, et surtout qu'il réfléchit moins, qu'il sacrifie constamment demain à aujourd'hui, qu'il satisfait sans mesure des besoins immédiats, cède à la suggestion du plaisir, de l'exemple, de l'alcool, et gaspille en un jour ou deux le gain d'une semaine. La véritable définition morale du miséreux ce n'est pas : un être qui manque d'argent ; c'est : un être qui est incapable d'épargner. Et tous ces effets mentaux de la déchéance physique sont les conséquences naturelles du défaut d'hygiène et d'alimentation ; elles en sont les effets et en même temps, mais d'une manière accessoire, les causes ; car la mauvaise hygiène et la mauvaise alimentation sont encore aggravées par le défaut de réflexion et le manque d'esprit de conduite. En vérité, le système des castes, que la Révolution de 1889 a abolies, existe encore ; elles ne sont plus reconnues ni sanctionnées par la loi, mais elles subsistent en fait, attestées par l'amoindrissement physique, intellectuel et moral des êtres les plus misérables.

III

LA MESURE DU DÉVELOPPEMENT PHYSIQUE

Après ces considérations générales, parlons un peu de technique. Nous avons montré, par tout ce qui précède, l'intérêt que présente l'appréciation de l'état physique d'un enfant. Voyons comment on peut faire cette appréciation. Comme ceci n'est pas un traité ni un guide, comme nous cherchons simplement à exposer quelques idées nouvelles, qui nous sont suggérées par notre expérience, nous laisserons de côté une partie de cet examen, qui n'est pas de la compétence de l'éducateur, et pour laquelle il a besoin du concours d'un médecin intelligent ; c'est la partie proprement médicale, consistant dans la recherche d'un état pathologique défini, comme la tuberculose, la scrofule, l'anémie, l'épilepsie, etc., sans compter, bien entendu, les affections aiguës. Nous ne parlerons ici que des procédés à mettre en usage pour faire de l'*anthropologie scolaire*.

Déjà, sans procédé d'aucune sorte, un œil exercé s'aperçoit si un enfant est robuste ou non. Une bouche au dessin énergique a une toute autre signification que des lèvres molles, vaguement dessinées et tombantes. Une chair au modelé défini et comme sculpté est plus saine qu'une chair flasque. La coloration surtout est importante ; elle est formée par le mélange de deux tons élémentaires, l'un rouge, l'autre jaune, dont la valeur et la proportion doivent être telles que le visage paraisse coloré, et ne le soit pas plus en jaune qu'en rouge, mais d'une manière équivalente ; le teint blanc, par défaut de ces deux colorations, ou l'exagération d'un seul des deux tons, est une déviation de l'état normal. J'attirerai encore l'attention sur l'expression de force ou de faiblesse que donne l'attitude du corps. Pendant le repos, une personne fatiguée se trahit par deux sortes d'attitudes : des attitudes ligamenteuses, c'est-à-dire telles que pour garder la position, on ne recourt pas aux muscles, mais aux ligaments ; ou bien des attitudes dans lesquelles on recherche inconsciemment un appui ; par exemple, on s'accote à un mur, on s'accoude à une table, on se renverse sur le dossier d'un fauteuil. La recherche de l'appui est évidemment le signe d'une faiblesse physique, car toutes les fois qu'on est appuyé, on éprouve un soulagement, en raison du poids que l'on fait supporter à l'appui et dont on débarrasse son corps. Ainsi, je suppose qu'on soit assis sur une chaise, et que la chaise soit placée sur une bascule; si on vient à s'appuyer avec les deux coudes sur une table posée devant la balance, celle-ci accusera aussitôt une diminution de poids, qui peut être considérable, de 10 kilos par exemple, pour citer un chiffre qui fixe les idées. C'est autant de moins à supporter pour les muscles dorso-lombaires.

Les instruments permettant une mesure du développement corporel sont la toise, pour la taille; la balance, pour le poids; le compas d'épaisseur, pour la largeur d'épaules; le dynamomètre, pour la force musculaire; le spiromètre, pour la capacité vitale. Donc cinq instruments en tout. Ils suffisent, et si on sait s'en servir, on peut faire avec eux des constatations extrêmement utiles.

Nous ne nous attarderons pas à présenter des descriptions sur l'emploi de la toise et de la balance; ce sont là des détails qu'on trouvera dans tous les ouvrages spéciaux.

Un mot, en passant, sur le procédé qui rend compte des dimensions de la poitrine.

Nous conseillons de rejeter la mesure de la circonférence de la poitrine au ruban gradué, parce que l'opération comporte des erreurs qui sont énormes, relativement aux variations individuelles et à l'accroissement annuel du périmètre thoracique; on s'en aperçoit bien, du reste, si on s'avise de se contrôler soi-même, en prenant deux fois la même mesure sur la même poitrine; on sera étonné de la grandeur des écarts qui sépare ces deux mesures.

Nous proposons de se préoccuper d'une autre dimension thoracique, c'est la largeur des épaules, ou diamètre bi-acromial, compté entre les repères osseux fournis par les deux acromions. Pas plus que le périmètre thoracique, il est important de le dire, le diamètre bi-acromial ne donne une idée de l'amplitude respiratoire; mais il exprime le développement

du corps en largeur et il complète, par conséquent, très
heureusement la donnée fournie par la taille, qui exprime la croissance en hauteur.

A ces explorations anatomiques, nous ajoutons habituellement une mesure de la force musculaire, en
employant le classique dynamomètre; c'est une ellipse
d'acier qu'on place dans l'intérieur de la main et
qu'on presse avec les doigts et la paume; un cadran
intérieur indique en kilogrammes le chiffre de la
pression et mesure ainsi la force maximum dépensée
par les muscles fléchisseurs de l'avant-bras.

C'est, bien entendu, une mesure toute locale de
la force musculaire, qui ne nous apprend rien sur
l'énergie des autres muscles, par exemple, sur les
masses musculaires du tronc et des jambes ; cependant, tel qu'il est, le chiffre de pression manuelle au
dynamomètre est précieux et bien plus significatif que
l'ancien procédé clinique, qui consistait à dire à un
malade : « Serrez-moi la main » et à apprécier sommairement la force dépensée dans le serrement de
main. La principale critique qu'on puisse adresser au
dynamomètre est d'enregistrer une sorte d'explosion
de la force, et non l'apport continu d'une épreuve de
fond. Évidemment, c'est dommage. Dans toutes les
circonstances de la vie, c'est plutôt de fond qu'on a
besoin ; la force physique, comme la volonté et les
autres qualités morales, se révèle surtout par la continuité de la lutte contre un obstacle qui dure ; tandis
qu'un effort éphémère, si intense qu'il soit, a beaucoup moins de valeur, il renseigne beaucoup moins
exactement sur la quantité de force dont un sujet dispose et aussi sur sa disposition à se fatiguer.

Je me rappelle, à ce propos, quelques observations
bien instructives que j'ai faites, il y a une dizaine
d'années, sur une pelouse sportive, avec la collaboration d'une équipe de jeunes gens qui jouaient avec
acharnement au foot-ball. Je leur fis serrer des dyna-

momètres à deux reprises : d'abord, avant la partie, puis, quelques heures après, quand ils m'arrivèrent suant, harrassés de fatigue et bien déprimés. Je leur fis donner chaque fois une série de pressions. Ce qui me frappa le plus, ce jour-là, c'est que les premiers chiffres de pression qu'ils me donnèrent avant la partie, et après, étaient à peu près équivalents ; mais leur expression de physionomie était bien différente ; au début, quands ils n'étaient pas encore fatigués, leur figure restait calme pendant l'effort ; après la partie, ils faisaient toutes sortes de grimaces, de cris et de contorsions en serrant le dynamomètre, comme si cette gesticulation exagérée leur était nécessaire pour produire le même travail qu'avant. Quoique fatigués, ils donnaient donc le même travail que reposés ; mais ils le donnaient autrement. Ce travail leur coûtait un plus grand effort, et c'est là, dans cette manifestation d'un effort, devenu nécessaire, que se révélait curieusement la fatigue produite par le jeu de foot-ball.

Il est tout indiqué, lorsqu'on veut faire une épreuve de fond, de demander aux élèves, non pas une pression unique au dynamomètre, mais plusieurs pressions en série. On a préconisé d'autres instruments, afin de mesurer le travail musculaire dont un individu est capable jusqu'au moment de l'épuisement ou plutôt jusqu'au moment de la fatigue très grande qui inhibe le travail (car l'épuisement véritable ne se produit jamais) ; le plus connu de ces instruments est dû à l'ingéniosité du physiologiste italien Mosso, qui l'a baptisé : un *ergographe*. Il est excellent, mais c'est un instrument compliqué de laboratoire, qui ne peut guère servir couramment dans les écoles, à cause de son volume encombrant, du temps très long qui est nécessaire pour le mettre en fonctionnement et des causes d'erreurs qu'il comporte, si on ne le surveille pas avec une extrême attention.

Je préfère résolument le dynamomètre, quand on veut, par une exploration rapide, faire le diagnostic des forces d'un individu. Si l'on dispose d'un peu de temps et qu'on veuille faire une étude approfondie, c'est à un instrument d'un tout autre ordre, au *spiro-mètre*, qu'il faut donner la préférence.

Le spiromètre est un composé de flacons, de poids ou de ressorts qui fait connaître la capacité respiratoire d'une personne, c'est-à-dire la plus grande quantité d'air qu'on puisse faire sortir volontairement de ses poumons, après une inspiration très forte. Beaucoup d'observations, toutes concordantes, ont démontré que la capacité respiratoire est la meilleure donnée que nous ayons sur la force de résistance ou capacité vitale d'un individu. Bien respirer est le signe le plus sûr qu'on est capable, non seulement de donner un gros effort, mais de prolonger cet effort et de fournir, par conséquent, un travail musculaire de quantité considérable. Or, bien respirer, c'est ventiler largement ses poumons ; la quantité de litres d'air qu'on fait passer à chaque respiration par son organe respiratoire mesure cette fonction. Ceux qui sont physiquement forts se reconnaissent à un petit signe, qui échappe au vulgaire, mais que les physiologistes connaissent bien ; il n'y a qu'à les regarder respirer naturellement ; leurs actes respiratoires sont peu nombreux et très profonds ; ils respirent lentement, mais ils vont à fond dans leur souffle. C'est aussi le type de respiration des écoliers qui ont subi un entraînement physique rationnel, et qui sont en forme. Les non entraînés, les débiles du corps respirent, au contraire, par coups pressés et superficiels.

Je veux, pour conclure sur la valeur du spiromètre, citer encore une expérience ; comme la plupart de celles dont je parle, elle a été faite dans une école, et les conditions sont d'une si grande simplicité que chacun peut la répéter. Il y a quelque quinze ans, j'ai fait, avec divers collaborateurs, des recherches d'ensemble sur la force physique des écoliers, en employant tous les instruments, toutes les méthodes connues à cette époque, pour étudier soit les dimensions du corps, soit son rendement physique. On passa en revue, non seulement la taille, le poids, le tour de poitrine, la force musculaire au dynamomètre, mais aussi le travail à l'ergographe, et à divers ergographes, la rapidité de la course, la longueur du saut, l'ascension d'une corde, l'extinction d'une bougie à distance, la vitesse des temps de réaction, la vitesse des mouvements graphiques, etc. Tous les résultats obtenus dans chacune de ces épreuves étaient chiffrés, de sorte qu'il nous fut facile de dresser un classement des élèves par épreuves. Naturellement, tous ces classements différaient un peu; les premiers à la course n'étaient pas les premiers au dynamomètre, et ceux qui montaient le plus vite à la corde lisse n'étaient pas les plus grands de taille.

Nous fîmes alors un classement global, synthétique, dans lequel chaque épreuve comptait pour un; c'était un classement un peu analogue à celui qu'on emploie dans les lycées pour le prix d'excellence. Nous recherchâmes ensuite quelle était l'épreuve particulière qui se rapprochait le plus du classement global, et avait, par conséquent, la valeur représentative la plus forte; ce fut, de beaucoup, l'épreuve du spiromètre. Ainsi se trouve démontrée encore une fois cette vérité importante : le spiromètre est l'instrument qui exprime le mieux l'ensemble des forces physiques d'un individu. Voulez-vous faire choix d'un être résistant à la fatigue, et capable de briller dans une épreuve de fond ; prenez celui qui a le plus de souffle.

On remarquera que les moyens d'étude dont on se sert pour enregistrer le développement corporel sont de deux catégories bien différentes ; les uns sont anatomiques, et se passent du concours de l'individu ; que l'écolier le veuille ou non, il suffit de le faire monter sur une bascule pour avoir son poids, et il ne peut rien pour le changer. Les autres procédés de mesure sont physiologiques ; ils supposent une fonction en activité, et, comme cette fonction est semi-volontaire, il se trouve que la mensuration qui en est faite porte, non seulement sur un état physiologique, mais encore sur un élément moral.

Quand quelqu'un presse le dynamomètre, le chiffre qu'il donne dépend de trois facteurs combinés :

1° La force de ses muscles, c'est-à-dire la structure, le volume, et l'état histologique de ses fibres musculaires ;

2° L'habileté et l'apprentissage ; la première fois qu'on prend l'instrument, on s'y adapte mal, on ne sait pas comment mettre les doigts, et, peu à peu, si on s'exerce, sans permettre toutefois que la fatigue intervienne, on obtient des chiffres de pression en ordre croissant. On a débuté par 32 kilogr.; on recommence, sans se presser, et on amène 36 ; on se repose un peu, on reprend, on amène 40. Il n'y a qu'un naïf qui pourrait croire que cette croissance atteste uniquement une augmentation de force due à l'exercice. On a surtout augmenté d'adresse. C'est même là, soit dit en passant, une notion importante qu'on néglige trop souvent en pratique.

3° La volonté ; on veut plus ou moins serrer fort ; on aura plus de volonté, si on est intéressé, excité, ému, que si on est calme, indifférent, apathique, distrait, et, à l'appui, je citerai cet exemple joli : faites serrer un jeune homme quand il est seul, puis faites-le serrer devant une jolie femme, on peut être certain que la seconde fois le chiffre est supérieur ; il l'est même sans que le sujet ait la conscience d'avoir donné un effort plus grand : c'est à son insu que sa force augmente. Dans les écoles, j'ai mesuré cette augmentation artificielle de force physique : on faisait monter l'élève sur une estrade, dans le préau, et on lui adressait à haute voix un encouragement bien senti devant tous ses camarades réunis; avec cette excitation, la force augmente en moyenne d'un sixième.

Les mêmes influences s'observent quand on fait usage du spiromètre; ce que l'instrument enregistre, ce n'est pas une quantité d'air qui dépend uniquement de la capacité des poumons; c'est, en outre, l'effort que l'on fait pour inspirer et expirer, l'habileté avec laquelle on retient son souffle pour l'expulser ensuite, et surtout l'énergie morale qu'on met dans l'épreuve. Ici encore, il suffit de convoquer à l'expérience un témoin d'un autre sexe pour voir une augmentation sensible des quantités d'air expirées.

Il est donc incontestable que, dans l'appréciation de toutes les fonctions que nous venons de passer en revue, le chiffre qu'on enregistre n'exprime pas seulement une force physique, mais une puissance du vouloir. Il serait chimérique de séparer l'individu moral de l'individu physique. Du reste, une telle distinction présenterait-elle une utilité quelconque? Serait-elle même légitime? Ce que nous valons physiquement ne dépend pas seulement de notre poids, de nos muscles, mais de notre énergie morale. C'est notre énergie morale qui commande nos muscles, les oblige encore à se contracter lorsqu'ils sont engourdis et endoloris par la fatigue, c'est elle qui fixe les limites pratiques de notre résistance. Ce ne sont pas des limites fixes, invariables; elles varient au contraire dans la plus large mesure, suivant notre puissance de vouloir, qui est comme l'intense foyer, le centre de notre personnalité.

Si nous pouvons fournir une étape énorme ou rester sur notre bicyclette et continuer à pédaler contre le vent et les montées, ce n'est pas toujours parce que nous avons beaucoup de muscles et une large poitrine et que nous sommes exempts d'une foule de tares ; c'est parce que « nous le voulons bien ». Il est donc juste et scientifiquement exact que la volonté de chacun de nous soit comptée parmi les facteurs de sa force physique.

Dernière question. Comment apprécier la force physique d'un écolier ?

A la fin d'une séance d'exploration physique, l'opérateur se trouve avoir recueilli toute une collection de chiffres qui couvrent ses cahiers de notes : chiffres de taille, chiffres de poids, chiffres de largeur d'épaules, chiffres de pression dynamométrique, et ainsi de suite. Que signifie tout cet ensemble rébarbatif de chiffres qui ressemblent si peu à la réalité vivante qu'on vient de mesurer ? Voilà une question que nous aurons souvent à nous poser, car la plupart de nos investigations, même les plus psychologiques, tendent aujourd'hui à se résumer dans une quantité mesurable. Après avoir étudié les capacités mentales d'un sujet, nous arrivons à ce résultat de pouvoir dire : pour la mémoire, tel chiffre ; pour l'attention, tel autre. Il importe donc de se rendre compte que, malgré sa grande apparence de précision, le chiffre n'est qu'un résultat brut dont on ne peut se servir qu'après avoir établi non seulement sa signification, mais encore son interprétation, et comme il y a là une question très générale que nous devons rencontrer à chaque instant dans ce livre, résolvons-la en une fois et de manière à n'y plus revenir.

Un jeune garçon de dix ans vient de nous être amené. A la suite de nos opérations d'anthropométrie nous avons pris des notes pour exprimer ce que cet enfant « vaut physiquement ». Voici le relevé de son bulletin :

Taille.	1ᵐ,20.
Poids.	26 kilogr.
Largeur d'épaules.	28 cm 7.
Spiromètre	1600 litres.
Dynamomètre. . .	17 kilogr.

Rien ne montre mieux que ces chiffres combien les résultats numériques ont besoin d'un commentaire pour être compris. Ce commentaire est surtout une appréciation. Mis en présence d'un fait biologique quelconque, nous ne le connaissons que si nous arrivons à l'apprécier, à juger sa valeur. On nous dit que Paul a 1ᵐ,20 de taille. Quand on nous annonce ce chiffre, nous cherchons surtout à savoir si c'est là une taille grande ou petite et si, puisqu'il s'agit d'un enfant, cet enfant est grand ou petit pour son âge. On le voit, l'appréciation d'une telle valeur suppose un point de repère fourni par une moyenne à laquelle on compare la donnée individuelle. De là la nécessité d'avoir à sa disposition un tableau de moyennes.

Nous donnons ci-après ce tableau, qui a été dressé par nous et par nos collaborateurs, à la suite de nombreuses recherches dans les écoles.

Développement physique des jeunes garçons.

Écoles primaires de Paris pour les chiffres de 4 ans et au-dessus.

Age.	Taille en cent.	Poids en kgr.	D. biacr. en cent.	Spiromètre. en cm³	Dynamomètre m. dr.	m. g.
Naissance	50	3,250	»	»	»	»
1 an	70	9,750	»	»	»	»
3 ans	85	12	»	»	»	»
4	98	15	21,5	»	»	»
5	103	17	23	»	»	»
6	108	18	24	»	»	»
7	114	20	25,5	935	10,35	9,80
8	121	23	27	1057	11,18	10,11
9	125,5	26	28	1316	13,85	12,54
10	130	28	28,7	1466	14,86	14
11	136,5	29,5	29	1600	17,20	15,45
12	143	33	30	1825	19,40	16,60
13	148	35	31	1957	20,90	19,05
14	154	»	»	»	»	»

Mais ce n'est pas tout. Ce tableau des moyennes ne nous sert qu'à une chose, c'est à déterminer si pour une certaine fonction notre sujet est égal à la moyenne ou au-dessus, ou bien au-dessous ; donnée importante mais très vague, car il reste encore à savoir dans quelle mesure se présente cet écart avec la moyenne. L'écolier qui nous sert d'exemple a une taille de 1ᵐ,20, alors que la taille moyenne des enfants de son âge est de 1ᵐ,30 ; nous dirons donc qu'il est petit pour son âge ; nous ajouterons même, étant donné cet écart de 10 centimètres, qu'il est très petit. Nous ne pouvons guère aller au delà.

Pour avoir plus de précision et surtout plus de clarté dans les appréciations, j'ai proposé un moyen de notation qui consiste à remplacer les écarts de taille en centimètres par des écarts en âge.

Reprenons notre exemple. Notre écolier de dix ans a une taille de 1ᵐ,20 ; un coup d'œil sur le tableau des moyennes nous apprend que c'est la taille de huit ans. Nous dirons donc que, pour la taille, cet enfant est en retard de deux ans, ce qu'on écrit ainsi : — 2. Cela est clair, précis ; on comprend tout de suite l'importance du retard. En appliquant cette notation aux autres mesures, on les transforme de la manière suivante :

Taille.	— 2 ans.
Poids.	— 1 an.
Largeur d'épaules. .	=
Capacité respiratoire.	+ 1.
Dynamomètre. . . .	+ 1.

Ainsi, notre enfant a la taille très courte ; étant donné que sa taille est plus petite que la moyenne, son poids est relativement plus élevé ; ce n'est pas un enfant maigre. Il a les épaules d'une largeur suffisante ; il a une excellente capacité respiratoire et son état musculaire est très bon ; c'est un enfant petit et rablé, sur lequel on peut faire fond. Voilà ce qu'il vaut physiquement.

Nous souhaitons qu'il existe bientôt des écoles où ces méthodes d'anthropométrie seront introduites et appliquées régulièrement, puisqu'elles servent à tant de fins utiles : expliquer certaines défaillances de l'attention et de l'intelligence ; permettre de doser l'entraînement physique et la gymnastique suivant les forces de l'écolier ; faire un emploi réellement équitable des ressources de l'assistance, et enfin juger la valeur comparée de plusieurs méthodes de gymnastique actuellement en conflit, juger la valeur des écoles de plein air, juger les bénéfices réels obtenus au moyen des colonies de vacances, etc. Toute l'éducation physique a pour critérium la toise, la balance, le dynamomètre et le spiromètre. Si on n'emploie pas ce critérium, on ne fait que du travail aveugle, c'est-à-dire du mauvais travail ou du charlatanisme.

CHAPITRE IV

Vision et Audition.

I

LA VISION

Lorsqu'on s'occupe pour la première fois de l'état de la vision et de l'audition chez les écoliers, on éprouve bien des surprises. D'abord, on suppose que l'examen de l'état où sont leurs organes des sens doit être une affaire dont les maîtres comprennent l'importance, car tout l'enseignement qui se donne en classe est visuel ou auditif, et par conséquent un maître averti doit savoir si les enfants qu'il instruit sont capables de voir à distance ce qu'il leur montre et ce qu'il écrit pour eux au tableau noir; il doit aussi savoir si les enfants entendent distinctement tout ce qu'il leur explique.

Or, en fait, les ouvrages de pédagogie, même les plus récents, passent entièrement sous silence ce sujet; il n'y a pas une seule page, pas une seule ligne consacrée à l'étude des organes des sens chez les écoliers; ou, si l'auteur du traité s'est occupé des organes des sens, c'est pour en faire l'histoire naturelle, en raconter le développement, ou pour rapporter des observations d'histologie sur la forme que les cellules nerveuses affectent dans le sens visuel cortical. Tout cela est sans doute bien instructif, mais ne rend aucun service au professeur pour faire sa classe, ni pour reconnaître les enfants myopes ou les enfants sourds.

On supposera donc volontiers que le silence des traités de pédagogie tient à cette raison toute naturelle que les maîtres savent faire l'examen des organes des sens et n'ont aucun besoin qu'on le leur apprenne. C'est encore une erreur. J'ai visité bien des classes et causé avec beaucoup de maîtres, tant à Paris qu'en province; ils avaient les notions les plus vagues sur ce chapitre. Quelques-uns pouvaient nous signaler deux ou trois de leurs élèves qui avaient une vue particulièrement mauvaise; mais ils n'avaient pas eu le mérite d'en faire la découverte; ils avaient été renseignés soit par l'enfant soit par la famille. La plupart des maîtres non seulement sont complètement ignorants de ces choses, mais encore ils supposent qu'elles ne sont pas de leur compétence. Ils nous ont dit qu'ils se sentent incapables de déterminer l'acuité visuelle ou auditive d'un individu. Ils ajoutent que ce n'est pas leur affaire, c'est l'affaire du médecin. Si on consulte les médecins à ce propos, ils donnent entièrement raison aux instituteurs; ils affirment que l'examen de la vision suppose l'emploi d'appareils compliqués, et des connaissances extrêmement abstruses de physiologie, de pathologie que les médecins sont seuls à posséder. Cela n'est pas très encourageant. Il y a même mieux. Je me rappelle qu'il y a quatre ans, j'avais fait faire des examens de vision par des instituteurs d'école. On l'apprit; et aussitôt une société de médecins inspecteurs s'émut de cette atteinte à ses prérogatives; elle nomma une délégation, qui porta ses plaintes devant le Directeur de l'enseignement.

Je n'ai pour ma part aucun parti pris; peu m'importe, au fond, que l'examen de la vision soit fait par les instituteurs ou par les médecins; l'essentiel est qu'il soit fait. C'est l'intérêt des enfants qui l'exige. En effet, les troubles visuels qu'on peut relever chez les écoliers ne sont point en quantité négligeable. Si on consulte les statistiques qui ont été publiées en divers pays, et notamment en Allemagne, on est surpris des chiffres élevés d'anormaux de la vision qui ont été constatés. Les auteurs sont arrivés à établir des proportions d'enfants à vision anormale qui s'élèvent, d'après Mottais, à 46 %, et d'après Cohn, à 61 %. Ce dernier nombre est à remarquer en passant. Si on le prenait à la lettre, on supposerait que les visions anormales constituent la majorité. Et d'autres considérations encore aggravent les conclusions à tirer de ces statistiques. Les chiffres semblent tous démontrer que les déficiences de la vue sont en augmentation régulière avec l'âge ; il existerait plus de troubles visuels, plus de myopies, soit dit en particulier, chez les enfants de quinze à seize ans, que chez les enfants de huit à dix ans; les statistiques sont très éloquentes sur ce point. Ainsi, Mottais nous détaille les proportions suivantes :

Nombre de myopes dans les classes inférieures :   0
     —   —   —   moyennes :   17 %
     —   —   —   supérieures : 35 %

Tous les autres auteurs sans exception ont publié des chiffres analogues; la valeur absolue du pourcentage peut varier, mais l'accroissement des nombres avec l'âge se constate partout régulièrement. On a conclu que la myopie, en particulier, parce qu'elle présente cet accroissement de manière très démonstrative, se développe à l'école et par l'école, et que l'école en porte la responsabilité.

Autre considération qui plaide dans le même sens :

on a fait la statistique de la myopie chez les gens de ville, comparés aux habitants des campagnes; et aussi dans les différentes professions où l'usage de la lecture est inégal; et toujours on a constaté une supériorité du nombre des myopes dans les professions où on lit le plus; de sorte qu'on a conclu que c'est l'usage immodéré de la lecture qui est la cause principale de la myopie.

Ce n'est pas tout encore. En envisageant un autre côté de la question, on s'aperçoit combien elle a de gravité. On a constaté en effet que la myopie et les autres troubles visuels sont une cause évidente de retard dans les études. D'une part, parmi les anormaux de la vision on trouve un nombre d'arriérés scolaires bien supérieur à la moyenne, et d'autre part, parmi les arriérés scolaires on trouve un nombre de mauvaises vues bien supérieur à la moyenne. Il y a là deux démonstrations qui se confirment. Pour moi, elles se confirment d'autant plus que toutes les fois que j'ai fait faire des statistiques analogues par mes collaborateurs, elles ont abouti à des conclusions concordantes. Je citerai notamment le recensement qui a été fait, à ma demande, dans les écoles primaires de Bordeaux; je citerai aussi une étude toute récente de M. Vaney sur cette même question. Cette étude a porté sur un petit nombre d'enfants, mais en revanche, elle a été très soigneusement surveillée par un pédagogue qui connaissait individuellement chacun n'eux. Il est donc incontestable que si un enfant est atteint dans sa vision, il profite très mal de l'enseignement visuel donné en classe, et toutes ses études sont en souffrance.

Cela se comprend. Une bonne partie de l'enseignement s'adresse à la vue, soit que le professeur montre des objets, des gravures, par exemple, soit qu'il explique une carte, soit qu'il écrive ou dessine sur le tableau noir. Tout cet enseignement de nature visuelle est plus ou moins compromis pour les enfants à vision anormale ; ils y restent étrangers, ou bien ils le comprennent mal, ou bien encore, ils prennent l'habitude fâcheuse de copier sur leurs camarades.

Pourquoi ne se plaignent-ils pas? Par timidité, souvent; souvent aussi par ignorance, inconscience, parce qu'ils ne se doutent pas qu'ils voient mal, plus mal que les autres. On me citait dernièrement un jeune homme qui était arrivé jusqu'en rhétorique sans s'apercevoir de sa myopie. Cela paraît tout à fait étrange, et cependant je ne puis pas douter du renseignement, je le tiens de première main. Parfois, l'enfant masque à son maître sa faiblesse de vision par une sorte de ruse inconsciente. Un très intelligent professeur m'a rapporté qu'un de ses élèves faisait souvent des fautes considérables en copiant les énoncés écrits au tableau noir ; le maître était surpris de ces fautes, il n'hésitait pas à les attribuer à une étourderie persistante du jeune enfant, qui avait pourtant l'air fort appliqué ; et il le punissait chaque fois. Ayant appris plus tard à faire l'examen de la vision, ce professeur constata que son jeune élève était atteint d'une myopie accentuée et ne pouvait pas lire ce qui était écrit au tableau noir. Il ne lisait pas, mais il cherchait à interpréter, il devinait. En me rapportant cette histoire, le professeur avait le remords des punitions nombreuses qu'il avait infligées à cet innocent. Evidemment, ce qu'il fallait à cet enfant, ce n'était pas des punitions, mais une bonne paire de lunettes [1].

Ces constatations, ces statistiques, ces raisonnements sont certes assez impressionnants pour qu'on se donne la peine d'examiner la question de près. J'ai entrepris une recherche à ce sujet, il y a cinq ou six ans, avec

---

1. JOURDE. Une expérience indispensable. *Bulletin de la Soc. de l'Enfant*, 1906, n° 31.

le D: Simon dans les écoles primaires de Paris; et voici ce que nous avons constaté[1].

Etant données la profondeur des classes et leur obscurité, il existe beaucoup de bancs d'où il est difficile de voir ce qui est écrit sur le tableau noir ; et en fait, certains enfants ont une vue assez courte pour ne pas apercevoir l'écriture tracée au tableau noir, quand ils occupent ces places défectueuses. Or, ces enfants à vision anormale ne sont pas connus des professeurs ; et en général, les professeurs rangent les élèves dans la classe sans tenir aucun compte des mauvaises visions. Dans certaines écoles, le classement se fait au hasard ; dans d'autres, par ordre alphabétique ; dans d'autres, par un roulement, afin de suivre l'ordre de la dernière composition ; les premiers élèves ont l'honneur de s'asseoir sur les premiers bancs, et les derniers élèves sont relégués tout au fond de la classe. Il est évident que cet ordre de classement n'a rien à faire avec un classement par mauvaise vue ; ou plutôt, je me trompe, ce sont là deux classements d'ordre inverse ; les derniers de la composition ont beaucoup de chances pour avoir des visions mauvaises.

A la suite de ces recherches, nous étant convaincus de la gravité du mal qu'il fallait combattre, nous avons mis en train ce que nous avons appelé *un examen pédagogique de la vision;* nous avons composé une échelle optométrique, qui a été tirée à plusieurs milliers d'exemplaires, et qui a été distribuée gratuitement par la *Société libre pour l'étude de l'enfant* à tous les instituteurs de la Seine et de plusieurs départements. Nous allons donc expliquer maintenant par le menu comment un instituteur ou un parent peuvent faire la mesure de l'acuité visuelle d un

1. Pour les détails techniques, voir *Année Psychologique,* XII, p. 233.

enfant, et quelles sont les conclusions d'intérêt pratique à tirer de cet examen.

Il fallait d'abord faire une simplification; nous avons proposé, avec le Dr Simon, que l'on considérât un examen de la vision comme formé de deux parties bien distinctes : une partie pédagogique, qui peut être exécutée par tout instituteur ou par tout parent; et une partie médicale, qui sera réservée au médecin oculiste.

La partie pédagogique est fort simple; de quoi s'agit-il ? De déterminer avec précision à quelle distance maximum une personne peut lire des caractères imprimés d'une grandeur déterminée. C'est en cela que consiste la mesure de l'acuité visuelle d'une personne. Eh bien, nous le demandons, quel est le maître qui ne peut pas faire cette observation sur ses élèves, lorsqu'on l'a averti de quelques causes d'erreur qu'il doit éviter? Faire cette mesure, c'est exécuter la partie pédagogique du travail; ce ne sont pas seulement les maîtres, ce sont tous les parents qui en sont capables.

Reste la partie médicale, celle qui ne regarde pas l'instituteur, mais l'oculiste. En quoi consiste-t-elle ? Elle consiste, une fois qu'il est constaté que tel enfant n'a pas une vision normale, à rechercher les causes de cette défectuosité visuelle. Le médecin nous dira, par exemple, après un examen de l'œil à l'ophtalmoscope, ou après des épreuves variées, qu'il existe une opacité des milieux de l'œil, ou une malformation du cristallin, ou une lésion du fond de l'œil. Il nous dira : voici de la myopie, voilà de l'astigmatisme, etc. Constatations délicates, puisqu'elles ne peuvent être faites que par un spécialiste; constatations importantes, puisqu'elles dictent le traitement. Mais c'est un travail qui est tout à fait indépendant de celui de l'instituteur. Ce dernier, je le répète, n'a qu'une chose à faire, c'est de déterminer quels sont ceux de ses élèves dont la vision n'est pas normale.

Cette question de principe une fois tranchée, décrivons exactement la méthode à suivre. Elle consiste à placer en pleine lumière, mais en lumière diffuse, à hauteur d'œil, contre un mur de préau découvert, un tableau contenant des lettres de différentes grandeurs. On appelle échelle optométrique le tableau contenant de ces lettres[1]. Si nous prescrivons de suspendre l'échelle en plein air, c'est parce que les changements de lumière y sont moins accusés que dans une pièce fermée. On opère de préférence entre 10 heures et 2 heures, et on évite les temps couverts.

L'échelle optométrique contient plusieurs rangées de lettres, ayant des dimensions différentes. Les lettres ne forment pas des mots; on a évité cette formation, afin d'empêcher les examinés de deviner les lettres par l'aspect général d'un mot connu. Il faut donc percevoir les lettres une à une.

Quelle est la grandeur de lettres qu'on doit pouvoir lire pour avoir une vision normale? Il faut — et tout l'essentiel de la méthode se trouve dans la phrase suivante — pouvoir lire correctement trois lettres sur sept, quand les lettres en caractère d'imprimerie ont $0^m,007$ de hauteur, et qu'on est placé à une distance de 5 mètres. Voilà, dira-t-on, une règle bien précise ; et, ajoutera-t-on, bien arbitraire.

Pourquoi tolérons-nous quatre erreurs sur sept lettres? Pourquoi demandons-nous ces 5 mètres de distance? Pourquoi faut-il que les caractères aient $0^m,007$ de hauteur, et non pas $0^m,008$ ou $0^m,006$? Nous répondrons point par point. D'abord, il est bon que l'examen de la vision soit enveloppé d'un certain formalisme, afin d'éviter qu'il s'exécute avec négligence ; si l'on permettait à un maître de montrer indifférem-

---

1. Il en existe dans le commerce différents types. Celui que nous employons est fourni au prix coûtant par la *Société libre pour l'étude de l'enfant*.

ment la première lettre venue d'une carte murale à un enfant, l'exercice perdrait sa méthode; on en viendrait à demander à l'enfant de décider lui-même s'il a une vision longue ou courte. La prescription relative aux distances et à la grandeur des lettres paraît être plus grave, et avoir un fondement scientifique; il a été calculé par les oculistes que l'image rétinienne d'une lettre de $0^m,007$, vue à 5 mètres, est en rapport avec les dimensions des éléments sensibles de la rétine, et on s'est imaginé que si deux points lumineux sont assez voisins pour se peindre sur un seul cône, ils ne produisent pas deux impressions, mais une, et qu'il faut que les deux points, pour être perçus doubles, soient séparés par un espace égal au diamètre d'un cône [1]. Mais on s'aperçoit, aujourd'hui, que cette localisation anatomique de l'excitation a peu d'importance; car percevoir est une opération qui exige toujours une intervention active de l'intelligence, et qui est d'autant plus fine que l'intelligence est plus déliée; on ne mesure pas l'acuité d'un sens d'une manière absolue, mais par rapport à ce jeu nécessaire et inévitable de l'intelligence [2]. A mon avis, la grande, la vraie, la seule raison d'accepter comme mesure d'acuité normale de la vue les règles que nous venons de dire n'est pas une raison physiologique, mais une raison sociale. D'abord, avec cette convention, le nombre des déficients de la vision n'est pas assez grand pour constituer la majorité dans la société et dans une classe d'enfants; on peut donc s'en occuper d'une façon spéciale, et quand il s'agit d'enfants, leur donner des places privilégiées dans la classe; en second lieu, cette convention est d'accord avec la

1. E. JAVAL. *Physiologie de la lecture et de l'écriture*. Paris, Alcan, 1905.

2. J'ai montré ailleurs qu'il est impossible de faire une mesure scientifique de l'acuité des sens. Voir *Année Psychologique*, IX, 1903, p. 247.

nécessité imposée par la grandeur des locaux; car les enfants qui ne jouissent pas de la vision normale ci-dessus définie ne lisent pas au tableau, quand ils sont placés tout au fond de la classe. Enfin, si nous tolérons qu'un enfant commette quatre erreurs sur sept lettres à lire, c'est parce qu'une sévérité plus grande nous aurait amenés à reconnaître un trop grand nombre de défectuosités de la vision. La limite entre le normal et l'anormal est toujours arbitraire; il faut la poser de la manière où elle répond le mieux aux besoins de la pratique.

Pour les enfants d'un à six ans, qui ne savent pas encore lire, on recherche s'ils peuvent distinguer, à 7 mètres de distance, un cercle, un carré, une croix de 21 millimètres de hauteur.

Tous ces examens doivent être faits individuellement, quand cela est possible; on évitera les tricheries et on encouragera beaucoup les enfants, sans toutefois les aider. Le travail terminé, on cherchera quels sont les enfants dont la vision est la moins normale; on les placera le plus près possible du tableau noir; et par cette simple mesure on peut être certain de leur rendre un immense service.

En outre, on fera bien de signaler aux parents les enfants qui ont besoin de l'examen d'un oculiste. C'est un devoir de les avertir; mais en fait, nous avons constaté que le plus souvent les parents restent sourds à ces avertissements; ils ne veulent pas se déranger, ils ne veulent surtout rien dépenser. On veillera aussi à ce que les cartes et gravures décorant la classe soient bien éclairées; les tableaux noirs et les cartes murales doivent être mats. Quand l'instituteur écrit au tableau, il emploiera des caractères assez grands, tracés bien lisiblement; étant donné qu'à 5 mètres on lit des caractères de 7 millimètres, il aura une écriture proportionnée à cette exigence. On veillera aussi à ce que les livres scolaires soient imprimés en bons caractères, dont la dimension doit avoir 1^{mm},5 de hauteur avec des interlignes de 2^{mm},5. Toutes ces précautions semblent minutieuses, mais elles sont si utiles !...

Je ne pense pas qu'il soit nécessaire de plaider longuement pour montrer les avantages de l'examen de la vision chez les écoliers. Mais je veux profiter de cette occasion pour faire une petite digression au sujet des *tests mentaux*. On appelle de ce nom des expériences rapides destinées à nous faire connaître les facultés des enfants. Il y a des gens qui se moquent agréablement des tests, et cela pour diverses raisons. Le philosophe américain William James reproche à la méthode de manquer d'intérêt, de sorte que l'enfant n'est pas incité à donner sa vraie mesure. « Aucune expérience de laboratoire, dit-il, n'est capable de jeter quelque lumière sur le pouvoir réel d'un individu, car le ressort vital, son énergie émotionnelle et morale, son opiniâtreté ne peuvent pas se constater par une seule expérience ». Il cite à ce propos l'exemple extraordinairement touchant du naturaliste Huber qui, aveugle, mais passionné pour les abeilles et les fourmis, les observa mieux par les yeux d'un autre que celui-ci avec ses propres organes. Et James termine par une belle apologie de la puissance de la volonté : « Désirez être riche et vous le serez, dit-il ; désirez être savant, être bon, et vous le deviendrez. Seulement désirez réellement une chose, à l'exclusion des autres, et sans vouloir simultanément, avec une force égale, une centaine de choses incompatibles avec elle[1]. » Les observations sont exactes, et la conclusion est juste. Et cependant, est-ce que ce raisonnement entame le moins du monde la valeur des tests mentaux? Je ne le crois pas, car

1. *Causeries pédagogiques*, pp. 112 et 114.

l'examen de la vision est bien un test mental; c'est une expérience du type de celles qu'on fait dans le laboratoire, elle est courte, précise, partielle; on pourrait dresser contre elle la liste des objections de James et de quelques autres auteurs; on pourrait lui reprocher tout particulièrement de ne pas exciter l'intérêt des élèves. Ceux-ci ne feront pas autant d'effort pour lire les lettres dénuées de sens qui sont inscrites sur une échelle optométrique que pour lire à grande distance l'affiche affriolante d'un cirque. Mais en conclura-t-on qu'il ne sert à rien de mesurer leur acuité visuelle? Je suis bien sûr que personne ne fera cette conclusion; et je convie tous les détracteurs de la méthode des tests à se tirer de là.

Puisque je dois, au courant de ces études, employer souvent des tests mentaux — après les avoir, il est vrai, soigneusement sélectionnés — je dirai à cette occasion comment on doit les juger. Il faut faire une distinction. Il y a des *tests de résultats* et des *tests d'analyses*. Les premiers sont excellents, les seconds sont toujours sujets à caution. Mettre quelqu'un dans une situation dont il a l'habitude, le faire travailler, puis apprécier son travail comme résultat, c'est employer le premier genre de test. Par exemple, voulant savoir si un enfant a une bonne vue, on lui fait lire à une certaine distance des caractères de grandeur définie; voulant savoir s'il a de la mémoire, on lui donne un morceau à apprendre, en réglant le temps d'étude et évitant les causes de distraction; voulant savoir s'il dessine bien, on le fait dessiner, sans aide ni secours possible, et on apprécie la valeur de son dessin en employant une méthode exacte d'appréciation. Ce sont des tests de résultats réalisés par l'élève; on se préoccupe du résultat, non des moyens. Maintenant, si après avoir étudié la mémoire d'un élève, on cherche à analyser la nature de ses images; si après l'avoir fait dessiner, on cherche ce qu'il a de visualisation, alors on change de point de vue ; au lieu de synthèse, on fait de l'analyse ; au lieu du résultat, on cherche le procédé. Ceci est plus téméraire ; et sur ce point en particulier, nous sommes de l'avis de James. Quelles que soient les lacunes d'un esprit, on peut y suppléer par d'autres facultés, soutenues par une volonté opiniâtre ; on peut être dessinateur sans pouvoir visualiser. Sans paradoxe, nous irons même jusqu'à soutenir que le talent d'un individu est souvent fait de ses défauts autant que de ses facultés. Et ceux qui, en présence d'un grand talent, ont voulu l'analyser, ont éprouvé la même surprise qu'un chimiste qui mettrait un être vivant dans un creuset et après avoir chauffé n'y trouverait plus qu'un peu de cendre. Rappelons-nous ce qui est arrivé à ceux qui ont voulu décomposer le talent de Zola ; on a mesuré diligemment son attention, sa mémoire, son idéation, son raisonnement, et dans le résidu de ces analyses on n'a retrouvé ni son lyrisme, ni sa puissance de travail, ni son absence de goût, ni rien de ce qui caractérisait sa puissante personnalité littéraire.

II

L'AUDITION

Il est aussi important pour un maître de connaître l'état de l'audition chez ses élèves que l'état de la vision, car une bonne partie de l'enseignement se fait par la parole, et à quoi sert une parole qui n'est pas entendue ou qui l'est mal ? Le devoir des maîtres est double : d'abord, ils ont à se préoccuper de leur propre manière de parler, qui n'est pas toujours bonne ; il faut que la voix ait une intensité suffisante, qu'elle ne soit pas trop rapide, que l'articulation soit bien nette, car c'est surtout par la netteté de l'articulation qu'on se fait comprendre, bien plus que par le volume que l'on donne à sa voix; il faut enfin apprendre à parler en dehors, et non pas en dedans; il faut, comme disent les professeurs de chant, poser la voix en avant.

Pour les enfants, il faut se préocccuper de reconnaître ceux qui n'ont pas l'ouïe normale. On n'a pas à rechercher spécialement *les enfants atteints d'une surdité complète*, ceux qui ne se retournent même pas quand on les appelle vivement par derrière. Un maître aura rarement à faire, pensons-nous, cette expérience si simple, que nous signalons et recommandons en passant; les sourds complets ou presque complets sont rares, et ils sont déjà connus des parents. Le plus souvent, la surdité est partielle; ce n'est que de la dureté d'oreille. Cette dureté peut être unilatérale, atteindre une seule oreille; elle peut être transitoire, résulter d'un coryza; il arrive encore qu'elle soit liée à la présence de végétations adénoïdes au fond de la gorge, car l'adénoïdien a généralement l'audition compromise. Quoi qu'il en soit, les enfants dont l'audition est anormale doivent, comme les enfants à vision anormale, ne pas être relégués au fond de la classe; on les placera sur les premiers bancs, aussi près que possible de la chaire.

Il est bien démontré aujourd'hui que si l'on ne prend pas ces précautions, on fait aux enfants sourds un tort considérable. Des statistiques précises nous ont appris que la surdité partielle, la surdité qu'on peut appeler scolaire, est une cause constante de retard dans les études. Il y a plus : on a constaté que le degré de cette surdité influe sur le degré du retard d'instruction, et que par exemple ceux qui n'entendent même pas à 1 mètre la voix chuchotée ont un retard plus grand et plus fréquent que ceux qui l'entendent à 3 ou 4 mètres. Cette relation paraît du reste si naturelle qu'il n'y a pas lieu de la révoquer en doute.

Les statistiques montrent encore que les cas de surdité vérifiés dans les écoles sont extrêmement élevés; il y a des auteurs qui ont prétendu que sur trois personnes, prises au hasard, on en trouve au moins une dont l'audition n'est pas normale. Dans les enquêtes scolaires qui ont été faites en Allemagne, le pourcentage d'auditions anormales qui a été relevé oscille autour de 25 %. En France, dernièrement, il a été publié des statistiques encore plus éloquentes; et on n'a parlé de rien moins que de 75 % de surdités partielles; ces résultats auraient été obtenus par des recherches dans des écoles normales d'instituteurs et d'institutrices. Voilà des proportions vraiment effrayantes. Si elles étaient vraies, les sourds formeraient la majorité, ils constitueraient la règle, la normalité, et il deviendrait anormal d'être normal de l'audition. Nous avons rencontré le même genre de statistiques pour les troubles visuels, et nous avons dit déjà ce que nous en pensions. Ces chiffres nous paraissent être exagérés et tendancieux; ils émanent de spécialistes qui d'instinct ou par intérêt raisonné veulent augmenter outre mesure l'importance de leur spécialité. Pour un aliéniste il n'y a que des fous; pour un auriste, il n'y a que des sourds. C'est dans la règle; ne protestons pas, sourions. Il y a une autre raison de garder une attitude de scepticisme; c'est que toutes ces proportions de troubles auditifs dépendent logiquement de l'étalon choisi, du type considéré comme normal. Si l'on décide, par exemple, que pour avoir une audition normale, il faut entendre la voix chuchotée à 100 mètres, toute l'humanité sera sourde; si on se contente d'une audition à 50 centimètres, presque personne ne sera sourd. Or, il faut être bien convaincu que la fixation du type normal est une pure affaire de convention, ou de convenance. Ce n'est pas une mesure physiologique ou médicale, c'est, ou cela doit être une mesure sociale. Entendons par là qu'on doit poser la limite de telle manière que les sourds soient ceux chez lesquels le défaut d'acuité auditive produit une gène dans l'existence. Dans une école, nous devons considérer comme sourds partiellement ceux qui, placés dans la partie la plus reculée de la classe, ne comprennent point la voix du professeur.

Il reste à se demander comment, en pratique, le maître reconnaîtra ces sourds-là. Ne comptons pas sur les enfants pour l'aider. L'enfant est un petit être passif, qui n'a pas l'habitude de se plaindre des défectuosités présentées par ses organes des sens. S'il ne peut pas voir ce qui est écrit au tableau noir, s'il ne peut pas entendre la phrase que le maître vient de dicter, il ne réclame rien, il se tire d'affaire avec sa mémoire ou son imagination, ou avec l'aide de ses camarades. Le maître doit donc procéder lui-même à un examen de l'audition. Mais par quelle méthode ?

C'est une question controversée et sur laquelle nous ne pouvons pas donner d'indications très nettes. On ne mesure pas l'acuité auditive d'une manière aussi satisfaisante que l'acuité visuelle. Il faudrait, pour faire cette mesure, disposer d'un excitant auditif qui présenterait les deux qualités suivantes : 1° cet excitant serait comparable à la voix humaine ; c'est par la manière de percevoir la voix de leur maître que nous devons reconnaître les sourds, les demi-sourds et les entendants, c'est cela seulement qu'il importe de savoir ; 2° cet excitant devrait avoir une intensité constante, car il n'y a pas de mesure possible avec un excitant dont l'intensité varie d'un jour ou d'un moment à l'autre.

Or, les excitants dont on a eu jusqu'ici l'idée de se servir n'ont jamais réuni les deux qualités essentielles que nous venons de signaler ; la montre n'en a qu'une, la constance dans l'intensité ; la parole n'en a qu'une, c'est d'être une parole, par conséquent d'être le son

qu'on a intérêt à percevoir. Montrons ceci par quelques
détails.

Nous avons longuement employé le procédé de la
montre dans une école. L'enfant avait les yeux ban-
dés; après lui avoir fait entendre le tic tac de notre
montre, nous lui disions de nous faire une réponse
toutes les fois que nous lui demandions : l'entendez-
vous? La montre était tantôt rapprochée, tantôt éloi-
gnée; une ligne graduée et tracée sur le sol nous
indiquait à chaque essai la distance où nous nous trou-
vions; on ne faisait pas de bruit pour ne pas opérer la
suggestion qu'on s'éloignait ou qu'on s'approchait; et
afin d'éviter l'erreur produite chez certains sujets qui
croient entendre quand en réalité ils n'entendent pas,
nous contrôlions les réponses de temps en temps, en
demandant : l'entendez-vous? tandis que notre montre
était cachée dans notre poche et que le bruit en était
complètement étouffé. Ces examens sont délicats, ils
demandent un silence presque absolu, ils prennent
environ trois minutes par enfant. Les différences de
perception qui existent d'un enfant à l'autre sont considérables. Certains d'entre eux perçoivent la montre
à 6 mètres, et même de plus loin; d'autres ne la perçoivent pas à 25 centimètres. Je serais fort en peine
de tirer de chiffres aussi variés une moyenne sérieuse. Dernièrement, on a proposé de considérer
comme audition normale la perception de la montre
à 2 mètres. Acceptons ce chiffre, tout simplement pour
fixer les idées, et sans y attacher d'autre intérêt.

Le grand défaut de l'examen de l'audition avec la
montre, c'est que sa précision ne correspond à rien
d'utilisable. A quoi bon savoir si un enfant perçoit à
longue distance tel bourdonnement de diapason, tel tic
tac de montre, tel cri de sirène? Il n'a pas besoin
d'entendre ces bruits-là en classe, et s'il y était un peu
sourd, ce ne serait pas grand dommage, tandis que s'il
est sourd à la parole du maître, il ne profitera pas de

l'enseignement, il perdra son temps. Ce qu'il y aurait à souhaiter de mieux, c'est que l'audition de la parole fût parallèle à l'audition de quelque son simple, dont l'intensité serait mesurable. On ferait porter l'examen sur ce son simple, et on en déduirait une conclusion sur l'état de perception de la parole. Malheureusement, il n'en est pas ainsi pour l'audition de la montre. Un enfant peut mal entendre la parole et bien entendre la montre, et vice versa.

Nous nous en sommes convaincus en faisant deux classements d'élèves : le premier prenait comme base la manière dont les enfants entendent la montre ; le second utilisait la manière dont ces mêmes sujets entendent la parole à longue distance. Pour opérer ce dernier classement, nous avons réuni dix-sept élèves dans un préau, à dix mètres de leur professeur, qui prononça quarante mots ; les élèves écrivaient tout ce qu'ils pouvaient entendre de ces mots, et on les classa d'après les erreurs qu'ils avaient commises. Or, en comparant l'ordre de l'audition pour la montre avec l'ordre d'audition pour les mots, on s'aperçut qu'il n'y avait pour ainsi dire aucune corrélation.

Nous n'en conclurons pas que le procédé de la montre doit être rejeté. Peut-être, dans les cas de surdité accentuée, peut-il rendre des services. Quant à la parole du maître, il est difficile d'y voir un étalon. La voix humaine est une fonction physiologique d'une instabilité extraordinaire. Aucun élément n'est fixe, ni l'intensité, ni la hauteur, ni les articulations. Deux personnes ne prononcent pas de même manière, ni avec la même force, ni avec la même hauteur, ni avec le même timbre ; et une même personne varie ses procédés vocaux d'un moment à l'autre, sans s'en douter. Nous l'avons vu nous-même ; le professeur à qui nous avions fait prononcer quarante mots dans le préau reprit l'expérience quelques minutes après devant d'autres élèves, et il ne s'aperçut pas que la seconde fois il donnait moins de voix. Il est donc tout à fait incorrect, en principe, de mesurer l'audition en employant comme excitant la parole ; c'est comme si on mesurait des longueurs en étirant plus ou moins un mètre de caoutchouc.

Que conclurons-nous donc ? D'abord que l'audition des mots ne peut pas être mesurée avec une précision s.isfaisante en employant les procédés très simples dont on dispose dans une école. Il faudrait recourir soit à des phonographes, soit à des acoumètres perfectionnés qui existent actuellement, mais qui sont coûteux, compliqués, volumineux. Notre seconde conclusion est qu'à tout prendre une mesure, même défectueuse, reste supérieure à l'absence de toute mesure ; les critiques que nous avons adressées à la montre et à la parole n'enlèvent pas à ces procédés toute valeur. En les employant, on fera sans doute des erreurs ; en ne les employant pas, on risque de faire des erreurs plus fortes. Le maître devrait donc ne pas les négliger complètement. Une dictée faite en classe au moyen de mots détachés et de chiffres, avec une voix d'intensité moyenne et bien surveillée, pourrait apprendre au maître quels sont parmi ses élèves ceux qui ont l'oreille dure. Le procédé est plus expéditif que celui de la montre, puisqu'il n'exige que la correction des dictées, et nous ne sommes pas certain qu'il soit plus inexact.

CHAPITRE V

L'intelligence : sa mesure, son éducation.

I

LES DIFFÉRENTS CAS OU SE POSE LE PROBLÈME DE L'INTELLIGENCE

Si vous vous intéressez réellement, profondément à un enfant, vous ne pouvez pas vous poser à son sujet une question plus intéressante, plus importante pour l'avenir de l'enfant et pour son éducation actuelle, plus angoissante pour le cœur d'un père ou d'une mère, que la question suivante : « Cet enfant est-il ou n'est-il pas intelligent? » Lorsqu'un enfant réussit dans ses études, qu'il a de bonnes notes de devoir et de leçon, de bonnes places en composition, il n'y a pas de doute. L'enfant prouve son intelligence par des actes. C'est comme pour les adultes; pour savoir ce qu'ils valent comme intelligence et caractère, voyez leur rendement social. Mais il arrive souvent que l'enfant ne réussit pas dans ses études; il ne profite pas de l'enseignement; il est dans les derniers rangs. On constate un échec de l'enseignement. A quoi, à qui doit-on l'imputer? C'est ce qu'il convient de chercher toujours sans parti pris et avec le désir sincère que l'explication qu'on trouvera contienne un remède.

Nous avons déjà vu, dans le chapitre II, qu'il faut grandement se préoccuper de l'état de santé de l'enfant qui travaille mal et de son développement physique; nous ne reviendrons pas sur ces explications physiologiques du défaut de travail intellectuel. Nous supposons que nous sommes en présence d'un élève dont la santé est satisfaisante et dont le développement corporel est normal; nous supposons, en outre, qu'il ne présente aucune altération notable des organes des sens. On l'a placé parmi des camarades de même âge; il reçoit donc l'instruction qui est d'ordinaire distribuée aux enfants de son âge. Nous supposons enfin qu'il est régulier dans sa fréquentation scolaire; le nombre de ses absences n'est pas beaucoup plus élevé que la moyenne. On peut tolérer, par exemple, une vingtaine de jours d'absence par an; c'est un nombre moyen.

Si on est consulté sur un cas de ce genre, le petit problème pédagogique qu'on doit résoudre prend d'abord la forme d'un dilemme; il faut choisir entre deux explications principales; de deux choses l'une, l'enfant est travailleur, ou bien il ne l'est pas. Ou bien, l'enfant fait des efforts louables pour comprendre, retenir, exécuter ses devoirs, mais il ne réussit pas, par suite d'un défaut d'intelligence; ou bien, au contraire, il est doué suffisamment pour profiter de l'enseignement, mais il ne fait pas d'efforts, il n'est pas appliqué; c'est un paresseux. On le voit, le maître et le parent doivent incriminer, selon les cas, soit l'intelligence de l'enfant, soit son caractère. Nous supposerons dans ce chapitre qu'on sait, de science certaine, que l'enfant est appliqué et que, s'il ne réussit pas, c'est par défaut d'intelligence. Nous étudierons donc surtout ce défaut d'intelligence.

Bien des maîtres et des parents semblent s'imaginer que lorsqu'ils ont déclaré qu'un élève manque d'intelligence, ils ont tout dit et qu'il n'y a pas autre chose à chercher. C'est cependant là un jugement trop sommaire ; si on s'y tient, on ne va pas loin. Que de questions il reste à résoudre ! D'abord, quel est le degré de ce défaut d'intelligence ? Est-il grand ou petit ? S'il est grand, est-il d'une grandeur à désespérer l'éducateur ? Ensuite, est-il réel, ou bien apparent, ou du moins grossi, exagéré par des circonstances exceptionnelles ? Et encore en quoi consiste-t-il au juste ? Sur quelle fonction particulière, en quel genre de travail se manifeste-t-il le plus ? Et enfin quelles en sont les causes ? Et ces causes sont-elles de telle nature qu'on puisse les modifier ? Il est tout à fait nécessaire de se faire une idée sur ces divers points, de les raisonner, de les mettre au clair.

Nous croyons bon dé commencer notre exposition en classant les différents cas qui se présentent en fait, dans la pratique de l'école, où l'on a le droit de suspecter une défaillance de l'intelligence chez un enfant. Notre énumération de ces cas ne sera pas exhaustive, mais nous en dirons assez pour mettre nos lecteurs en face de la complexité réelle des choses et pour leur donner l'impression de la réalité.

Voici d'abord un écolier qui, pour le moment, est comme désorienté. Il arrive d'une école de la campagne et on l'a placé dans une grande ville. Il y trouve des camarades qui n'ont pas les mêmes idées, les mêmes habitudes, le même langage ; les méthodes d'enseignement de la classe le surprennent. Le maître lui paraît un étranger, très distant, qui ne peut guère s'occuper spécialement de lui, car les élèves sont très nombreux. Ce changement brusque de milieu est une cause de désarroi pour un enfant, surtout s'il est encore très jeune et par conséquent inhabile à s'adapter. Nous avons souvent entendu dire que le seul changement d'école, même lorsque les deux écoles sont dans la même ville, produit pendant plusieurs mois un effet de ralentissement sur les études de l'écolier transplanté. A plus forte raison en est-il ainsi lorsque le changement a lieu de la campagne à la ville. Dans ce cas, que faut-il faire? Comment doit-on juger l'enfant qui sait mal ses leçons, répond mal aux questions posées en classe, et surtout paraît ne pas comprendre ce qu'on lui explique? Une appréciation de son degré d'intelligence peut être fort utile.

Nous avons supposé une transplantation faite entre deux écoles de valeur équivalente. Mais il arrive souvent qu'un enfant sort d'une école où il a reçu une mauvaise instruction, donnée avec une méthode défectueuse. Comme on le dit vulgairement, il a été mal commencé. Si on le fait lire, on s'aperçoit des mauvaises habitudes qu'il a déjà contractées; il lit en chantant ou en ânonnant, ou bien il a une lecture courante assez nette, mais il estropie régulièrement et sans aucun scrupule tous les mots difficiles qu'il rencontre dans sa lecture, ou bien il n'hésite pas à les passer. Ce qu'on observe pour la lecture se retrouve pour les autres branches d'enseignement, et en particulier pour le calcul. Il y a des écoliers qui font à ravir les quatre opérations, mais sont incapables de les appliquer au moindre problème; ils font des multiplications dans le cas où des divisions sont nécessaires; ils trouvent par exemple qu'un marchand a plus de marchandises après la vente qu'avant, et autres résultats fantastiques qu'ils se gardent bien de juger. On leur a appris à calculer, non à raisonner. Chacun connaît des établissements où l'instruction dégénère en routine; les élèves s'appliquent seulement à la forme; ils peuvent présenter des cahiers dont la calligraphie et les accolades sont irréprochables, mais le fond des devoirs est plein de non-sens; tout est en surface. Le maître enrichit leur mémoire, mais ne fait rien pour développer leur jugement, leur spontanéité, bref leur intelligence. Tout s'enseigne par questions et réponses, à la manière d'un catéchisme, et si quelqu'un interroge l'élève par une phrase inattendue, l'élève reste coi. Pour répondre, il attend qu'on lui pose exactement la question A, qui est dans son livre, et aussitôt il se rappelle la réponse B. William James raconte à ce sujet une plaisante anecdote : « Une de nos amies, visitant une école, fut priée d'interroger sur la géographie une classe de jeunes élèves. Jetant un coup d'œil sur le manuel, elle demanda : « Supposez que vous creusiez « dans le sol un trou d'une centaine de mètres, ferait- « il plus chaud ou plus froid au fond du puits qu'à « l'ouverture? » Personne ne répondant, le maître dit : « Je suis sûr qu'ils savent, mais je crois que vous ne « posez pas la question de la bonne manière. Laissez- « moi le faire. » Et, prenant le livre : « A quel état, « demanda-t-il, se trouve l'intérieur du globe? » La moitié de la classe répondit immédiatement : « L'in- « térieur du globe est à l'état de fusion ignée. » C'est un amusant exemple d'enseignement automatique.

Il y a pis. J'ai connu une jeune fille qui sortait d'un internat, où elle venait de passer une dizaine d'an- nées ; non seulement, elle ne connaissait rien. de la vie, et avait l'air ahuri de quelqu'un qui sort de prison, mais encore elle n'avait reçu pendant son internat aucune sorte d'instruction intellectuelle ; elle lisait mal, avait une orthographe fantastique, ne sa- vait pas même faire une multiplication, et n'avait pas les moindres notions d'histoire ni de géographie et même sa couture laissait à désirer. Mais ce qu'elle savait à peu près, c'était l'histoire sainte, et une grande quantité de prières et de cantiques qu'on lui avait fait apprendre en latin et qu'elle récitait sans les comprendre. Ce n'était pas seulement une ins- truction manquée, mais encore les facultés intellec- tuelles de raisonnement et de jugement n'avaient été

nullement exercées. On l'avait rendue crédule, supers-
titieuse, poltronne et elle faisait des réponses de sotte,
bien qu'elle ne manquât d'intelligence naturelle.

A ce propos, je me permettrai de faire une petite
digression. Il semble que je viens de faire le procès de
l'instruction automatique ; et, d'autre part, on sait que
beaucoup de bons auteurs ont soutenu que l'instruction doit viser à l'automatisme, et même le docteur
Le Bon a dit, dans une formule heureuse, que l'éducation est *l'art de faire passer le conscient dans l'inconscient.*

Je crois cette formule très juste, et il me semble, en
effet, que l'idéal pour un calculateur est de faire des
multiplications en gardant les retenues sans y penser,
et de savoir la table de multiplication sans avoir besoin
de tâtonner ; de même, un médecin possède bien son
métier le jour où, après l'examen d'un malade, il
trouve sans peine, sans efforts, et tout à fait automatiquement le diagnostic qui convient. Mais l'idée juste
que je signale ici cesserait d'être juste, si on la
poussait trop loin ; si l'on concluait, par exemple, que
l'individu tout entier doit être transformé par l'éduc-
cation en automate, c'est-à-dire en inconscient.
L'automatisme n'est bon que s'il reste partiel, que
s'il se cantonne sur certaines parties du travail, afin
que celles-ci deviennent faciles, sûres et rapides et
que l'économie d'effort ainsi produite permette à
l'individu de bien développer son sens critique et son
initiative. Il faut user de l'inconscient pour donner
libre essor au conscient.

Il arrive encore, et très fréquemment, qu'un enfant
a été mal classé. Le directeur, après un examen un
peu sommaire, l'a mis dans une classe trop forte, et
cette erreur de classement cause un préjudice important à l'enfant, qui est en train de perdre son
année. Dans des cours préparatoires, qui devraient

être fréquentés par des enfants de six à huit ans, on rencontre parfois des petits beaucoup plus jeunes, qui ont cinq ans et moins encore; il n'est pas étonnant que ces bambins ne puissent pas s'assimiler un enseignement qui n'est pas fait pour eux, et restent au dernier rang de la classe. Voici, par exemple, le jeune Ernest, qui est entré, le 1ᵉʳ octobre, dans un cours préparatoire; il n'a eu cinq ans que le 14 octobre; il est donc en avance d'un an et davantage, ce qui tient à ce que la famille, qui s'occupe beaucoup de son instruction et de son éducation, lui a fait commencer de bonne heure les études. Le petit bonhomme est bien portant, son développement corporel est satisfaisant, un peu en avance sur celui de son âge; il est d'un an en avance pour la taille et de deux ans pour le poids; son audition et sa vision sont bonnes. Mais le maître se plaint que cet écolier est inattentif en classe et que son intelligence n'est pas assez éveillée pour suivre; en effet, ses places sont bien mauvaises; en moyenne, il est l'avant-dernier, le quarante-neuvième sur cinquante. Le seul remède à appliquer à ce cas serait le renvoi de l'enfant à la Maternelle.

Le jeune Émile est dans le même cas qu'Ernest, mais avec une légère variante qu'il faut noter; il a un an de plus, il a six ans tout juste, et il suit la même classe, il est donc un régulier; ajoutons que pour les yeux, les oreilles, le développement corporel et l'état de santé, il est normal et que ses parents s'intéressent à lui, comme le font généralement, du reste, les parents d'enfants très jeunes. Malgré toutes ces bonnes raisons de réussite, il est le quarante-quatrième sur cinquante élèves, et cela ne tient pas à de l'indiscipline, mais à l'éveil un peu tardif de son intelligence; il est encore comme engourdi. Le maître, pédagogue avisé, qui l'a étudié, dit de lui : Il fait partie d'une catégorie d'enfants des cours préparatoires, dont nous disons à l'école : « ils n'y sont pas ». Ces enfants ne sont ni paresseux, ni inattentifs, mais il leur faut souvent quelques mois pour voir, saisir et apprendre ce qui leur est enseigné ; ils font ensuite des progrès rapides et suivent bien la classe.

Voici une autre victime d'un défaut de classement, seulement il s'agit d'un enfant plus âgé, et qu'on peut, par conséquent, étudier de plus près. Le jeune Raoul entre, à dix ans et demi, au cours supérieur, où l'on entre d'ordinaire à partir de onze ans. C'est un garçon assez intelligent, et sa famille suit avec intérêt ses progrès à l'école ; il a eu jusqu'ici une scolarité régulière ; il a passé par l'école enfantine, puis il est resté deux ans au cours élémentaire, c'est l'usage; mais on ne l'a laissé qu'un an au cours moyen, au lieu de deux. L'audition et la vision sont normales ; il a l'aspect bien constitué, et même vigoureux ; pour le poids et la taille, il est l'égal des enfants de son âge. Dans les récréations, il a une attitude normale, il est gai, éveillé, actif, sans violence; mais, en classe, il laisse beaucoup à désirer. Il n'apporte aux leçons qu'une attention modérée; il est devenu même plus distrait pendant le second semestre que pendant le premier ; il fait donc des progrès à rebours; ses leçons sont mal sues et ses devoirs négligés comme forme. Conclusion : il se classe le trentième sur trente-deux élèves, ce qui est tout à fait fâcheux pour lui. Le maître de la classe, qui ne manque pas d'intelligence pédagogique, n'a pas grondé ni sévi ; il s'est très bien rendu compte de ce qui s'est passé. « Une légère avance sur son âge, dit-il, a mis l'enfant en présence d'études un peu arides. Les abstractions, sans lui échapper, exigent de lui un effort pénible, prématuré. Il semble qu'il y ait pour l'instant une sorte de fatigue intellectuelle à laquelle l'enfant cherche à échapper par des distractions. » Ce cas est normal, tout à fait classique, et apprenons à le connaître, pour savoir comment il faut le traiter. Ne décourageons pas Raoul, ne le rebutons pas; il faut attendre, se dire que l'année qui s'écoule est une année d'incubation. Cet élève, qui ne comprend pas, comprendra mieux l'an prochain; il suffira de lui faire redoubler sa classe, et il donnera d'excellents résultats.

Ces cas se présentent souvent. Il faut savoir que le développement intellectuel ne suit pas une direction régulièrement ascendante; la courbe a des paliers, et c'est normal. De temps en temps, un enfant cesse de se développer, il se repose en quelque sorte; peut-être, pendant ce temps, l'organisme physique se développe-t-il à son tour; on n'en sait rien au juste.

L'existence de ces périodes de stationnement doit être connue des maîtres et des parents, et ceux-ci auraient bien tort de s'en effrayer. Nous leur donnerons, pour les rassurer, le renseignement suivant, qui nous est fourni par une statistique récente de M. Bocquillon.

Sur 39 enfants paresseux, qui occupaient le dernier cinquième de la classe, il y en a 31 qui, l'année suivante, se sont rattrapés et ont conquis un rang honorable. 31 sur 39, c'est plus qu'une simple majorité, ce sont les quatre cinquièmes.

Comme contraste avec le précédent écolier, nous en citerons un autre qui, à première vue, paraît lui ressembler de tous points; c'est un élève qui, lui aussi, n'arrive pas à s'assimiler l'enseignement de la classe; il est le vingt-neuvième sur trente-deux, il voisine donc le précédent; seulement son affaire est plus grave, et son avenir est déjà compromis.

En effet, Ramond, qui est dans le même cours supérieur que Raoul, n'a pas dix ans et demi, mais treize ans bien comptés; son retard est de trois ans. Sa scolarité antérieure est peut-être défectueuse, car il a passé par une école congréganiste, où d'habitude on se soucie peu de développer le jugement. Il a la vision, l'audition normales ; rien à dire de son aspect corporel, qui est normal aussi ; il joue avec animation, presque avec violence. Ses parents, qui jouissent d'une modeste aisance, ont un grand souci de ses progrès, et même lui font donner des répétitions après la classe. Il est très assidu, ne manque pour ainsi dire jamais l'école. En classe, sa tenue est correcte, il montre une grande docilité ; ses leçons sont bien étudiées, il en apprend le mot à mot plutôt que le sens, et ses devoirs, faibles comme fond, sont assez bons comme forme. Le maître, qui l'a bien étudié, et qui a même été appelé à lui donner des répétitions, s'est bien rendu compte que Ramond est un arriéré de l'intelligence. Son insuffisance mentale se caractérise par la lenteur des conceptions, la difficulté de s'exprimer, la répugnance absolue à l'abstraction, l'impossibilité manifeste de s'élever aux idées générales. « Tout le savoir de l'enfant, ajoute le maître, repose sur la mémoire, et encore cette mémoire ne répond-elle souvent que lentement aux besoins de l'enfant. Sa répugnance pour le travail intellectuel est la conséquence inévitable de ce qui précède. Les répétitions n'ont produit qu'un résultat insignifiant. Elles prouvent qu'il y a une véritable impossibilité à vaincre, une insuffisance naturelle. » Nous ne souscrivons pas, bien entendu, à cette conclusion décourageante, et nous avons peine à croire à une impossibilité. Mais on comprend l'intérêt immense qu'il y a pour le maître à distinguer ces deux types d'écoliers, celui de Raoul et celui de Ramond. Le second type peut devenir un véritable déchet social. Comment faire la distinction? Il faudra surtout bien tenir compte de la différence d'âge. En général, l'écolier qui est destiné à ne pas faire de progrès ultérieurs est un vieux; nous voulons dire par là qu'il est en retard de deux ans au moins, quelquefois de trois. Sa place serait dans une classe de perfectionnement, où avec un enseignement individualisé, que nous expliquerons plus loin, on arrive à faire faire à ces arriérés des progrès sensibles.

L'exemple que je viens de citer d'enfant arriéré est peu net, c'est un cas de transition entre l'arriération et la normalité. Voici un exemple plus franc, et qui présente un intérêt particulier, car c'est un sujet très jeune encore. Le jeune Armand est au cours préparatoire, il a huit ans, il est en retard d'un à deux ans. Le pauvre petit est maigre et chétif; il manque de développement corporel; sa taille est en retard de quatre ans, son poids de trois ans; sa vision et son audition sont anormales; et pour achever ce triste tableau, ajoutons que sa famille est dans la misère et se désintéresse complètement de son éducation et de son instruction. A ces signes, on reconnaît un anormal physique. C'est également un anormal intellectuel; en classe, il est somnolent, endormi, atone; il n'a jamais répondu à une question posée. S'il copie un modèle d'écriture, il le dénature, et reproduit sans cesse un signe de son invention qui ne ressemble à aucune lettre. Mais il n'est pas indiscipliné, et on n'a pas d'observation à lui faire. En récréation, il reste passif, inerte, assis sur un banc, ne montrant aucune activité physique, assistant aux jeux des autres enfants sans s'y intéresser. Il est triste et timide. Si on l'invite à jouer avec ses camarades, il obéit, mais abandonne bientôt le jeu et retourne s'asseoir. Le maître conclut avec raison que c'est à la fois un arriéré physique et un arriéré intellectuel. Nous avons rapporté cet exemple pour achever la série; mais il est évident que par son développement, ce cas d'arriération cesse d'être intéressant pour nous; ce ne sont pas ces enfants-là qui feront hésiter le diagnostic. La femme de service elle-même reconnaît que ce sont de petits anormaux.

Voici encore l'écolier qui ne profite pas de l'enseignement, pour une raison qui est vraiment paradoxale : il est trop intelligent. On rencontre parfois des enfants très brillamment doués, qui sont d'un niveau intellectuel très supérieur à celui des enfants de leur âge. Ils ne sont pas les derniers à s'en apercevoir. Dans la classe, ils n'ont pas besoin de grands efforts pour gagner la meilleure place. Leur vanité s'allume. Ils ne travaillent que par caprice ; ils n'apprennent leurs leçons qu'au dernier moment ; ils sont volontiers insubordonnés ; ils font des devoirs qui n'ont pas été donnés, pour se singulariser. A l'étude, ils empêchent les autres de travailler. On leur en veut, on les punit, mais ils se font toujours pardonner, quand vient le jour des grands concours. C'est pour eux qu'on devrait former des classes de surnormaux. Ces classes seraient tout aussi utiles, peut-être plus, que celles des normaux ; car c'est par l'élite, et non par l'effort d'une moyenne, que l'humanité invente et progresse ; il y a donc un intérêt social à ce que partout l'élite reçoive la culture dont elle a besoin. Un enfant d'intelligence supérieure est une force à ne pas laisser perdre.

Nous revenons maintenant à ceux qui ne comprennent pas, et qui montrent un défaut d'intelligence. Parmi eux une distinction importante est à faire. Les uns ont un abaissement général, global des facultés intellectuelles ; ils n'ont d'aptitude pour rien, ils sont également nuls dans toutes les branches de l'enseignement. Les autres sont plus favorisés ; ils montrent quelques aptitudes partielles. Le plus souvent, ils sont réfractaires aux idées générales et abstraites, mais leur main est habile ; ils ont de bonnes notes en dessin, et surtout à l'atelier ; quelques-uns se classent même les premiers en travail manuel ; l'outil les intéresse plus que la plume. Ce n'est pas un grand mal, s'ils doivent devenir plus tard de bons ouvriers.

Aussi, tandis que le maître ordinaire de la classe les trouve peu intelligents, le chef d'atelier a pour eux de l'estime. On voit par là combien il est nécessaire de ne pas confondre ces cas si différents, de distinguer l'enfant qui a des aptitudes pour le travail manuel, et celui qui n'a aucune sorte d'aptitude.

On devrait faire une catégorie très grande d'enfants qui s'appellent des *faux inintelligents*. Ce sont des enfants trahis par leur apparence. Ils ont bien un certain défaut, mais ce défaut, qui, considéré en lui-même, n'est pas très important, leur nuit au point de les faire passer pour des imbéciles. Ainsi, une parole franche et déliée prévient en faveur de celui qui possède ce don. Mais supposez un enfant qui bégaye, ou qui, sans avoir à proprement parler un défaut d'articulation, a beaucoup de peine à trouver ses mots ; on s'impatiente contre son insuffisance de parole, et on le juge mal. Puis, il y a la lenteur de parole et de pensée. On croit d'ordinaire, et avec raison, que la vivacité d'esprit, comme celle de la physionomie, est une marque d'intelligence ; mais il y a des lents qui nous font attendre très longtemps la moindre réponse, soit parce qu'ils sont réfléchis, ou bien parce qu'ils ont des doutes, ou encore tout simplement parce qu'ils ont de la lenteur pour toute chose ; il est rare qu'on ne les mésestime pas. J'examinais dernièrement un jeune enfant que son maître plaçait, comme intelligence, au dernier rang de la classe ; j'eus la patience de l'interroger longuement, avec la méthode que j'indiquerai plus loin, et je fus obligé de reconnaître qu'on lui faisait du tort, et qu'il ne méritait pas la mauvaise opinion qu'on avait de lui. Il est vrai qu'on rencontre rarement un élève aussi peu vif ; il était lent pour parler, lent pour écrire, lent pour marcher, lent pour faire n'importe quoi. Je lui fis marquer des petits points sur une feuille de papier pendant dix secondes. Malgré une foule d'essais, il n'arriva jamais à marquer plus de trente-cinq points, alors que ses camarades de même âge en marquaient soixante. Cet enfant n'était que lent et un peu somnolent. Il en est d'autres qui sont atteints d'une autre manière ; ce sont de pauvres émotifs ; la présence de camarades, le moindre regard du maître déchaînent dans leur intérieur un violent orage d'émotion qui les trouble, les désorganise, les rend incapables de réfléchir à quoi que ce soit. Ils ne sont pas poussés par l'émotion à des actes violents et déraisonnables, ils ne deviennent pas des impulsifs, ils sont au contraire paralysés par l'émotion ; on ne saurait mieux les comparer qu'à des boussoles affolées. Les examinateurs connaissent bien ce genre de candidats que le trac abrutit. On me signalait dernièrement un de ces enfants, élevé dans la famille avec ses sœurs, ne sortant jamais seul, conduit à l'école par une bonne, choyé, gâté par sa mère, et recevant toutes les influences qui peuvent surexciter sa nervosité — on lui faisait même apprendre le piano ; en classe, il se laissait tellement troubler par le moindre incident, qu'il ne donnait que des réponses stupides.

Telles sont les principales circonstances dans lesquelles il est nécessaire de faire à l'école un diagnostic d'intelligence. Ce ne sont que des exemples ; et en les citant, nous désirons ne pas poser ainsi des limites à une question extrêmement vaste. C'est presque à chaque instant qu'on a besoin de savoir si un enfant est intelligent. Cette constatation est d'une importance primordiale.

II

LA MESURE DE L'INTELLIGENCE.

Nous allons examiner par quels procédés on doit faire le diagnostic d'une intelligence d'enfant.

En fait, le maître qui est doué d'esprit d'observation peut arriver quelquefois, dans les cas extrêmes et très nets, à se faire une opinion juste sur les capacités mentales de ses élèves.

Je ne pense pas qu'il soit nécessaire d'insister longuement sur les petits moyens empiriques dont on se sert tous les jours à cet effet. On tient compte de la vivacité d'esprit, de la clarté des réponses, de leur justesse, et de mille autres signes, qui sont souvent très utiles et rendent de grands services. Cependant, les maîtres sont parfois embarrassés, et parfois aussi ils commettent des erreurs certaines, dont j'ai été témoin. J'en dirai autant des parents. S'ils sont intelligents et éclairés, ils sauront admirablement se rendre compte de l'intelligence de leurs enfants ; mais le plus souvent, les termes de comparaison leur manquent ; ils ont une tendance à considérer comme exceptionnel un phénomène quelconque d'intelligence qui est normal. De plus, ils sont extrêmement optimistes ; ils se laissent prendre à ces mots d'enfants terribles et d'enfants précoces, ces mots qui quelquefois sont charmants, qui quelquefois aussi ne sont que des échos, qui souvent, trop souvent, n'expriment qu'une chose, une franchise déplacée, un manque de jugement. Plus encore que les instituteurs, les parents ont besoin qu'on leur apprenne à estimer l'intelligence enfantine.

Les médecins sont-ils plus habiles ?

Je sais combien nous leur devons, je sais que de services ils nous rendent en nous montrant l'origine physique de beaucoup de troubles intellectuels qui se produisent chez les enfants. Mais comment pourraient-ils savoir si un enfant a précisément l'intelligence de son âge ? A cela aucune étude spéciale ne les a préparés : et le tact et le bon sens ne remplacent pas une étude spéciale. Comment, par quel raisonnement en effet, peut-on deviner à quel âge un petit sait le compte de ses doigts, ou distingue entre le matin et l'après-midi, ou nomme correctement les couleurs principales, ou sait rendre la monnaie? C'est absolument impossible. Il est facile de voir, en causant avec un élève, s'il est lent ou vif, bavard ou taciturne, et on acquiert ainsi une certaine notion d'ensemble, qui n'est pas à dédaigner, surtout dans les cas extrêmes, dans les cas qui sont si nets, il faut bien le dire, qu'ils mettent tout le monde d'accord. Mais pour savoir si un enfant a l'intelligence de son âge, ou s'il est en retard, ou en avance, et de combien, il faut posséder une méthode précise et vraiment scientifique.

Cette méthode, la psychologie peut-elle nous la donner? Si elle ne nous l'a pas donnée jusqu'ici, ce n'est pas de sa faute; car depuis vingt à trente ans, la question de la mesure de l'intelligence n'a pas cessé d'être à l'ordre du jour. Nombreux sont les faiseurs de programmes, les techniciens en chambre, qui ont imaginé des expériences destinées à faire connaître et à jauger les capacités mentales des gens. Que n'a-t-on pas proposé? Des rébus à deviner, des lacunes d'un texte à combler, une mauvaise écriture à déchiffrer, une pensée compliquée à comprendre, une machine à démonter ou à remonter, un mécanisme caché à imaginer, un dessin à critiquer, une absurdité à dépister, une série de mots abstraits à expliquer, etc., etc. On a même proposé une fois un test beaucoup plus simple : il aurait consisté à faire frapper des coups le plus vite possible sur un coin de table; et au nombre des coups frappés en cinq secondes, on aurait jugé si l'enfant était intelligent ou non.

Supposons qu'on fasse d'abord le tri entre ces différents tests, dont quelques-uns manquent peut-être de clarté et de précision. Si on gardait le meilleur d'entre eux, et qu'on l'appliquât rigoureusement, avec suite, à toute une série d'écoliers qui seraient d'intelligence inégale, ce test unique permettrait-il de déceler leurs différences intellectuelles?

A la question ainsi posée, l'expérience a déjà répondu. Je vais le montrer en analysant brièvement toutes les conclusions qu'il est possible de tirer d'un test unique. Ce test, que je prends pour exemple, a été suggéré et employé par Biervliet, notre distingué collègue de l'Université de Gand. C'est un test de vision. Il consiste à mesurer l'acuité visuelle, en prenant quelques précautions spéciales.

Pour commencer, Biervliet avait choisi, sur trois cents étudiants d'Université qui avaient passé par ses mains, dix sujets qu'il considérait, d'après ses relations avec eux et leurs succès subséquents dans leurs études et leur carrière, comme les plus intelligents de tous; il avait choisi avec les mêmes précautions dix autres sujets qu'il considérait, pour des raisons inverses, comme les moins intelligents. La sélection qu'il opérait parmi eux était donc assez sévère, il en retenait un seul sur trente. Ensuite, il mesurait avec soin l'acuité visuelle de chacun de ces étudiants, en recherchant quelle était la distance la plus grande où, dans un éclairage donné, l'étudiant pouvait lire un petit texte fixé à un mur. Cette distance maximum donne la mesure de l'acuité visuelle au moyen d'un chiffre; celui qui lit le texte à 10 mètres est, pour l'acuité visuelle, supérieur à celui qui lit le même texte à une distance moindre, à 8 mètres par exemple. Jusqu'ici rien de nouveau, c'est la méthode classique. L'ingéniosité du procédé consiste dans le fait suivant. On ne se contentait pas de prendre une seule fois la distance maximum de lecture, on la prenait plusieurs fois successivement, avec des textes de même grandeur typographique, mais différents comme sens; la distance maximum de lecture était notée chaque fois; mettons qu'elle fût une fois de 10 mètres, puis de 11, puis de 9, puis de 8, puis de 12, etc. Ces écarts se mesurent facilement en calculant d'abord la moyenne de toutes les distances, puis on prenant la moyenne des variations de chaque distance par rapport à cette moyenne ; dans le cas cité comme exemple, la moyenne des distances serait de 10 mètres, et la variation de $1^m,2$.

Fait curieux et un peu inattendu, les étudiants du groupe le plus intelligent ne différaient guère du groupe le moins intelligent par la distance maximum de lecture, ils en différaient seulement par la variation moyenne de cette distance.

Ainsi, la distance maximum était de $5^m,902$ pour le groupe des intelligents, et de $6^m,427$ pour le groupe des moins intelligents ; ceux-ci avaient donc une vue légèrement supérieure, puisqu'ils pouvaient lire d'un peu plus loin le même texte. Mais la moyenne de leurs variations était tout autre : $0^m,116$ pour les intelligents ; $0^m,393$ pour les moins intelligents. Ici, la différence est beaucoup plus grande, le rapport de ces chiffres est du simple au quadruple. D'où nous conclurons, s'il est permis de généraliser cette petite expérience, que les étudiants les plus intelligents ne diffèrent pas tant des autres par une plus grande puissance de vision à distance, que par la régularité avec laquelle ils maintiennent leur degré de vision ; ils ont moins d'écarts ; si une première fois ils lisent à 6 mètres de distance, ils ne varieront guère que de $0^m,10$ aux essais suivants, tandis que les variations des moins intelligents seront beaucoup plus fortes. Or, comme ces variations sont sous la dépendance de l'attention, et qu'à une variation faible correspond une attention forte, nous tirerons de tout cela cette conclusion très raisonnable que la supériorité des intelligents et manifeste surtout dans un pouvoir plus grand d'attention.

Nous avons rapporté tout au long, en l'interprétant à notre manière, cette expérience de Biervliet, parce qu'elle est typique ; elle nous dispense d'en citer une infinité d'autres, qui ont été conçues sur le même modèle, et qui ont conduit exactement à la même conclusion[1]. Notons bien cette conclusion, et jugeons avec soin de sa valeur pratique. Toute épreuve qui met en jeu l'intelligence des gens, et qui comporte une certaine difficulté appropriée au degré de leur intelligence, suffit pour révéler une différence intellectuelle ayant une valeur de moyenne. Si on a divisé les sujets en deux groupes, l'un plus intelligent, l'autre moins intelligent, la petite expérience de psychologie permettra presque sûrement de distinguer le premier groupe du second. Il ne serait même pas nécessaire pour cela d'une expérience de psychologie. On arriverait à la même différenciation en se contentant de mesurer le volume des têtes des élèves. On y arriverait aussi, j'en suis sûr, en posant aux enfants la question la plus simple, par exemple : « quel âge avez-vous ? » ou « quel temps fait-il ? », moins encore, en regardant comment ils ouvrent une porte. Il est donc très facile de différencier deux groupes ; mais il l'est beaucoup moins de différencier deux individus. Si, reprenant l'expérience de Biervliet, on la répétait sur vingt sujets d'intelligence inégale, et non divisés préalablement en deux groupes, on ne parviendrait pas à distinguer de cette manière ceux qui sont les plus intelligents.

En réfléchissant à ces choses, on se fait la conviction que l'imperfection de la méthode des tests mentaux tient à deux circonstances principales. D'une part, ils sont fragmentaires ; ils ne portent que sur une ou deux facultés, et non sur tout un ensemble ; ainsi, le test de Biervliet portait principalement, presque uniquement, sur l'attention. D'autre part, les facultés mentales de chaque sujet sont indépendantes

---

1. Travaux de Meumann, Ebbinghaus, Gilbert, Scripture, Seashore, et surtout Ziehen..., etc.

et inégales; à peu de mémoire peut s'associer beaucoup de jugement; et celui qui a fait preuve d'un remarquable pouvoir de fixation, dans un test de mémoire, peut être un sot remarquable; nous en avons rencontré des exemples. Nos tests mentaux, toujours spéciaux dans leur portée, conviennent chacun à l'analyse d'une seule faculté, ils ne peuvent pas faire connaître la totalité d'une intelligence. Or, c'est surtout par cette totalité qu'un individu donne sa valeur. Nous sommes un faisceau de tendances; et c'est la résultante de toutes ces tendances qui s'exprime dans nos actes et fait que notre existence est ce qu'elle est. C'est donc cette totalité qu'il faut savoir apprécier.

J'ai proposé dernièrement, avec le Dr Simon, une théorie synthétique du fonctionnement de l'esprit, qu'il sera certainement utile de résumer ici, car elle montrera nettement que l'esprit est un, malgré la multiplicité de ses facultés, qu'il possède une fonction essentielle à laquelle toutes les autres sont subordonnées; et on comprendra mieux, après avoir vu cette théorie, quelles sont les conditions que les tests doivent remplir pour saisir toute l'intelligence[1].

A notre avis, l'intelligence, considérée indépendamment des phénomènes de sensibilité, d'émotion et de volonté, est avant tout une faculté de connaissance, qui est dirigée vers le monde extérieur, et qui travaille à le reconstruire en entier, au moyen des petits fragments qui nous en sont donnés. Ce que nous en percevons est l'élément *a*, et tout le travail si compliqué de notre intelligence consiste à souder à

---

1. Pour les détails, voir Binet et Simon : L'intelligence des imbéciles, *Année Psychologique*, XV, p. 1, et une nouvelle théorie de la démence, *ibid.* Les travaux étrangers relatifs à cette même question sont dus à Acht, Watt, Bühler, Marbe, Messer, Dürr, etc. Voir le compte rendu de Larguier, dans *Année Psychologique*, XIII, p. 497.

ce premier élément un second élément, l'élément *b*.
Toute connaissance est donc essentiellement une addition, une continuation, une synthèse, soit que l'addition se fasse automatiquement, comme dans la perception extérieure, où voyant une petite tache, nous
disons : « voilà notre ami qui se promène là-bas sur
la route », soit qu'au contraire l'addition se fasse à
la suite d'une recherche consciente, comme lorsqu'un
médecin, après avoir longuement examiné les symptômes d'un malade, conclut : « c'est une rupture
d'anévrisme, il va mourir », ou lorsqu'un mathématicien, après avoir pâli sur un problème, dit : « x vaut
tant ». Or, remarquons bien que dans cet addition-
nement à l'élément *a*, une foule de facultés travaillent déjà : la compréhension, la mémoire, l'imagination, le jugement, et surtout la parole. N'en rete-
nons que l'essentiel, et, puisque tout cela aboutit à
inventer un élément *b*, appelons tout le travail une
invention, qui se fait après une *compréhension*. Nous
n'avons plus qu'à ajouter deux traits, et notre schéma
est complet. Le travail décrit ne peut pas se faire au
hasard, sans qu'on sache de quoi il est question, sans
qu'on adopte une certaine ligne, dont on ne dévie
pas; il faut donc une *direction*. Le travail ne peut
pas se faire non plus sans que les idées qu'il suscite
soient jugées à mesure qu'elles se produisent, et
rejetées si elles ne conviennent pas à la fin poursuivie; il faut donc qu'il y ait une *censure*. Compréhension, invention, direction et censure, l'intelligence
tient dans ces quatre mots. Par conséquent, nous
pouvons conclure déjà de tout ce qui précède que ces
quatre fonctions-là, qui sont primordiales, devront se
trouver étudiées par notre méthode, et tomber ainsi
sous la prise de tests spéciaux.

Mais puisqu'il s'agit tout spécialement de mesurer
une intelligence en voie de développement, une intelli-

gence d'enfant, demandons-nous en quoi cette intelligence peut différer de celle d'un adulte. Évitons de nous payer de mots ; ne disons pas que l'intelligence de l'enfant ne diffère de la nôtre qu'en degré, non pas en nature — mais cherchons avec autant de précision que possible à saisir la différence essentielle qui nous sépare de lui. Nous aurons en vue, dans tout ce qui suit, un jeune écolier de huit à neuf ans ; mais il est entendu que les différences que nous allons signaler seront d'autant plus grandes qu'on pensera à un être plus jeune, et d'autant plus petites qu'il sera plus âgé.

Il existe entre l'enfant et l'adulte bien des différences intellectuelles. Quelques-unes sont à négliger ici, elles sont sans importance. Ainsi, un enfant a moins d'expérience qu'un adulte, il sait moins, il a moins d'idées, il connaît moins de mots ; on remarquera encore qu'il a d'autres buts, d'autres intérêts, d'autres préoccupations ; par exemple l'instinct sexuel n'existe pas encore en lui autant que chez l'adulte ; et de tout cela résultent bien des conséquences pratiques ; ainsi, par le seul fait de son ignorance, un enfant ne pourrait pas recevoir la libre direction de sa vie. Mais ce ne sont point là des différences dans l'organisation psychique de l'intelligence, et nous n'avons pas à nous en préoccuper. Ces différences pourraient ne pas exister, et l'enfant n'en resterait pas moins avec son intelligence d'enfant. Pour caractériser cette intelligence, retournons à notre schéma, qui se compose de *direction, compréhension, invention* et *censure*.

Le jeune enfant, dans tout ce qu'il entreprend, montre une faiblesse de *direction:* il est étourdi et inconstant ; il oublie volontiers ce qu'il est en train de faire, ou se dégoûte de ce qu'il fait, ou se laisse emporter par une fantaisie, un caprice, une idée qui passe. Dans une conversation, dans un récit, il saute d'un sujet à l'autre, au hasard des associations d'idées, il fait du coq-à-l'âne. Voyez son défaut de direction lorsqu'il se rend à l'école; il ne va pas en ligne droite au but, comme un adulte, mais il fait un voyage en zigzag, sans cesse arrêté ou dévié de sa route par quelque spectacle qui l'intéresse, et qui lui fait oublier le but, et le fait changer de trottoir. Et lorsqu'il est absorbé par quelque occupation, il perd les autres de vue, et s'entend souvent répéter : « fais donc attention ! »

Sa *compréhension* est superficielle. Sans doute, il perçoit les objets extérieurs, leur forme, leur couleur, leur distance, leur bruit, presque aussi exactement qu'un adulte, et l'acuité de ses sens est fort bonne ; aussi peut-il juger et comparer des sensations simples, des couleurs, des poids, des longueurs, avec une justesse qui nous étonne. Mais si la perception doit dépasser la sensation simple et devenir une véritable compréhension, elle donne des signes de faiblesse. On a dit de l'enfant qu'il est un bon observateur; c'est une illusion; il peut être frappé par un détail que nous n'aurons pas remarqué, mais il ne verra pas un ensemble, un panorama de choses, et, surtout, il est incapable de discerner entre l'accessoire et l'essentiel. Lui fait-on raconter un événement dont il a été le témoin, on s'aperçoit qu'il n'en a eu qu'une vue superficielle, et qu'il a été frappé par le décor, et non par le sens caché. Une interprétation profonde lui est, du reste, interdite, parce qu'elle exige le langage, et qu'il est encore dans une phase d'intelligence sensorielle; la phase verbale commence plus tard ; et, par conséquent, il ne comprend pas beaucoup de mots, très clairs pour nous, ou il leur accroche des idées fausses. Et même si on fait une étude soigneuse du langage dont il se sert, on verra combien il est resté sensoriel; il emploie très peu d'adjectifs, un peu plus de substantifs, surtout des verbes, ce qui prouve qu'il est principalement sensible à ce qui exprime l'action;

tout à fait rares sont ses conjonctions, les *car*, les *parce que*, les *si*, les *lorsque*, petits mots qui sont peut-être les parties les plus nobles du langage, les plus logiques, car ce sont elles qui expriment les subtiles relations d'idées. Il use des mots concrets, beaucoup moins des mots abstraits. Tout cela plaide dans le même sens : une compréhension qui est de nature sensorielle et reste toujours en surface [1].

Sa puissance *d'invention* est également limitée ; d'abord, elle est plutôt imaginative que raisonnée, plutôt sensorielle que verbale ; et puis, elle ne va pas profondément, elle n'évolue pas, elle ne se différencie pas. Nous en avons deux exemples très nets. Si on lui demande ce qu'il pense des objets qu'il connaît, si on le prie de nous dire ce qu'ils sont, aussitôt sa pensée se développe dans le sens utilitaire ; il est de ceux qui définissent chaque chose par l'usage, et cet usage est envisagé sous la forme la plus bornée et la plus banale ; « qu'est-ce qu'un couteau ? — c'est pour couper ; un cheval, c'est pour tirer la voiture ; une table, c'est pour manger dessus ; une maman, c'est pour faire le repas ; du pain, c'est pour manger ; un escargot, c'est pour écraser ». De même, si on travaille, c'est pour éviter les punitions ou pour être récompensé. Un autre exemple où sa mentalité se montre bien candidement, c'est lorsqu'on lui fait décrire des gravures ; devant une scène de misère, par exemple, qui représente des malheureux échoués sur un banc, l'enfant de cinq à six ans dira : « C'est un homme,... là il y a une femme... là il y a un arbre » ; un enfant de huit à dix ans cherchera à décrire ce qu'il voit, il dira : « l'homme est assis sur un banc, il y a une femme près de lui » ; il faut une intelligence d'adulte pour voir au delà de la gravure, en comprendre le sens, et dire enfin : « Ce sont des gens sans abri, des gens dans la misère, des

1. TRACY. *American Journal of Psychology*, VI, n° 1.

gens qui souffrent ». Or, remarquons bien ce que ces réponses nous révèlent sur la mentalité de l'enfant ; elles nous prouvent que le don d'invention qu'il possède est encore peu différencié ; l'enfant tout jeune interprète la gravure au moyen d'images vagues, banales, qui conviennent aussi bien à toutes sortes de gravures et par conséquent ne conviennent à aucune. En effet, reconnaître que dans la gravure montrée il y a un homme, ou une femme, c'est faire une constatation banale ; on spécialise davantage lorsqu'on décrit la position des personnages, leur manière d'être et leurs occupations ; la spécialisation va encore plus loin lorsque l'enfant dépasse la description, et fait une interprétation du sens de la scène. Énumérer, décrire, interpréter, ce sont les trois étapes de l'évolution de la pensée ; cette évolution consiste dans le passage du vague au précis, du quelconque au spécial ; ce passage, l'enfant jeune est en train de le franchir.

La puissance de la *censure* est, chez lui, aussi limitée que le reste. Il se rend mal compte de la justesse de ce qu'il dit et de ce qu'il fait ; il est aussi maladroit de son esprit que de ses mains ; il est remarquable par sa facilité à se payer de mots, à ne pas s'apercevoir qu'il ne comprend pas. Les *pourquoi* dont sa curiosité nous harcèle, ne sont guère embarrassants, car il se contentera naïvement des *parce que* les plus absurdes. Il démêle très mal la différence entre ce qu'il imagine ou souhaite et ce qu'il a réellement vu, et cette confusion explique beaucoup de ses mensonges. Enfin, tout le monde connaît son extrême suggestibilité qui dure jusque vers l'âge de quatorze ans ; elle est de nature compliquée, car elle tient de son caractère autant que de l'imperfection de son intelligence ; en tout cas, cette suggestibilité est encore une preuve de son défaut de censure.

Avec cette mentalité-là, telle que nous venons de la décrire, l'enfant ressemble beaucoup, comme intelligence, à un imbécile adulte ; et si nous en avions la place, nous montrerions toute une série de questions et de problèmes et de difficultés auxquels l'adulte imbécile et l'enfant normal font exactement les mêmes réponses. C'est le même défaut de censure et de direction, la même compréhension superficielle, la même invention indifférenciée. Cependant on a bien le sentiment que la ressemblance n'est pas et ne peut pas être complète entre deux êtres qui se préparent à un avenir si différent. L'imbécile adulte a achevé son développement, l'enfant est tout au début du sien. Et précisément, parce qu'il est en instance de développement, l'enfant possède un certain nombre de qualités très intéressantes, dont il n'a point été parlé dans le schéma précédent, et qui sont cependant bien caractéristiques de son état. C'est d'abord la puissance de sa mémoire ; l'enfant a une mémoire prompte et durable, parce que cette qualité est nécessaire à toute son évolution ultérieure ; un esprit dépourvu de plasticité serait incapable de se transformer. Comparé à un adulte, l'enfant a une mémoire meilleure ; il n'apprend peut-être pas plus vite, mais il retient plus longtemps ce qu'il a perçu. Autre caractère important de l'enfant : c'est cet excès d'activité qu'il a besoin de dépenser continuellement, qui le rend mobile et bruyant, et si réfractaire à la discipline du silence qu'on veut lui imposer à l'école. Rappelons-nous le nombre de fois qu'on lui répète : « Tiens-toi tranquille ! » Cet avertissement alterne avec cet autre : « Fais donc attention ! » Enfin, troisième caractère, l'enfant se livre à une suite incessante d'essais de toutes sortes pour connaître les objets extérieurs ou pour exercer ses facultés ; tout petit, il prend les objets, les manie, les frappe, les suce... et plus tard, il passe des heures et des heures à se dépenser dans le jeu ; l'enfant est essentiellement quelqu'un qui joue ; le jeu est, compris dans son sens le plus profond, une préparation aux actes de la vie adulte, une sorte de répétition amusante avant la représentation sérieuse ; le jeu distingue et signale tous les êtres en train de se développer. Il est à peine besoin d'ajouter que l'adulte imbécile ne joue pas.

C'est cette mentalité toute particulière que nous allons chercher à juger, au moyen d'un ensemble de tests.

Il n'est rien de tel que la nécessité pour faire surgir les méthodes nouvelles. Sans doute, nous serions restés longtemps dans le *statu quo* des tests fragmentaires, si nous n'avions pas été obligés, il y a deux ans, dans un intérêt véritablement social, de faire des mesures d'intelligence par la méthode psychologique. On voulait essayer d'organiser sur une petite échelle des classes pour les enfants anormaux. Avant d'instruire ces enfants, il fallait les recruter. Comment les recruter ?

Nous avons dit déjà que l'opinion des maîtres sur l'intelligence des enfants a besoin d'être contrôlée, et que le retard scolaire d'un élève ne signifie pas grand'chose quand sa scolarité a été irrégulière, ou quand on manque de renseignements sur sa scolarité, ce qui arrive si fréquemment à Paris. Alors que faire ? On nous amenait chaque jour un écolier sur lequel nous manquions d'indications indispensables ; ni les parents, ni les maîtres, ni le passé scolaire de l'enfant ne pouvaient nous aider. Nous étions véritablement réduits à nos seules ressources. L'enfant était là, dans notre cabinet, seul avec nous ; il fallait, après un quart d'heure ou une demi-heure d'interrogations, porter sur lui un jugement précis, jugement redoutable pour nous, car nous allions exercer une influence sur son avenir.

C'est dans ces conditions que nous avons élaboré, avec

l'aide de notre collaborateur si dévoué, le Dr Simon, une méthode de mesure de l'intelligence à laquelle nous avons donné le nom d'*échelle métrique*. Elle a été construite lentement, à l'aide d'études faites non seulement dans les écoles primaires et les écoles maternelles sur des enfants de tout âge, depuis trois ans jusqu'à seize, mais encore dans les hôpitaux et hospices, sur les idiots, les imbéciles et les débiles, et enfin dans toutes sortes de milieux et même au régiment, sur des adultes lettrés et illettrés. Après des centaines de vérifications et d'améliorations, mon opinion mûrie et devenue définitive n'est pas que la méthode est parfaite; mais c'est bien la méthode qu'il fallait employer; et si après nous d'autres la perfectionnent, comme nous l'espérons bien, ils ne la perfectionneront qu'en employant nos propres procédés et en tirant parti de notre expérience.

L'idée directrice de cette mesure a été la suivante : imaginer un grand nombre d'épreuves, à la fois rapides et précises, et présentant une difficulté croissante ; essayer ces épreuves sur un grand nombre d'enfants d'âge différent ; noter les résultats ; chercher quelles sont les épreuves qui réussissent pour un âge donné, et que les enfants plus jeunes, ne serait-ce que d'un an, sont incapables en moyenne de réussir ; constituer aussi une échelle métrique de l'intelligence, qui permet de déterminer si un sujet donné a l'intelligence de son âge, ou bien est en retard ou en avance, et à combien de mois ou d'années se monte ce retard ou cette avance.

Nous donnons dans le tableau ci-dessous la liste de nos épreuves. Un court commentaire sera suffisant pour en comprendre le sens. Ceux qui désireraient de plus amples détails, surtout pour des applications pratiques, sont priés de se reporter à nos travaux antérieurs [1].

1. Voir notamment *Année Psychologique*, XIV, 1908, p. 1, pour l'exposé complet de la méthode.

Échelle métrique de l'intelligence.

3 mois. — Avoir un regard volontaire.

9 mois. — Faire attention au son. Saisir un objet après contact ou après perception visuelle.

1 an. — Discerner les aliments.

2 ans. — Marcher. Exécuter une commission. Indiquer ses besoins naturels.

3 ans. — Montrer son nez, son œil, sa bouche. Répéter deux chiffres. Énumérer les personnages et objets d'une gravure. Donner son nom de famille. Répéter six syllabes.

4 ans. — Donner son sexe. Nommer une clef, un couteau, un sou. Répéter trois chiffres. Comparer deux lignes et indiquer la plus longue. Décrire une gravure. Compter ~~treize~~ sous simples. Nommer quatre pièces de monnaie.

5 ans. — Comparer deux boîtes de poids différent et indiquer la plus lourde. Copier un carré. Répéter une phrase de dix syllabes. Compter quatre sous simples. Recomposer un jeu de patience formé de deux morceaux.

6 ans. — Distinguer la main droite et l'oreille gauche. Répéter une phrase de seize syllabes. Faire une comparaison d'esthétique. Définir des objets familiers par l'usage. Exécuter trois commissions. Dire son âge. Distinguer le matin et le soir.

7 ans. — Indiquer des lacunes de figures. Donner le compte de ses doigts. Copier une phrase écrite. Copier un losange. Répéter cinq chiffres.

8 ans. — Faire une lecture et en conserver deux souvenirs. Compter trois sous simples et trois doubles et donner le total. Nommer quatre couleurs. Compter de 20 à 0, en descendant. Comparer deux objets de souvenir. Écrire sous dictée.

9 ans. — Donner la date complète du jour. Indiquer les jours de la semaine. Définir mieux que par l'usage. Faire une lecture et en conserver six souvenirs. Rendre la monnaie sur vingt sous. Ordonner cinq boîtes d'après leur poids.

10 ans. — Énumérer les mois de l'année. Reconnaître les neuf pièces de notre monnaie. Composer deux phrases dans lesquelles se trouveront deux mots donnés. Répondre à sept questions d'intelligence.

12 ans. — Critiquer des phrases absurdes. Mettre trois mots en une phrase. Trouver plus de soixante mots en trois minutes. Donner des définitions de mots abstraits. Reconstituer des phrases désarticulées.

15 ans. — Répéter sept chiffres. Trouver trois rimes à un mot donné. Répéter une phrase de vingt-six syllabes. Interpréter une gravure. Résoudre un problème psychologique.

Les premières épreuves ont été faites dans des crèches auprès des berceaux, et nous opérions avec des sonnettes, des biscuits et des bonbons. Le premier éveil de l'intelligence consiste à suivre du regard un objet, par exemple une allumette enflammée qu'on déplace; puis, c'est l'attention au son; on fait tinter une sonnette derrière la tête de l'enfant, et il se retourne. La préhension d'un objet qu'on lui présente a lieu déjà, à neuf mois; un peu plus tard, il sait distinguer entre un morceau de bois et un morceau de chocolat, et porte de préférence ce dernier à sa bouche. Les premiers mots spontanés commencent vers dix-huit mois et deux ans. C'est à deux ans, et même un peu plus tôt, que la marche se fait sans aide, et que le langage est suffisamment compris pour que l'enfant puisse exécuter une commission élémentaire, comme d'aller chercher une balle.

Avec l'âge de trois ans commencent des expériences d'école maternelle. Là aussi, il fallut prendre bien des précautions, non seulement pour ne pas effrayer les bambins, mais surtout pour les décider à nous parler; le mutisme est la forme habituelle de la timidité des petits; ils ne sont pas seulement timides; quelques-uns ont déjà un caractère rétif; il y en eut plusieurs qui ne voulurent pas ouvrir la bouche devant nous; ils n'étaient pas muets, pourtant, ils étaient même, à l'occasion, nous disaient les maîtresses, assez bavards.

Les expériences de la Maternelle sont assez simples; elles consistent d'abord à provoquer des répétitions de chiffres ou de mots. On dit à l'enfant trois chiffres, par exemple, comme 2...., 8...., 7... et il doit répéter exactement. Sur l'ordre, il montre les parties les plus apparentes de son visage, ou bien il commence à nommer des objets très élémentaires qu'on lui présente. Cela est déjà plus compliqué, car le développement de la parole suppose à la fois qu'on comprend la parole d'autrui et qu'on trouve les mots de sa propre pensée; or ce second acte se fait plus tardivement que le premier. On demande encore à ces tout jeunes enfants de dire leur nom de famille, et de répondre correctement à la question suivante : es-tu un petit garçon ou une petite fille? Le dernier exercice de langage se fait avec des gravures, qui ont ce précieux avantage de toujours intéresser les enfants. A cet âge-là, on en est encore à l'énumération, on dit en promenant son doigt sur une scène quelconque : « Un monsieur, une dame, un bébé », et ainsi de suite. Les épreuves de la Maternelle comportent aussi quelque recherche sur l'intelligence sensorielle. On demande à ces enfants de décider quelle est la plus longue de deux lignes, ou la plus lourde de deux boîtes; et lorsqu'on est parvenu à fixer leur attention, on est étonné de leur justesse d'appréciation.

De six à douze ans, les expériences se passent à l'école primaire. Ce fut là que nous fîmes le séjour le plus long. Nous ne fûmes arrêtés par aucune difficulté. L'écolier, dès sept ans, est bien adapté, bien discipliné. Nous n'avons rencontré chez lui aucun exemple gênant de timidité; aucun enfant n'a refusé de nous répondre, aucun n'a paru troublé, après quelques minutes passées avec nous. Ce dont nous avons dû surtout nous méfier, c'est de l'amour-propre de quelques-uns; lorsqu'on a affaire à un élève de douze ans, qui se considère déjà comme un homme, il faut éviter de lui poser des questions trop faciles, qui lui donneraient l'idée qu'on se moque de lui. Ces examens d'écoliers furent fort longs, ils prenaient environ vingt minutes pour les plus petits, une demi-heure à trois quarts d'heure pour les plus grands.

Les épreuves auxquelles on soumet ces jeunes enfants sont nombreuses, et portent sur toutes les facultés intellectuelles : sur l'intelligence sensorielle, et aussi sur le langage, qui commence à jouer un rôle important dans la vie psychique de l'enfant; l'exécution des épreuves exige de l'attention, ce que nous avons appelé de la direction, de la compréhension, de l'invention et de la censure. Nous donnerons seulement quelques exemples.

Il y a d'abord toute une série de renseignements de vie pratique, qu'un enfant normal doit être capable de fournir : par exemple, on l'oblige à répondre aux questions suivantes : quel âge as-tu?... est-ce le matin ou l'après-midi?... montre ta main droite! ton oreille gauche! combien as-tu de doigts à la main droite? aux deux mains à la fois? quelle est la date du jour (jour, quantième, mois, année)? quels sont les jours de la semaine? quels sont les mois de l'année? Si on cherche sur le tableau à quel âge un enfant est assez instruit pour répondre à ces questions bien élémentaires, on sera étonné; ce n'est qu'à neuf ans que la date complète du jour est connue, et à dix ans qu'il est possible de réciter sans faute et en ordre la série des mois.

Outre ces questions de vie pratique, notre tableau contient des interrogations qui relèvent plus particulièrement de l'instruction. Ainsi, plusieurs exercices s'adressent à la faculté de compter. Déjà à cinq ans, un enfant sait compter 4 sous simples, mais ce n'est qu'à sept ans qu'il peut compter 13 sous simples, et à huit ans qu'il compte une somme de 9 sous, composée de sous simples et doubles; on lui demande encore à cet âge-là de savoir réciter les chiffres à rebours de 20 à 0. A neuf ans, nous pouvons même devenir beaucoup plus exigeants; nous lui faisons rendre la monnaie sur 20 sous. Un petit jeu divertissant sert de prétexte à cette épreuve. Nous supposons que l'enfant est un marchand, nous lui achetons une boîte de 4 sous, nous le payons avec 20 sous, et nous le prions de rendre la monnaie. C'est bien plus difficile que les tests de sept à huit ans. Ceci nous prouve que le développement de la faculté arithmétique prend surtout son essor à partir de neuf ans ; si on se reporte au barème d'instruction publié dans le chapitre II, et qu'on étudie la suite des problèmes proposés aux élèves, on remarquera aussi quelle différence existe entre le problème de huit ans, une simple soustraction, et le problème de neuf ans, qui comporte une division avec un reste. Par deux voies différentes, on arrive donc à la même conviction ; l'âge des progrès en mathématiques commence à neuf ans. Un autre coup d'œil sur ce même barème d'instruction montrerait que l'âge des progrès en lecture a lieu bien plus tôt, à six ans, ou de six à sept ans, et que l'âge des progrès en orthographe a lieu vers la même époque.

Dans notre série de tests, la lecture figure, mais sous une forme qui la met au-dessus d'une épreuve d'instruction, car nous faisons lire à l'enfant un fait divers, et après qu'il l'a lu, nous exigeons qu'il nous en donne un compte rendu ; à neuf ans, par exemple, quand la lecture dont nous avons montré déja le développement dans le sens automatique a atteint un automatisme assez complet pour que l'attention puisse se fixer librement sur le sens, nous exigeons que notre fait divers laisse dans la mémoire six souvenirs distincts. C'est alors la preuve qu'on ne lit pas seulement avec les yeux, mais avec son intelligence.

Il y a enfin toute une série d'épreuves qui sont étrangères à l'instruction scolaire et à l'instruction de la vie vécue, au moins dans la plus large mesure, et qui dépendent presque uniquement de l'intelligence naturelle et toute nue ; aussi pourrait-on dire, avec un peu d'exagération, que tout enfant, quel que soit son âge, en serait capable, s'il avait l'intelligence nécessaire. Ainsi, répéter cinq chiffres exige un petit effort d'attention ; faire trois commissions dont on a reçu l'ordre en même temps, suppose déjà un esprit de suite, une bonne direction ; et les mères savent bien que l'enfant d'un certain âge ne peut recevoir qu'une

seule commission à la fois, sans cela il oublierait
les autres. La direction est encore plus nécessaire
dans une curieuse épreuve d'ordination, qui consiste
à ranger par ordre décroissant cinq boîtes de poids
différents; il faut, pour faire un rangement exact,
non seulement percevoir les différences de poids, qui
sont assez grandes, mais encore, ce qui est plus difficile, conserver l'idée de l'ordre, et le réaliser sans se
laisser distraire. Voilà donc une bonne épreuve de ce
que nous appelons la *direction*.

A son tour, la *compréhension* apparaît dans plusieurs exercices : par exemple, lorsqu'on montre
à l'élève deux figures de femme et qu'il doit indiquer
la plus belle; ou encore qu'on lui fait comparer deux
objets de souvenir et qu'on lui demande la différence
du verre et du bois, du papillon et de la mouche, du
papier et du carton; ou enfin qu'on lui pose des questions compliquées, dont il doit percevoir le sens pour
être en mesure d'y répondre; par exemple : avant de
prendre parti dans une affaire importante, que faut-il
faire? — ou bien : pourquoi pardonne-t-on plutôt une
mauvaise action exécutée avec colère qu'une mauvaise action exécutée sans colère? — ou encore :
pourquoi doit-on juger une personne d'après ses actes
plutôt que d'après ses paroles?

L'*invention* sera éprouvée par des exercices où le
sujet met un peu de lui-même, et ajoute à ce qu'on
lui donne. Répondre à une question comme celles que
nous venons de transcrire, suppose à la fois compréhension et invention. De même, définir des objets;
de même encore, décrire des gravures; l'invention est
plus difficile dans un exercice qui consiste, étant donnés
trois mots (ceux dont nous nous servons sont les
mots : *Paris, fortune, ruisseau*), à constituer une phrase
ayant un sens et dans laquelle ces trois mots-là seront
contenus.

Pour terminer, disons que l'appréciation de *la cen-*

sure se fait tout le long de l'examen par l'attitude générale du sujet et l'exécution des épreuves ; mais il y a des exercices spéciaux, qui sont destinés à mettre bien en lumière la défaillance de la censure. Ce sont des phrases à critiquer. On annonce d'avance au sujet qu'on va lui lire une phrase dans laquelle il y a une bêtise, et qu'il devra découvrir en quoi la bêtise consiste.

Voici quelques-unes de ces phrases : « Un malheureux cycliste a eu la tête fracassée et il est mort sur le coup ; on l'a emporté à l'hôpital et on craint bien qu'il ne puisse pas en réchapper. — Il y a eu, hier, un accident de chemin de fer, mais ce n'est pas grave, le nombre des morts est seulement de quarante-huit. — J'ai trois frères : Pierre, Ernest et moi. — On a trouvé, hier, sur les fortifications le corps d'une malheureuse jeune fille coupée en dix-huit morceaux. On croit bien qu'elle s'est tuée elle-même. »

A partir de douze ans, nous quittons l'école primaire élémentaire. La suite des épreuves se divise en deux groupes ; l'un, qui convient aux sujets de quinze ans, l'autre qui est pour les adultes. Pour cette dernière partie de nos recherches, nous avons dû examiner des jeunes gens et des jeunes filles appartenant au commerce et à l'industrie ; devant nous, se sont succédé des commis, des employés de commerce, des comptables, des mécaniciens, et puis des couturières, des repasseuses, des midinettes. Il fallait, avec ces adultes, prendre plus de précautions qu'avec des enfants, être plus prévenant, expliquer davantage le résultat obtenu, et surtout pallier les échecs en les excusant de son mieux, afin de ménager l'amour-propre des gens ; mais, en somme, il n'y a pas là de difficulté insurmontable, et on arrive assez bien à dissimuler aux examinés que l'épreuve consiste surtout à juger leur puissance de jugement. Quand ils échouent, par exemple, quand ils ne peuvent pas montrer par leurs explications qu'ils ont compris le texte un peu obscur qu'on leur a lu, on leur dit : « Vous avez oublié... c'est très difficile de se rappeler tout... et vous n'avez peut-être pas une grande mémoire. » Ils s'empressent, en effet, d'accuser leur mémoire, et l'honneur est sauf.

Enfin, nos dernières investigations ont porté sur des soldats, en convalescence à l'hôpital du Val-de-Grâce, à Paris, et ne présentant plus rien de pathologique. Un médecin militaire nous avait conviés à faire ces examens, à la suite d'une demande que nous avions adressée au Ministre de la Guerre, pour qu'on introduisît en France l'usage de rechercher, comme on le fait actuellement en Allemagne, les conscrits atteints de débilité intellectuelle. En interrogeant une quinzaine de soldats avec nos tests, nous eûmes l'occasion de recueillir quelques-unes de ces réponses vraiment ineptes qui avaient été obtenues déjà par des officiers curieux de connaître l'instruction de leurs hommes ; ce sont des réponses qui ont fait déjà la joie, la triste joie de beaucoup de journaux. Nous admettons, pour notre part, que les soldats illettrés ou mal instruits sont très nombreux; mais, lorsqu'on fait ces sortes d'examens, on devrait surtout se méfier d'une cause d'erreur, qui abaisse grandement le niveau intellectuel des candidats, c'est la timidité des hommes devant leurs chefs. Cela nous a beaucoup frappés. Nous étions installés comme des juges de conseil de guerre, dans une grande salle, dont les murs austères étaient décorés de panoplies de sabres; parmi les soldats qu'on nous amenait, il y en eut plusieurs qui, malgré notre accueil amical, restaient pâles, avec une voix tremblante et des gestes convulsifs dans la face et dans les mains; c'étaient ces émotifs qui nous donnèrent quelques réponses fantastiques.

Nous remarquâmes alors que la présence de quelques officiers supérieurs, curieux de voir notre procédé à l'œuvre, avait un effet désastreux sur le niveau intellectuel des soldats, et qu'après le départ de ces officiers, les réponses des soldats devinrent généralement meilleures. Nous concluons donc que beaucoup de réponses de soldats, dont les journaux se sont égayés, doivent être dues à un niveau intellectuel abaissé temporairement par l'émotion.

Extrayons de nos notes un renseignement important. Quoique notre échelle métrique ait été faite surtout pour mesurer des intelligences d'enfants, elle nous a permis de connaître quelle est la limite moyenne de l'intelligence des adultes, quand ceux-ci sont des normaux, et appartiennent à la classe ouvrière; ils ne dépassent pas le niveau de douze ans, au point de vue de la compréhension abstraite; deux épreuves, l'une consistant dans les questions d'intelligence, l'autre dans les questions de critiques (nous avons donné des exemples des unes et des autres), constituent la pierre de touche de l'intelligence normale, chez l'ouvrier.

En appliquant dans les écoles nos moyens d'investigation, nous sommes arrivés au résultat suivant, qui montre la manière dont l'intelligence se distribue dans les groupes d'individus. Sur 203 enfants d'école, nous constatons que 103 sont réguliers, qu'ils ont exactement le niveau mental que nous attribuons à leur âge; 44 sont en avance et 56 sont en retard.

Ajoutons un détail. Nous parlons d'avancés et de retardés. Mais de combien le sont-ils? L'immense majorité des irréguliers l'est seulement d'un an; il n'y en a que 12 sur 203, soit, par conséquent, un pourcentage de 6 %, qui présentent un retard de deux ans et nous n'en avons trouvé aucun, parmi les écoliers que les instituteurs jugent normaux, qui eût un retard supérieur à deux ans. D'autre part, nous n'en avons rencontré que deux ayant une avance de deux ans.

Ajoutons que toutes les fois qu'un instituteur est venu nous voir, après notre examen, pour nous signaler que tel élève en particulier lui paraissait être un sujet d'élite, cet élève s'était tiré à son avantage de notre examen; il avait une avance d'un an, ou du moins c'était un régulier; jamais il n'était en retard. Autre détail significatif. Lorsque nous avons eu à examiner des enfants qui étaient soupçonnés d'arriération, et qui l'étaient, non pour des raisons vagues, des motifs futiles, mais parce qu'ils présentaient un retard d'instruction égal au moins à trois ans, sans l'excuse d'une fréquentation scolaire irrégulière, nous leur avons toujours trouvé des retards intellectuels, mis en évidence par notre échelle métrique. Je copie dans mes notes le renseignement suivant, pris sur une fournée de 13 enfants suspects d'arriération qu'on m'a amenés, en 1908, à mon laboratoire de pédagogie. Les retards d'intelligence existent pour tous; ils sont compris entre 1 an et 5 ans. Voici, du reste, la série de ces retards : 1 an — 1 an — 1 an — 1 an — 2 ans — 2 ans — 2 ans 1/2 — 3 ans — 3 ans — 3 ans 1/2 — 3 ans 1/2 — 4 ans — 5 ans. — On peut remarquer, en passant, que ces retards d'intelligence sont énormes, bien supérieurs en moyenne à ceux qu'on rencontre chez des normaux. Je suis d'avis, pour ma part, que tout retard d'intelligence égal à deux ans constitue une présomption extrêmement grave d'arriération.

En quoi consiste au juste la mesure d'intelligence ? Comme pour l'instruction, comme pour le développement corporel, de même pour l'intelligence, le mot mesure n'est pas pris ici au sens mathématique : il n'indique pas le nombre de fois qu'une quantité est contenue dans une autre. L'idée de mesure se ramène pour nous à celle de classement hiérarchique; de deux enfants est le plus intelligent celui qui réussit le mieux un certain ordre d'épreuves. En outre, par la

considération des moyennes enregistrées chez des enfants d'âge différent, la mesure s'établit en fonction du développement mental, et, pour l'intelligence, comme pour l'instruction, comme pour le développement corporel, nous la mesurons par le retard ou l'avance de tant d'années que tel enfant présente sur ses camarades.

Il y a là tout un système d'évaluation, que nous croyons nouveau, et dont nous n'avons pas le temps d'exposer les principales conséquences philosophiques. Tout au moins, il est une de ces conséquences que nous devons souligner : c'est que, par convention, nous considérons un enfant moyen comme plus intelligent qu'un enfant plus jeune, et qu'en d'autres termes, un enfant précoce a une intelligence supérieure à la moyenne de son âge.

Il est clair que cette méthode de mesure ne peut pas être mise entre les mains du premier venu ; elle exige du tact, du doigté, une expérience des causes d'erreur à éviter, surtout une notion claire des effets de la suggestion; de plus, elle n'a rien d'automatique ; on ne peut pas la comparer à une bascule de gare sur laquelle il suffit de monter pour que la machine délivre notre poids imprimé sur un ticket. Ce n'est pas une méthode de manœuvre, et nous prédisons au médecin pressé, qui voudrait la faire appliquer par des infirmiers, qu'il aurait des déboires. Les résultats de notre examen n'ont pas de valeur s'ils sont séparés de tout commentaire; ils ont besoin d'être interprétés.

Nous savons bien qu'en déclarant la nécessité de cette interprétation, nous semblons ouvrir la porte à l'arbitraire et priver notre méthode de toute précision ; mais ce n'est qu'une apparence. Notre examen d'intelligence sera toujours bien supérieur aux examens d'intelligence qu'un professeur essaie de faire, pendant les dix minutes que dure l'oral du baccalauréat, et cela, parce que notre examen a plusieurs avantages ; il se déroule d'après un plan invariable, il tient un compte exprès de l'âge, il fait état des réponses, en les comparant à une norme, et cette norme est une moyenne réelle et vécue. Si, malgré toutes ces précisions, nous reconnaissons que le procédé a besoin d'être mis en usage avec intelligence, nous ne pensons pas le diminuer en faisant cette réserve.

Le microscope, la méthode graphique sont des méthodes admirables de précision ; mais que d'intelligence, de circonspection, d'érudition et d'art sont impliqués par la pratique de ces méthodes ! Et imagine-t-on ce que vaudraient des observations faites au microscope par un ignorant, doublé d'un imbécile ? Nous en avons vu des exemples, et cela faisait frémir.

Il faut donc abandonner cette idée qu'un procédé d'investigation puisse devenir assez précis pour permettre de le confier au premier venu ; tout procédé scientifique n'est qu'un instrument qui a besoin d'être dirigé par une main intelligente. Nous avons exploré, avec l'outil nouveau que nous venons de forger, plus de trois cents sujets, et, à chaque examen nouveau, notre attention a été éveillée, surprise, charmée, par les observations que nous devions faire à côté sur la manière de répondre, la manière de comprendre, la malice des uns, l'obtusion des autres, et les mille particularités qui faisaient que nous avions devant les yeux le spectacle si attachant d'une intelligence en activité.

Les quelques personnes à qui, bien rarement, du reste, nous avons accordé la faveur d'être témoins de nos examens, ont compris, elles aussi, et nous ont déclaré spontanément quelle impression massive elles recevaient, et comment elles arrivaient à se faire une idée pleine de l'intelligence de chaque enfant, même quand elles le connaissent de longue date. C'est cette impression massive qu'il faut savoir recueillir, interpréter et mettre à sa juste valeur.

De plus, la constatation d'un niveau n'est intéressante que si elle s'accompagne d'une interprétation des causes qui ont produit ce niveau. Ainsi, il y a lieu chaque fois de se demander quelle est l'influence de la famille, du milieu social ; un enfant de bonne famille, qui cause souvent avec ses parents, a l'esprit plus éveillé qu'un autre, qui reste livré à lui-même ; il a surtout un vocabulaire plus riche, des notions plus étendues sur toutes sortes de choses. Nos examens fournissent des repères applicables surtout à la population primaire de Paris. Prenez des enfants de riches, il est absolument certain qu'ils répondront mieux en moyenne et seront en avance d'un an, deux ans sur nos petits primaires. Prenez des enfants de la campagne, peut-être répondront-ils moins bien. Prenez des enfants de la Belgique, dans des contrées où l'on parle à la fois le français et le wallon ; les enfants du peuple y répondront encore moins bien, surtout aux épreuves de langage. Notre collègue Rouma, professeur à l'Ecole normale d'instituteurs de Charleroi, a attiré notre attention sur ces surprenantes inégalités d'intelligence qu'il a constatées par l'emploi de nos tests, et qui dépendent des milieux.

D'autre part, l'examen du niveau ne nous apprend pas si un enfant en retard est dans une phase de repos intellectuel, qui sera de courte durée ou de longue durée ; il ne nous apprend pas davantage si cette obtusion intellectuelle est due à un envahissement de ses fosses nasales par des végétations adénoïdes. Toutes ces recherches se font autour de l'examen ; elles sont importantes et exigent l'esprit le plus fin, le plus délié. Nous sommes loin de l'automatisme !

Si on essaye nos épreuves sur des centaines d'enfants, on s'aperçoit d'un fait important pour la psychologie de l'intelligence; c'est qu'il est impossible de trouver une seule épreuve qui soit telle que, lorsqu'on l'a franchie, toutes les précédentes soient franchies et toutes les autres soient ratées. Ainsi prenons l'interprétation des images; elle se fait couramment à onze ans; néanmoins il y a des enfants plus jeunes qui la réussissent et il y a des enfants plus âgés qui échouent et font encore de la description d'images. Chaque enfant a son individualité. Tel réussit mieux l'épreuve A et échoue pour l'épreuve B. A quoi tiennent ces différences individuelles dans les résultats expérimentaux? Nous n'en savons rien au juste, mais nous pouvons supposer avec une grande apparence de raison que les facultés mentales intéressées par des épreuves différentes sont elles-mêmes différentes et inégalement développées, selon les enfants. Si celui-ci a plus de mémoire qu'un autre, nous trouverons naturel qu'il réussisse mieux dans une épreuve de simple répétition. S'il a davantage des aptitudes au dessin, il montrera plus d'habileté à comparer des grandeurs de lignes. Une autre raison peut être alléguée. Tous nos tests supposent un effort d'attention; or, l'attention varie sans cesse de concentration, surtout chez les jeunes; maintenant elle est intense, une minute après elle se relâche. Supposons que le sujet ait un moment de distraction, de gêne, d'ennui pendant une épreuve, le voilà qui échoue. On ne peut pas douter de la justesse de cette dernière raison. Nous en sommes pénétrés à ce point que nous jugeons chimérique et absurde de mesurer une intelligence d'enfant d'après un très petit nombre d'épreuves.

III

L'ÉDUCATION DE L'INTELLIGENCE

Après le mal, le remède; après la constatation des défaillances intellectuelles de toutes sortes, passons au traitement. Nous supposons, pour poser la difficulté dans toute son ampleur, que nous avons découvert avec certitude chez un de nos élèves une incapacité désolante à comprendre ce qui se dit en classe; l'enfant ne peut ni bien comprendre, ni bien juger, ni bien imaginer; si ce n'est pas un anormal, il est tout de même en retard scolaire très accentué. Que faire de lui? Que faire pour lui?

Si on ne fait rien, si on n'intervient pas activement et utilement, il va continuer à perdre son temps, et, constatant la vanité de ses efforts, il finira par se décourager. L'affaire est très grave pour lui, et comme il ne s'agit pas ici d'un cas exceptionnel, mais que les enfants qui ont une compréhension défectueuse sont légion, on peut bien dire que la question est grave pour nous tous, pour la société; l'enfant qui perd en classe le goût du travail risque fort de ne pas l'acquérir au sortir de l'école.

J'ai constaté souvent, et avec bien des regrets, qu'il existe une prévention fréquente contre l'éducabilité de l'intelligence. Le proverbe familier qui dit : « Quand on est bête, c'est pour longtemps » semble être pris au pied de la lettre par des maîtres sans critique ; ceux-ci se désintéressent des élèves qui manquent d'intelligence; ils n'ont pour eux ni sympathie ni même de respect, car leur intempérance de langage leur fait tenir devant ces enfants des propos tels que celui-ci : « C'est un enfant qui ne fera jamais rien... il est mal doué... il n'est pas intelligent du tout. » J'ai entendu trop souvent de ces paroles imprudentes. On les répète chaque jour dans le primaire, et le secondaire n'est pas exempt. Je me souviens qu'à mon baccalauréat ès lettres l'examinateur Martha, indigné par une de mes réponses (j'avais donné à un philosophe grec, par confusion de mots, un nom emprunté à un personnage des *Caractères* de La Bruyère), me déclara que je n'aurais jamais l'esprit philosophique. Jamais! Quel gros mot! Quelques philosophes récents semblent avoir donné leur appui moral à ces verdicts déplorables en affirmant que l'intelligence d'un individu est une quantité fixe, une quantité qu'on ne peut pas augmenter. Nous devons protester et réagir contre ce pessimisme brutal; nous allons essayer de démontrer qu'il ne se fonde sur rien.

Il y a cinq ou six ans, si j'avais été obligé de traiter cette question, j'aurais eu peu de moyens d'argumentation. J'aurais montré que l'instruction et l'éducation vont souvent de pair et se confondent; que recevoir des idées justes profite à la conduite; que l'exemple, l'imitation, l'émulation ouvrent des horizons; j'aurais cité les exemples que je connais de gens qui ne sont arrivés à l'esprit critique, à la libre discussion que par le secours d'autrui; des jeunes gens sont devenus moins naïfs, plus débrouillards, plus actifs, après un voyage à l'étranger ou une année de service militaire; des femmes intelligentes, que je connais, seraient restées dans la pratique des dévotions les plus étroites sans la suggestion de quelqu'un, un homme le plus souvent, qui leur a ouvert les yeux. Puis, après avoir épuisé les exemples, les observations et même les anecdotes de ce genre, je crois bien que j'aurais tiré parti surtout des enseignements fournis par la psychologie expérimentale. C'est une science un peu sèche, mais qui devient éloquente quand on sait interpréter ses chiffres. Elle nous démontre certainement que tout ce qu'il y a de pensée et de fonction en nous est susceptible de développement. Toutes les fois qu'on a pris la peine de répéter méthodiquement un travail dont les effets sont mesurables, on a vu que les résultats s'inscrivent dans une courbe caractéristique qui mérite le nom de *courbe du progrès*. Si on apprend à se servir de la machine à écrire, le nombre de mots écrits par heure va croissant; chez un sujet, par exemple, il a passé de trois cents mots par heure à onze cents, après cinquante-six jours d'exercice où l'on ne faisait qu'une séance d'une heure par jour[1]. Si on s'applique à barrer d'un trait noir certaines lettres dans un texte, la rapidité du travail augmente de telle façon qu'après deux cent cinquante épreuves journalières, espacées sur deux ans, la même quantité de travail qui demandait au début six minutes ne demanda plus que trois minutes[2]. Cette croissance est générale; jusqu'ici, elle ne s'est démentie dans aucune expérience bien faite et il y en a des milliers de concordantes. Bien entendu, il ne s'agit pas d'une croissance indéfinie et on ne peut pas croire non plus que son importance et sa vitesse soient indéterminées. Ce sont des progrès qui dans leur ensemble sont réglés par une loi d'une fixité remarquable; les progrès d'ordinaire grands au début diminuent ensuite peu à peu; ils finissent même par devenir insignifiants et malgré les plus grands efforts il arrive un moment où ils deviennent pratiquement égaux à zéro. A ce moment, on a atteint sa limite, car il y en a une, c'est incontestable ; elle varie de position suivant les personnes et pour chacune d'elles suivant la fonction considérée. Parfois il faut plusieurs années pour l'atteindre et, de plus, les gains ainsi acquis peuvent persister pendant plusieurs années de

1. E. J. SWIFT. Memory of Skilfull Movements, *Psychological Bulletin*, juin 1906.

2. BOURDON. Recherches sur l'habitude. *Année Psychologique*, XVIII, 1902, p. 327. Pour une étude d'ensemble, consulter Thorndike, *Educational Psychology*, p. 80.

repos ; Bourdon les a vus se conserver pendant sept
ans. Maintenant, si l'on considère que l'intelligence
n'est pas une fonction une, indivisible et d'essence
particulière, mais qu'elle est formée par le concert de
toutes ces petites fonctions de discrimination, d'observation, de rétention, etc., dont on a constaté la
plasticité et l'extensibilité, il paraîtra incontestable
que la même loi gouverne l'ensemble et ses éléments,
et que par conséquent l'intelligence de quelqu'un est
susceptible de développement ; avec de l'exercice et de
l'entraînement, et surtout de la méthode, on arrive à
augmenter son attention, sa mémoire, son jugement,
et à devenir littéralement plus intelligent qu'on ne
l'était auparavant, et cela progresse ainsi jusqu'au
moment où l'on rencontre sa limite. Et j'aurais encore ajouté que ce qui importe pour se conduire de
manière intelligente, ce n'est pas tant la force des
facultés que la manière dont on s'en sert, c'est-à-dire
l'*art* de l'intelligence, et que cet art doit nécessairement s'affiner avec l'exercice.

Voilà à peu près l'idée la plus scientifique que j'aurais pu trouver pour encourager les maîtres à l'éducation de l'intelligence de leurs élèves les moins bien
doués, et, sans doute, avec ces considérations-là on
arrive à considérer comme hautement probable le
pouvoir de développer une intelligence. Mais ce n'est
encore qu'une probabilité et nous voudrions bien
avoir une certitude.

La création récente de ces classes pour enfants
anormaux, dont je parle si souvent avec plaisir parce
que j'y ai beaucoup appris, nous a apporté la démonstration, la certitude dont nous avions besoin. Ici,
point de raisonnements discutables, mais des faits
tangibles. Nous admettons dans ces classes des enfants
qui ne sont pas seulement en insuffisance d'instruction,
mais qui ont réellement l'intelligence débile, car pour

se mettre en retard de trois ans dans ses études, pour ne savoir qu'à douze ans ce qu'en général les enfants savent à neuf ans, il faut manquer d'attention ou de compréhension. Les épreuves les plus sévères défendent la porte des classes spéciales; on n'y admet que les retardataires avérés, ceux qui ont fréquenté régulièrement l'école. On pouvait supposer que ces enfants ne profiteraient en rien de l'enseignement spécial et que ces nouvelles classes seraient un « bluff », ajouté à tant d'autres.

On pouvait supposer aussi que comme il n'existe point à proprement parler de pédagogie spéciale, et que la pédagogie est la même pour tous, le maître le meilleur ne pourrait pas faire plus pour ces anormaux qu'on ne fait d'ordinaire pour les normaux. C'est exactement ce que m'objectaient tout au début les professeurs d'anormaux. Ils me disaient : « S'il y a des méthodes nouvelles, originales, montrez-les-nous »... Et nous étions obligés de leur répondre que non, qu'ils devaient faire dans ces classes comme dans les classes ordinaires; et cette réponse les décourageait. Puis, nous avons eu la surprise et la joie de constater que toutes ces craintes du début étaient vaines. Au bout d'un an, nous avons repris l'un après l'autre tous ces écoliers anormaux, nous connaissions leur degré de savoir à leur entrée dans les classes, nous avions conservé leurs anciens cahiers de devoirs. Nous avons mesuré leurs connaissances nouvelles, et nous avons vu leurs progrès. Ces progrès, ils étaient déjà visibles dans l'aspect extérieur de leur personne; leur attitude était moins sournoise, leur mine plus éveillée et plus attentive, leur manière de s'habiller plus soignée; mais ce ne sont là que des apparences, et elles peuvent être trompeuses. Ce qui nous convainquit, c'est que dans des dictées rigoureusement équivalentes, ils faisaient moins de fautes; c'est que dans la lecture, ils mettaient plus d'expression et déformaient moins les mots difficiles; et enfin, c'est surtout que dans les calculs, pour lesquels ils étaient si faibles au début, ils avaient fait des progrès énormes; certains problèmes pour lesquels ils avaient échoué piteusement d'abord, il y a un an, étaient maintenant résolus avec aisance. Charmé de ces résultats, mais me défiant encore de moi-même et de mes collaborateurs immédiats, j'ai voulu faire appel au contrôle d'autres personnes, j'ai prié un directeur d'école d'aller tous les six mois dans nos classes d'anormaux, afin de mesurer à sa manière les progrès réalisés dans l'instruction. Ses appréciations et ses mesures ont confirmé les nôtres. Décidément, le progrès est net, incontestable, et même très grand. Veut-on un chiffre? Admettons que tous les enfants d'une classe d'anormaux y sont entrés avec un retard de trois ans dans leurs études. Au bout d'un an de stage, mesurés à nouveau, ils ne montrent plus qu'un retard de deux ans. Qu'est-ce que cela signifie? Analysons un peu, pour bien nous rendre compte. Si ces enfants étaient restés pendant l'année qui vient de s'écouler dans leurs classes ordinaires, où ils perdent si joyeusement leur temps, leur retard se serait aggravé; il serait devenu par exemple égal à trois ans et demi. S'ils s'étaient comportés comme des normaux dans leurs études, ils auraient pendant un an avancé tout juste d'un an; mais ils n'auraient pas rattrapé le temps perdu, et leur retard serait resté égal à trois ans, comme au début. S'ils ont diminué leur retard, c'est qu'ils ont profité plus que des normaux; s'ils n'ont plus que deux ans de retard, au lieu de trois ans, c'est qu'ils ont fait deux étapes au lieu d'une.

Il faut prévoir une objection. On va nous dire : « Ce que vous augmentez-là, ce que vous mesurez avec une méthode de précision, ce n'est pas l'intelligence des enfants, c'est leur degré d'instruction. Vous démontrez assez bien la possibilité d'instruire rapidement des ignorants, vous ne démontrez pas que leur intelligence ait augmenté ». Pardon. Ce ne sont pas seulement des ignorants : tous avaient une tare mentale, faiblesse d'attention, faiblesse de compréhension ou autre insuffisance; et c'était cette tare qui les empêchait de profiter de l'enseignement donné dans les classes ordinaires et par les méthodes ordinaires. Maintenant, cette instruction est assimilée; voilà le fait; des habitudes de travail, d'attention, d'effort sont prises; c'est encore un fait, et ce second fait est même plus important que le premier. Quelle est la part exacte de l'instruction et celle de l'intelligence dans ce résultat acquis? Il serait extrèmement difficile de le savoir, et peut-être inutile de le chercher, car le rendement de l'individu, son utilité sociale, sa valeur marchande dépendent à la fois de ces deux facteurs. L'esprit de ces enfants est comme un champ pour lequel un agronome avisé a changé le mode de culture; résultat : au lieu de friches, nous avons maintenant une récolte. C'est dans ce sens pratique, le seul accessible pour nous, que nous disons que l'intelligence de ces enfants a pu être augmentée. On a augmenté ce qui constitue l'intelligence d'un écolier, la capacité d'apprendre et de s'assimiler l'instruction.

Devant ce résultat si encourageant, nous sentons grandir nos espérances et nos ambitions. Nous sommes heureux de nous être si longtemps occupé des anormaux. Si avec tant de gens de bonne volonté nous nous sommes intéressés à ces malheureux, c'est d'abord par un sentiment de pitié, c'est aussi par un sentiment de défense sociale, pour chercher à diminuer le nombre de ceux qui plus tard seront des inutiles et pourront devenir des nuisibles; mais c'est surtout parce que nous avons le ferme espoir que l'étude des anormaux servira aux normaux, de même que nous voyons dans un autre domaine l'étude de l'aliéné servir à la psychologie de l'individu normal. Nous ne nous trompons pas. Les méthodes bonnes pour l'éducation des anormaux rendraient aux normaux, avec quelques variantes, les plus grands services. Un des meilleurs maîtres de classes spéciales que je connaisse, M. Roguet, me disait un jour, avec un éclair dans les yeux : « Qu'est-ce que je n'aurais pas obtenu autrefois de mes élèves, des enfants intelligents, si je les avais traités comme ceux-ci ! »

Comment donc, par quel procédé a-t-on pu arriver à fixer toutes ces attentions débiles et errantes, à ouvrir, à forcer toutes ces intelligences fermées ? C'est à cette explication-là que nous voulons en venir, car elle est capitale, tout le monde le comprend. Mais il ne faut pas croire que nous allons avoir à inscrire ici des principes inédits d'éducation. Pour expliquer les succès de ces classes, il suffira de remarquer qu'on a été conduit, un peu volontairement, un peu par la grâce du hasard, à éviter quelques-unes des erreurs les plus dangereuses qui vicient la pédagogie actuelle. Et ce que nous allons en dire paraîtra si simple, si terre à terre qu'il faudra peut-être un peu de temps et de réflexion pour en saisir l'intérêt.

Le premier souci des maîtres a été de mettre l'enseignement à la portée de leurs élèves. Ils ont parlé de manière à être toujours compris. Si beaucoup de ces retardés n'avaient pas profité des leçons de leurs anciennes classes, c'est un peu par inattention, c'est surtout parce que les leçons passaient par-dessus leur tête ; elles étaient trop compliquées pour eux, trop abstraites ; elles impliquaient trop de notions préalables qu'ils ne connaissaient pas. Supposons que nous écoutions une leçon de géométrie, et qu'on nous explique le centième théorème ; eussions-nous l'esprit d'un Pascal, nous ne serons pas capables de le comprendre, si nous n'avons pas la moindre idée des quatre-vingt-dix-neuf théorèmes précédents sur lesquels on appuie sa démonstration. C'est là une comparaison qui explique bien l'état de confusion où serait l'esprit d'un anormal, s'il cherchait à comprendre la leçon qui le dépasse de cent coudées.

En maintenant un enfant dans une classe trop forte pour lui, on méconnaît le grand, le plus grand principe de la pédagogie; il faut procéder du facile au difficile. Cette méconnaissance est universelle, elle donne lieu à des erreurs déplorables, commises par des maîtres qui sont fort intelligents, mais qui ignorent complètement la pédagogie. Car, on ne saurait assez le dire, l'ignorance de la pédagogie atteint aujourd'hui des proportions fantastiques. A chaque instant, je constate qu'un élève est mis aux prises avec un travail trop difficile pour lui; mais le maître s'en console facilement avec cette supposition toute gratuite que « cela le fera toujours travailler ». Je voyais dernièrement une jeune fille à qui, pour ses débuts dans l'art plastique, on faisait copier un buste d'un mouvement compliqué : « Vous aurez du mal, lui dit son professeur, mais vous apprendrez beaucoup. » Pourquoi ne pas envoyer un ignorant entendre des leçons de calcul différentiel? Ce serait absolument le même genre d'erreur. Un peu de difficulté est une bonne chose, c'est un stimulant pour l'élève; mais trop de difficulté décourage, dégoûte, fait perdre un temps précieux, et surtout fait prendre de mauvaises habitudes de travail; on est obligé de faire des essais inexacts, dont on ne se corrige pas, car on n'est pas capable de les juger, on prend son parti de ne pas les comprendre, et on travaille à l'aveugle, c'est-à-dire fort mal. Il en résulte une désorganisation de l'intelligence, alors que le but précis de toute éducation est d'organiser. J'ai vu faire la même erreur à des parents trop zélés qui s'indignaient qu'un jeune enfant eût peur et voulaient le guérir de ce honteux défaut. Ils avaient raison de vouloir l'en guérir. Mais ils s'y prenaient bien mal! La vraie méthode consiste à aller du facile au difficile; il faut donc donner à l'enfant l'occasion de peurs d'abord très légères qu'il sera capable de dominer, car tout est là, il faut lui apprendre le contrôle de soi-même; puis à mesure que ce pouvoir de contrôle augmentera, on rendra les expériences plus pénibles, mais par degrés très lents, avec beaucoup de circonspection: de cette façon-là, le succès est presque toujours assuré au bout de l'apprentissage. Mais si on veut agir brusquement, brutalement, sans s'adapter aux forces de l'enfant, on lui fait plus de mal que de bien; si on lui fait éprouver une peur pénible, atroce, qu'il est incapable de dominer, alors on lui donne l'habitude du trouble mental, du déséquilibre; on lui apprend à ne pas réagir, à être peureux. Un de mes amis, timide à l'excès dans son enfance, avait eu un père médecin qui, pour le rendre brave, le conduisit dans une chambre mortuaire, lui montra un cadavre, le lui fît toucher; l'enfant en eut un émoi dont il garde encore la trace; dix ans après, à Paris, il ne put pas entrer à l'amphithéâtre et renonça à faire de la médecine. On le voit, c'est toujours la méconnaissance du même principe élémentaire de méthode et de prudence.

Aussi, on comprend pourquoi les enfants anormaux qui ont été admis dans les classes spéciales ont si bien profité de l'enseignement. Un maître attentif était là, qui, n'ayant que peu d'élèves, au nombre de quinze environ, pouvait connaître individuellement chacun d'eux. Ce maître veillait sur eux, il s'assurait si l'élève avait bien compris la leçon; dans le cas contraire, on recommençait, au lieu de passer outre. On demandait à chaque élève un petit effort, mais on proportionnait l'effort à sa capacité, et on exigeait qu'il fût fait réellement. On leur apprenait peu de chose, mais ce peu, toujours très élémentaire, était bien appris, bien compris, bien assimilé. Ne demander à chaque enfant que ce qu'il est réellement capable de faire, quoi de plus juste, quoi de plus simple?

Voilà pour le programme des choses à enseigner. Il reste à définir la méthode par laquelle on enseigne. Sur ce dernier point aussi, nos classes d'anormaux nous ont beaucoup appris. Ayant des enfants qui ne savaient pas écouter, ni regarder, ni se tenir tranquilles, nous avons deviné que notre premier devoir n'était pas de leur apprendre les notions qui nous semblaient le plus utiles pour eux, mais qu'il fallait d'abord leur *apprendre à apprendre ;* nous avons donc imaginé, avec l'aide de M. Belot et de tous nos autres collaborateurs, ce qu'on a appelé des exercices d'*orthopédie mentale* ; le mot est expressif, et a fait fortune. On en devine le sens. De même que l'orthopédie physique redresse une épine dorsale déviée, de même l'orthopédie mentale redresse, cultive, fortifie l'attention, la mémoire, la perception, le jugement, la volonté. On ne cherche pas à apprendre aux enfants une notion, un souvenir, on met leurs facultés mentales en forme.

Nous avons commencé par des exercices d'immobilité. Il fut convenu que dans chaque classe, le maître, une fois par jour, inviterait tous ses élèves à prendre une attitude et à la garder, comme une statue, pendant quelques secondes d'abord, puis toute une minute ; l'immobilité devait être prise par tous brusquement au signal, puis cessée brusquement à un second signal. Au premier essai, on n'obtint rien de bon ; toute la classe fut secouée par du fou rire. Puis, peu à peu, on les calma ; l'exercice perdant son caractère de nouveauté, les enfants s'y accoutumèrent. L'amour-propre s'en mêla. Ce fut à qui maintiendrait le plus longtemps l'attitude. J'ai vu des enfants turbu-

lents, bavards, indisciplinés, qui étaient le désespoir
de leur maître, j'ai vu, dis-je, pour la première fois
ces enfants faire un sérieux effort, et mettre toute leur
vanité à rester immobiles; ils étaient donc capables
d'attention, de volonté et de contrôle personnel. Ce
qu'on appelait l'*exercice des statues* devint si agréable
que les enfants le demandaient. Encouragés par ces
premiers résultats, nous fîmes faire des exercices de
pression au dynamomètre; chaque enfant venait tour
à tour serrer l'instrument, écouter son chiffre de pression, et l'écrire sur son cahier. Le dynamomètre pro-
voqua une émulation générale; on l'a employé une
fois par semaine pendant une année entière, et jamais
les enfants ne s'en sont désintéressés. D'autant plus
que le maître avait soin de dessiner, sur une grande
feuille de papier fixée au mur, la courbe totale des
efforts à chaque séance, et rien n'était intéressant
comme de voir cette courbe qui montait, montait
graduellement, de semaine en semaine, indiquant
par là que toute la classe faisait son éducation
motrice et surtout volontaire. Puis, on a introduit des
exercices de vitesse consistant à marquer à la plume,
en un temps très court, de dix secondes, le plus grand
nombre de *petits points* sur le papier. C'est un excellent travail pour les somnolents. Dans tous ces exercices, l'essentiel est d'obliger l'élève à donner un effort intense; il faut provoquer une émulation générale.
On y est parvenu, en recommandant au maître une
parole chaleureuse d'encouragement, et surtout en
faisant connaître aux élèves tous leurs résultats, au
moyen de notes individuelles et moyennes qui sont
affichées régulièrement chaque fois sur les murs de
la classe.

Je citerai encore, dans l'ordre des actions, les exercices d'habileté motrice; ils ont été variés; on a commencé par un transport de gamelles pleines d'eau; il
fallait les porter d'une table à l'autre sans renverser

la moindre goutte d'eau dans la soucoupe, et c'était fort difficile, car la distance était longue et les gamelles étaient pleines jusqu'au bord ; puis, on a imaginé des exercices compliqués avec des bouchons. Tout cela est bien peu scolaire, dira-t-on ; et peut-être un père mal averti, qui n'envoie son fils à l'école que pour lui faire apprendre l'orthographe et le calcul, serait-il surpris de constater qu'à certains moments on le fait jouer à la statue, et qu'un autre jour, on le fait jouer au bouchon. Ne plaisantons pas ; et derrière l'apparence, qu'il est souvent nécessaire de rendre intéressante, gaie et même comique, devinons la réalité. La réalité, c'est que ces jeux ne sont pas autre chose que des leçons de volonté ; leçons modestes, appropriées aux capacités de l'enfant, mais qui bien réellement mettent la volonté en exercice ; car il en faut pour maintenir une attitude prolongée, le regard fixe, la main étendue sans trembler ; si on n'avait pas de volonté, on céderait à la moindre sensation de fatigue et d'ennui, on cesserait d'être immobile. De même, faire un effort vigoureux de pression au dynamomètre est pénible ; plus on serre, plus on se fait mal à la paume de la main ; mais aussi, plus on serre, plus on amène un chiffre élevé. Et ainsi de suite pour les autres exercices. Donner des leçons de volonté, apprendre l'effort, enseigner le dédain d'une petite souffrance physique, le plaisir de la maîtrise de soi, c'est bien une instruction qui vaut une leçon d'histoire et de calcul !

Nous étions en trop bonne voie pour nous arrêter. Le hasard nous avait suggéré une nouvelle méthode ; nous avons cherché à l'étendre, à la perfectionner, et nous avons fait un plan général d'orthopédie mentale, embrassant toutes les facultés de l'esprit. Nous rappelant d'anciennes prouesses dont parlait Robert Houdin, nous avons voulu que nos élèves apprissent à percevoir rapidement un grand nombre d'objets, rien que par un coup d'œil ; et pour cela, on leur a montré de grands tableaux sur lesquels on avait collé plusieurs objets ou plusieurs images ; en un temps très court, l'élève devait regarder, contempler, ramasser dans son esprit tous ces objets, puis, le tableau caché, écrire de mémoire les noms de tout ce qu'il avait vu. On arrangea, d'après les prescriptions toujours précises de M. Vaney, une longue série de ces tableaux, avec un nombre croissant d'objets. Puis nous voulûmes donner aux enfants des habitudes d'observation ; on les dressa à répondre à des questions sur ce qu'ils avaient vu dans la rue, dans le préau, ou en classe. Puis vinrent des exercices de mémoire, par la répétition immédiate de mots, de chiffres, ou de phrases, qu'on augmentait chaque fois de nombre ; et enfin des exercices d'imagination, d'invention, d'analyse, de jugement... Je passe. Petit à petit, nous en sommes arrivés à posséder un plan complet d'orthopédie mentale, avec des exercices variés pour chaque jour de classe ; ces exercices se font régulièrement dans nos classes d'anormaux ; on en recueille les résultats avec le plus grand soin, et on voit que les élèves ainsi entraînés font des progrès inattendus, si on les compare à ce qu'ils donnaient aux premières séances. Un exemple : dans une classe d'enfants anormaux, les élèves entraînés sont arrivés à percevoir en cinq secondes, neuf objets et à pouvoir en écrire les noms de mémoire ; tous n'y parviennent pas, mais les deux tiers y parviennent. N'est-ce pas surprenant ? Il faut bien se figurer la difficulté. Neuf objets quelconques ont été fixés sur un carton ; ce carton est regardé pendant cinq secondes ; il faut ensuite que l'enfant retourne à sa place et qu'il écrive de mémoire le nom de ces neuf objets, sans en oublier un seul, et sans inventer le nom d'un objet qui n'aurait pas figuré sur le carton.

L'adulte, qui est témoin de cet exercice, on reçoit

une grande surprise. Je me rappelle que lorsque les
députés, au moment où l'on vota la loi sur les anormaux, vinrent visiter nos classes, ils assistèrent à cet
exercice ; quelques-uns, intrigués, demandèrent à faire
eux-mêmes l'expérience ; et ils réussirent beaucoup
moins bien que nos petits anormaux. De là étonnement,
rires, moqueries des collègues, et tous les commentaires qu'on peut imaginer. Être député et se montrer
au-dessous d'un petit anormal ! En réalité, malgré le
piquant de l'aventure, tout s'explique. Nos députés
ne tenaient pas compte de l'entraînement intensif que
nos élèves avaient subi.

De l'avis de tous, ces exercices sont excellents ; ils
favorisent non pas une faculté en particulier, mais
tout un ensemble ; ils facilitent la discipline, apprennent aux enfants à mieux regarder le tableau noir, à
mieux écouter, à mieux retenir, à mieux juger ; il y a
de l'amour-propre en jeu, de l'émulation, de la persévérance, le désir de réussir et toutes les sensations
excellentes qui accompagnent l'action ; et surtout on
apprend ainsi à vouloir, à vouloir avec plus d'intensité ; vouloir, c'est bien la clef de toute l'éducation ;
et l'éducation morale se fait par conséquent en même
temps que l'éducation intellectuelle. Mais ce n'est pas
tout encore ; et je crois qu'en étudiant avec quelque
persévérance ces modestes exercices imaginés pour
donner un peu de ton à de pauvres anormaux, on
s'apercevra que la méthode, dont ces exercices sont
inspirés, n'est point une méthode spéciale pour quelques inattentifs, débiles et abouliques, c'est une méthode qui conviendrait à tous les normaux ; je dirai
même, plus ambitieusement : c'est la méthode unique
de tout enseignement. Mais sur ce point, il faut bien
s'expliquer et éviter toute équivoque.

Ce qu'on a surtout reproché aux vieilles méthodes
universitaires, qui, bravant les critiques les plus justes,

continuent à régner en souveraines, c'est de consister en leçons verbales, que le professeur prononce, et que les élèves écoutent passivement. La leçon ainsi conçue a deux défauts : elle n'impressionne l'élève que dans sa fonction verbale, elle lui donne des mots, au lieu de le mettre en commerce avec les choses réelles ; et de plus, elle ne fait fonctionner que sa mémoire, elle le réduit à l'état de passivité ; il ne juge rien, il ne réfléchit à rien, il n'invente pas, il ne produit pas, il n'a besoin que de retenir ; l'idéal pour lui est de réciter sans faute, faire fonctionner sa mémoire, savoir ce qui est dans le manuel, et le répéter à l'examen avec habileté. Là, on le juge par les effets de sa parole, de son bagout, par le paraître. Le résultat de cette pratique déplorable, c'est d'abord un défaut de curiosité pour tout ce qui n'est pas le livre, une tendance à chercher la vérité uniquement dans le livre, la croyance que l'on fait des recherches originales en feuilletant un livre, un respect exagéré de l'opinion écrite, une indifférence aux leçons du monde extérieur, dont on ne voit rien, une croyance naïve à la toute-puissance des formules simples, un abaissement du sens de la vie, un embarras pour s'adapter à l'existence contemporaine, et surtout, par-dessus tout, un esprit de routine, bien déplacé à une époque où l'évolution sociale se fait avec un train d'enfer.

Dernièrement, dans une enquête que je faisais sur l'évolution de l'enseignement philosophique dans les lycées et les collèges, je recevais de plusieurs de mes correspondants de curieuses confidences sur la mentalité des jeunes gens qui composent la classe de philosophie. Ils ont, me disait-on, le goût inné pour la discussion, non pas la discussion des faits, mais la dialectique ; ce qui les prend, c'est le désir de la joute oratoire, pour le plaisir de défendre une opinion quelconque, avec des arguments purement théoriques, et sans se soucier, au fond, d'être dans la vérité. N'est-il pas absolument certain que le goût de la dialectique vide, l'ergotage et l'abus des raisonnements et des idées *a priori* sont favorisés par ce verbalisme que l'Université fait de son mieux pour propager?

Devenus étudiants, les élèves gardent le pli qu'ils ont acquis au collège. Si un étudiant a le choix entre une heure de cours et une heure de travaux pratiques, il préfère résolument aller s'asseoir au cours; si, à la fin d'un cours, on fait appel à ceux qui veulent apprendre à manier un appareil, ou étudier une préparation, on les embarrasse; la plupart, ayant écrit leurs petites notes, ne demandent qu'à s'en aller, et si on insiste, on les voit qui s'éparpillent comme un cercle de badauds devant la sébile du jongleur qui fait la quête. Aux plus intelligents on a beaucoup de peine à faire comprendre que ce qui s'entend dans un cours se retrouve, même avec une forme meilleure, dans le livre, tandis que la leçon du laboratoire ne se remplace jamais.

Que demandons-nous donc comme réforme, et de quelle manière pensons-nous qu'on doit faire la guerre au verbalisme?

Certes, nous n'irons pas jusqu'à cet excès de défendre au maître l'usage de la parole. Mais sa parole ne doit pas être l'essentiel, la substance de la leçon; elle ne doit être qu'un accompagnement, un guide, une aide. L'esprit de l'élève doit être mis directement en contact avec la nature, ou avec des schémas, des images, reproduisant la nature, ou plutôt avec les deux choses à la fois, nature et schéma, et la parole ne doit intervenir que pour commenter l'impression sensorielle. Surtout, il faut que l'élève soit actif. Un enseignement est mauvais s'il laisse l'élève immobile et inerte; il faut que l'enseignement soit une chaîne de réflexes intelligents, partant du maître, allant à l'élève, et revenant au maître; il faut que l'enseignement soit un excitant, déterminant l'élève à agir, et créant en lui une activité raisonnable; car il ne sait que ce qui a passé non seulement par ses organes des sens, et par son cerveau, mais encore par ses muscles; il ne sait que ce qu'il a agi. Philosophiquement, toute vie intellectuelle consiste dans des actes d'adaptation; et l'instruction consiste à faire faire à un enfant des actes d'adaptation d'abord faciles, puis de plus en plus compliqués et parfaits. Voilà pourquoi les leçons de choses, les promenades, les travaux manuels, les exercices de laboratoire sont aujourd'hui tellement à l'ordre du jour; ils répondent à ce besoin de mise en activité des élèves. Entrez dans une classe; si vous voyez tous les élèves immobiles, ecoutant sans peine un maître agité qui pérore dans sa chaire, ou encore si vous voyez ces enfants, copier, écrire le cours que le maître leur dicte, dites-vous que c'est de la mauvaise pédagogie. J'aime mieux une classe où je verrais des enfants moins silencieux, plus bruyants, mais occupés à faire le travail le plus modeste, pourvu que ce soit un travail où ils mettent un effort personnel, un travail qui est leur œuvre, qui exige un peu de réflexion, de jugement et de goût.

Et c'est ainsi que j'en reviens à nos exercices d'orthopédie mentale : car ils donnent un exemple très net, très clair, très saisissant, de cette nouvelle pédagogie, qui fait de l'écolier un *actif*, au lieu de le réduire à n'être qu'un *écouteur*. Nos plans et méthodes ne sont qu'un exemple; et, bien entendu, cet exemple est tout particulier, conçu pour des enfants d'un certain âge, d'un certain développement intellectuel, d'une certaine culture; dans son détail technique, il ne convient qu'à eux. Mais c'est le principe de la méthode qui me paraît à recommander.

On va nous faire une objection. Sans doute, nous dira-t-on, voilà des méthodes excellentes pour faire, à domicile ou même en classe, l'éducation de l'esprit d'un enfant. Au lieu de lui expliquer des idées, il vaut mieux les lui faire trouver ; au lieu de lui donner des ordres, il vaut mieux lui laisser la spontanéité de ses actes, et n'intervenir que pour contrôler. Il est excellent de lui faire prendre l'habitude de juger par lui-même le livre qu'il lit, la conversation à laquelle il assiste, l'événement du jour dont tout le monde s'entretient ; excellent qu'il apprenne à parler, à raconter, à expliquer ce qu'il a vu, à défendre clairement, logiquement, méthodiquement les opinions qui sont siennes ; il est meilleur encore qu'il s'exerce à décider entre les partis à prendre, à s'orienter en voyage, à faire le plan de ses journées, à imaginer, à inventer, à vivre enfin pour son compte, et à sentir à la fois le mérite et la responsabilité de l'action libre. Tout cela, remarquera-t-on, est excellent dans la vie extra-scolaire, à la condition bien entendu que l'éducation, réduite au rôle de contrôle et de frein, reste efficace pour redresser les erreurs. Mais cette méthode, où c'est l'élève qui est l'actif et le maître qui est le passif, cette méthode d'éducation générale, — va-t-on nous objecter — peut-elle être appliquée à l'instruction ? Quand l'élève aura forgé son attention, sa volonté, son jugement, il lui restera encore à apprendre tout l'ensemble des matières inscrites au programme ; il faudra bien en venir à s'assimiler la grammaire, le calcul, la géométrie et tout le reste. Ne doit-on pas, pour ces connaissances à acquérir, faire appel à la mémoire, et ne retombons-nous pas sous le coup de cette nécessité qui fait que la mémoire est la base de l'instruction ?

Je ne le crois nullement ; et ceux qui ont compris le sens profond des exercices d'orthopédie devineront sans peine que des exercices analogues peuvent servir à s'assimiler n'importe quelle connaissance ; car toute connaissance se résume en une action qu'elle rend capable d'exécuter ; et il est par conséquent possible d' « apprendre en agissant », — *learning by doing*, — selon la formule favorite des éducateurs américains. Savoir la grammaire ne consiste pas à être capable de répéter une règle, mais à être capable de rendre sa pensée dans une phrase correcte, claire et logique; savoir la multiplication ne consiste pas à pouvoir répéter la définition de cette opération, mais à combiner n'importe quel multiplicande et n'importe quel multiplicateur et à en donner le produit exact. Il est donc toujours possible de remplacer la formule par l'exercice, ou plutôt de commencer par l'exercice, et d'attendre qu'il ait produit un entraînement et une habitude, avant de faire intervenir la règle, la formule, la définition, la généralisation.

Le plan général d'une instruction ainsi conçue, par une méthode active, a été depuis longtemps dressé par de grands philosophes.

On trouve d'utiles indications dans Rousseau, des idées plus systématiques dans Spencer, et tout un plan méthodique d'exécution a été indiqué par Frœbel, pour les enfants d'école maternelle. De nos jours, tout cela a été dit, redit, mis au point pour la pratique, par les personnes les plus compétentes. Ce sont en France : Belot pour le langage, Queniou pour le dessin, Laisant pour les sciences, Le Bon pour les langues vivantes et pour l'ensemble des disciplines[1]. Ce sont en

---

1. HERBERT SPENCER, *De l'Éducation*, pp. 98, 123. Je renvoie à Gustave Le Bon, *Psychologie de l'Éducation*, qui a exposé de la manière la plus lumineuse l'ensemble des méthodes nouvelles d'enseignement. J'espère bien qu'il me sera possible de faire l'essai de ces méthodes dans une école primaire de Paris ou dans une école privée. Je suis persuadé, par le peu que j'ai vu déjà, que les résultats en seraient merveilleux. Je sais que comme ces expériences ont été déjà faites en Amérique, sur des millions d'individus, il peut paraître inutile de les répéter. Mais l'étude de ces méthodes reste constamment empirique tant qu'on n'a pas organisé des expériences *témoin*; et c'est seulement avec ces expériences que l'étude en devient scientifique. Aussi, tout en accueillant avec une immense satisfaction ce qui a été fait en

Amérique : Dewey, Stanley Hall et de nombreux pédagogues. Il n'y a qu'à répéter après eux. Enseignez la langue écrite en provoquant force récits, force lectures et force rédactions ; les insipides leçons de grammaire, au lieu de se dresser *avant*, comme des obstacles, n'interviendront qu'*après*, pour rendre conscientes des règles qui seront déjà apprises par l'usage. Enseignez l'arithmétique, en donnant à résoudre des problèmes ; la géométrie, en faisant faire des constructions ; le système métrique, en donnant à exécuter des mensurations ; la physique, en faisant construire et marcher de petits appareils rudimentaires ; l'esthétique, en montrant côte à côte des reproductions de chefs-d'œuvre et d'œuvres médiocres, et en faisant deviner, expliquer, goûter les différences ; le dessin en permettant le dessin libre, et en remettant à plus tard l'enseignement des lois de la perspective ; les langues vivantes en imposant l'habitude de les parler, et en facilitant celle de les comprendre.

En suivant cette marche, nous avons pour nous des avantages immenses ; au lieu de commencer par l'idée générale, qui est incompréhensible et vide pour ceux qui n'en connaissent pas le contenu, on commence toujours par l'expérience concrète, par le fait particulier, car un exercice est toujours particulier. On suit ainsi la marche la plus facile, la plus normale, celle qui monte du particulier au général. D'autre part, en faisant agir l'enfant, on le conduit à s'intéresser à son œuvre, on lui donne le précieux stimulant des sensations chaudes qui accompagnent

Amérique et admirablement décrit par Buyse dans son livre récent (*Méthodes américaines d'éducation*, Charleroi, 1908), nous ne pensons pas devoir nous dispenser de refaire tout cela en petit dans une école française, en vue d'un contrôle scientifique, et aussi d'une adaptation aux besoins de notre race, à nos traditions et à nos mœurs.

l'action et récompensent le succès de l'effort; et ce stimulant sera d'autant plus efficace qu'on tiendra un compte plus exact de ses activités naturelles et de ses aptitudes spéciales. Tous ou presque tous les enfants, avant toute éducation, montrent du goût à chanter, dessiner, raconter, inventer, manier les objets, les déplacer, les modifier, les employer dans des constructions; en greffant l'éducation et l'instruction sur ces activités naturelles, on profite de l'élan qui est déjà donné par la nature; elle fournit le mouvement, le maître n'intervient que pour le diriger. C'est à ce double point de vue que la méthode active affirme sa supériorité, et on peut dire qu'elle reproduit la loi fondamentale de l'évolution; par elle l'esprit de l'enfant est amené à passer par les mêmes chemins qu'a suivis l'esprit de l'humanité.

CHAPITRE VI

La Mémoire.

I

LES RAPPORTS DE LA MÉMOIRE AVEC L'INTELLIGENCE ET AVEC L'AGE

La Rochefoucauld a écrit qu'on se plaint de sa mémoire, non de son jugement. La distinction est très juste. Notre mémoire semble ne pas faire partie de notre personnalité; avoir une mauvaise mémoire n'est nullement un déshonneur, et dire de quelqu'un qu'il a une grande mémoire, ce n'est pas toujours lui faire un compliment agréable. Il est de fait qu'avec de la mémoire, on peut simuler une foule de qualités qu'on n'a pas, par exemple l'esprit; il suffit de répéter avec à-propos ce qu'on a retenu en écoutant les autres. De plus, des adversaires des méthodes actuelles d'enseignement n'épargnent pas les critiques au rôle que ces méthodes font à la mémoire, car ils estiment, avec juste raison, que la culture intensive de la mémoire se fait au détriment du jugement et de la spontanéité. Enfin, d'après un préjugé très répandu, la mémoire serait une faculté indépendante de l'intelligence; à ce point qu'on y voit un signe de médiocrité d'esprit. On affirme, par exemple, que les élèves qui ont le plus de mémoire sont parmi les moins intelligents, et on cite le cas extrême d'imbéciles, qui ne pouvaient même pas apprendre à lire, et qui récitaient par cœur des séries de dates, de fastidieuses chronologies qu'on leur avait apprises ; d'où l'on conclut que plus la mémoire est grande, plus le jugement est petit.

Bien que toutes ces critiques et ces opinions préconçues renferment une part de vérité, elles ne doivent pas être acceptées au point de nous faire méconnaître que la mémoire est à la base de toute espèce d'enseignement ; apprendre, c'est exercer sa mémoire, c'est acquérir des souvenirs ; quiconque a peu de mémoire n'apprend presque rien ou apprend mal. Et même, on peut aller jusqu'à dire qu'aucun progrès n'est possible dans un esprit qui est incapable de retenir ce qu'il a perçu ou conçu. Certainement, la mémoire est une des plus puissantes facultés mentales, et si on cherche comment elle est distribuée dans l'humanité, on verra que c'est proportionnellement à l'intelligence.

Il est peut-être difficile de s'en rendre compte, si on n'a en vue que des types moyens d'humanité, chez lesquels les facultés présentent peu de variations d'étendue ; mais, pour peu qu'on examine des types accomplis, comme un Leibnitz ou un Gœthe, on voit que ces admirables intelligences avaient en même temps une intelligence encyclopédique ; ils n'étaient étrangers à aucune pensée de leur temps, ils ont fait de grandes synthèses, ils ont dû beaucoup savoir, beaucoup retenir, et, par conséquent, posséder une mémoire grande. Leur mémoire a facilité leurs travaux mieux que ne le ferait une immense bibliothèque; car, pour se servir de ses livres, il faut, non seulement les ouvrir à la page voulue, mais avoir l'idée de l'endroit où se trouve le renseignement nécessaire, tandis que la mémoire est comme un grand livre animé et intelligent, qui ouvre lui-même ses pages à l'endroit nécessaire. Disons-le avec plus de précision, la mémoire fournit l'abondance des matériaux sur lesquels la pensée travaille ; plus ces matériaux sont abondants, plus le travail augmente, plus le jugement trouve d'occasions de s'exercer, plus l'esprit critique s'affine par des comparaisons, plus l'imagination s'enrichit dans ses développements. La mémoire, sans augmenter peut-être la profondeur de l'intelligence, lui donne la richesse, la masse, la quantité ; elle est comme une multiplication de ses produits.

J'ai eu l'occasion de saisir, dans un cas qui permettait une très grande précision, le rapport qui existe entre l'intelligence et la mémoire ; c'est en faisant une petite incursion dans le monde si curieux, si pittoresque des joueurs d'échecs. Quelques-uns de ces joueurs ont la faculté admirable de jouer plusieurs parties sans regarder l'échiquier ; l'échiquier est loin d'eux ; ils commandent le coup à exécuter, une autre personne l'exécute à leur place et leur annonce chaque fois la réponse de l'adversaire. Plusieurs joueurs arrivent à jouer correctement sans voir, et même aussi à gagner quatre parties, cinq, six et même davantage, contre un adversaire voyant, qui est de force moindre.

Ce jeu à l'aveugle suppose une grande faculté de représentation stratégique ; pour mener la partie, et la gagner, il faut de toute nécessité qu'on se représente avec exactitude et précision l'échiquier avec ses cases et surtout les positions si compliquées des pièces, leurs relations réciproques aux divers moments de la bataille. C'est donc bien de la mémoire. Or, il est très remarquable que cette virtuosité du jeu sans voir n'est point permise aux joueurs médiocres, de quatrième ou cinquième force, à ceux qu'on appelle les mazettes ; au contraire, on la rencontre chez presque tous les joueurs de première force, par cela seul qu'ils ont poussé très loin l'intelligence stratégique de l'échiquier. Tous ces maîtres n'ont pas la même puissance de jeu à l'aveugle ; mais tous peuvent jouer le dos tourné à l'échiquier. C'est peut-être le cas où se montre avec la plus grande netteté le lien qui unit ces facultés de l'esprit, la mémoire et la force des combinaisons.

En va-t-il de même chez les écoliers ? Quelques-unes de nos recherches dans les écoles nous l'ont clairement démontré. Je suis allé dans plusieurs écoles primaires de Paris et j'ai fait apprendre une pièce de vers à des enfants qui étaient de même âge, mais d'intelligence différente. On sait, et je le rappelle en deux mots, combien il est aisé de trouver très rapidement et sans aucun effort, dans la population d'une école, les enfants les plus intelligents et ceux qui le sont le moins ; il suffit pour cela de tenir compte du degré d'instruction relativement à l'âge ; ceux qui, à dix ans, sont déjà dans le cours supérieur, sont plus intelligents que leurs camarades, de même âge, qui sont dans le cours moyen ; et ces derniers sont supérieurs à ceux qui se sont attardés dans le cours élémentaire.

J'ai donc fait apprendre le même morceau à tous les élèves de l'école qui avaient dix ans ; le morceau avait été choisi de manière qu'il fût facile à comprendre pour tous ; il avait été polycopié, et chaque élève recevait un exemplaire. Tous étudiaient simultanément à voix basse ; on leur accordait dix minutes d'étude. Au bout de ce temps, les exemplaires étaient ramassés et chaque enfant devait écrire de mémoire tout ce qu'il avait retenu. En faisant le calcul des moyennes de vers et demi-vers retenus par des enfants d'intelligence différente, il fut très facile de constater qu'au cours supérieur, les enfants de dix ans apprennent plus vite qu'au cours moyen, et, au cours moyen, plus vite qu'au cours élémentaire. A égalité d'âge, les enfants du cours supérieur retiennent deux fois plus de prose et de vers, dans le même temps, que leurs camarades du cours moyen[1]. C'est une réhabilitation de la mémoire ; peut-être pas de la mémoire en général, de la mémoire brute, mais plutôt de la mémoire d'idées et de compréhension. Nous reviendrons dans un instant sur cette question.

Les considérations précédentes ont leur contre-partie. S'il est bon d'avoir une mémoire grande, il est nuisible d'en avoir trop, et on en a trop, — non pas d'une manière absolue, cela n'aurait aucun sens, — mais lorsque la mémoire dépasse en force l'intelligence qu'on possède, ou lorsqu'elle est tellement surabondante qu'on n'en peut faire aucun usage intelligent.

Pour prendre une comparaison, la mémoire est un domaine à cultiver ; l'intelligence est le capital qu'on met dans cette culture ; si la mémoire est trop grande pour ce qu'on a d'intelligence, c'est comme si on était propriétaire d'un très vaste domaine, mais qu'on manquât d'argent pour le mettre en valeur.

Je crois que c'est justement quand la mémoire est disproportionnée à l'intelligence qu'on l'accuse d'être inutile. J'ai vu des exemples très nets de cette inutilité chez des imbéciles. Disons d'abord qu'on commet une erreur, ou qu'on en suggère une, lorsqu'on parle de la grande mémoire des imbéciles ; ce n'est point là une règle générale, mais une exception très rare. Nous avons étudié, avec le docteur Simon, des centaines de sujets imbéciles et débiles, dans nos écoles primaires et dans les hospices d'aliénés, et nous avons constaté que le plus souvent, presque toujours, l'étendue de leur mémoire est loin de présenter un développement insolite : au contraire, à petite intelligence correspond petite mémoire, voilà la règle.

Ainsi, quand nous essayons de leur raconter, à ces imbéciles, une histoire un peu détaillée, mais

---

1. A. BINET. Addition au rapport de M. Parisot. *Bulletin de la Soc. de l'Enfant*, Alcan, n° 17, 1904.

simple et facile à comprendre, pour la leur faire répéter ensuite, les souvenirs qu'ils en gardent sont beaucoup moindres, plus réduits, plus fragmentaires que ceux donnés par une personne d'intelligence normale ; si nous voulons leur faire répéter une série de chiffres, dans des conditions où un normal en répète six, l'imbécile n'en répète qu'un ou deux. Mais enfin, les exceptions si rares qu'elles soient, se rencontrent. Nous nous rappelons une grande et forte fille de dix-huit ans, au grand nez et à la santé florissante, qui était une imbécile, et chez laquelle nous fûmes surpris de constater une mémoire remarquable ; si on lui dictait des chiffres, des mots, elle les répétait exactement de mémoire, elle allait jusqu'à dix chiffres ; dix chiffres, c'était plus que nous-mêmes nous pouvions faire. Elle avait donc une meilleure mémoire que nous, peut-être aussi une meilleure attention volontaire, mais elle ne savait pas se servir de ses facultés, puisque, malgré sa grande mémoire, elle n'avait pu rien apprendre, pas même à lire.

J'ai étudié autrefois, à mon laboratoire de la Sorbonne, deux calculateurs prodiges, aujourd'hui célèbres, Inaudi et Diamandi, qui avaient chacun une mémoire extraordinaire pour les chiffres ; plus récemment, j'ai vu une jeune fille, sœur d'un des deux précédents, qui possède une mémoire des chiffres aussi étendue que celle de son frère.

Toutes ces personnes pouvaient apprendre des quantités considérables de chiffres ne présentant aucun sens. Inaudi m'a répété une cinquantaine de chiffres, après les avoir entendus une seule fois. Diamandi est parvenu à apprendre une centaine de chiffres, après une étude d'une demi-heure. Sa sœur en a fait autant. Ce qui surprend surtout, c'est qu'on se demande à quoi de telles mémoires peuvent leur servir ; c'est un don qui ne présente dans la vie aucun intérêt, aucune application pratique ; ce n'est pas la peine de retenir dans sa tête tant de chiffres, puisqu'il est beaucoup plus simple, plus sûr, et moins fatigant de les griffonner sur un morceau de papier. Si ces calculateurs avaient une puissance de calcul en rapport avec leur mémoire, si c'étaient des mathématiciens de la force de Cauchy ou de Poincaré, alors peut-être leur mémoire aurait-elle pour eux un avantage, en leur présentant un immense panorama de combinaisons possibles. Mais nos trois sujets étaient des calculateurs assez médiocres ; ils n'ont rien inventé en mathématiques, et ne comprenaient rien aux problèmes transcendants. Leur ampleur de mémoire leur était inutile au point qu'ils n'en ont tiré parti que pour des exhibitions de music-hall. C'est bien la preuve qu'elle constituait une sorte de monstruosité.

Une mémoire disproportionnée a un autre inconvénient ; elle favorise la tricherie et encourage la paresse.

Faire un effort personnel, juger par soi-même coûte toujours un peu ; on servira l'opinion de son journal ; si on écrit un livre, on multipliera les citations. Dans les circonstances délicates de la vie, on attendra les jugements des autres pour les adopter. Cela est sot et dangereux, car les facultés mentales se paralysent quand on ne les exerce pas ; moins on exerce son jugement, moins on en a. Un élève paresseux, qui a de la mémoire, préférera apprendre bêtement le mot à mot d'un morceau qu'il ne comprend pas, plutôt que d'en chercher le sens, ce qui lui coûterait un bien petit effort.

J'ai observé les conséquences d'une mémoire exagérée chez un jeune Méridional qui est réellement très peu intelligent, et si ses parents ont réussi à le faire entrer dans une carrière libérale, c'est tout justement à cause de sa mémoire. Celle-ci est vraiment exceptionnelle ; il me fait l'effet d'un Bottin vivant ; il s'est servi de cette faculté merveilleuse pour cacher aux yeux de tous son incurable débilité d'esprit.

Ses professeurs ne se sont jamais aperçus de rien, naturellement. Au lycée, toute la géométrie resta pour lui une énigme, une langue inconnue, et toute l'algèbre aussi ; mais comme il lui fallait passer son baccalauréat, il eut le courage d'apprendre par cœur un cours d'algèbre ; il apprit aussi le cours de géométrie jusqu'à la surface de la sphère, inclusivement. Un jour, où je l'avais mis en verve de confidence, il m'expliqua comment il faisait. Pour retenir une démonstration, il n'avait pas besoin de l'apprendre toute en bloc et de la réciter comme un phonographe, car il y avait certaines parties qu'il comprenait vaguement, mais il était obligé de faire toujours la démonstration avec les mêmes lettres des figures ; si on l'avait obligé à changer les lettres, il aurait été perdu. Il passa son baccalauréat, et les examinateurs de science ne s'aperçurent de rien. Ensuite, il essaya de faire sa médecine ; mais y ayant renoncé, pour des raisons que je ne me rappelle plus, il entreprit son droit ; c'est la carrière des oisifs et des indécis, de tous ceux qui ne savent pas ce qu'ils veulent, et qu'on n'a jamais dirigés. Il réussit brillamment, et passa tous ses examens. Cela peut paraître tout naturel, car le droit ne sollicite pas autant que les mathématiques la faculté de compréhension. Cependant, j'ai pu m'apercevoir en l'interrogeant que pour le droit aussi sa mémoire l'a puissamment aidé. Ce qu'il a appris, c'est le texte de la loi, les principaux commentaires, les distinguo, les questions controversées avec la symétrie des systèmes opposés et leurs différents arguments. Tout cela, c'est de la mémoire. Là-dessus il est d'une force imperturbable, et on ne peut pas lui faire vider les arçons. Il est de ceux qui se rappellent tous les articles du Code civil avec leurs numéros. Pour mettre à nu son indigence intellectuelle, il faut museler sa mémoire et lui poser des questions qui exigent non seulement du savoir, mais du sens critique. A l'examen, un professeur aurait dû lui proposer une discussion de questions d'espèces; là, on est bien obligé de raisonner, pour chercher quel est l'article de loi qui s'applique, pour prendre l'essentiel d'une situation ou trouver son chemin à travers des intérêts opposés. J'ai constaté bien souvent que la discussion des espèces le déroute complètement. Mais ses professeurs de droit ne s'en sont pas aperçus; ils ont commis la même erreur que les examinateurs du baccalauréat et les professeurs de lycée. Maintenant, il vient d'être reçu avocat; il est en pleine carrière libérale. Il ne plaidera pas, je le suppose, car la parole est indiscrète et peut montrer le fond des gens. Je le vois plus volontiers dans la magistrature assise. N'est-ce pas dommage? Dans son intérêt, comme dans le nôtre, il aurait infiniment mieux valu le diriger vers des emplois plus modestes, où il aurait pu rendre des services.

De tout ceci résulte que notre conclusion sur l'utilité d'une mémoire grande a besoin d'être nuancée. Il n'est pas juste de décrier la mémoire; il n'est pas juste non plus d'en dire trop de bien. Son mérite dépend de l'usage qu'on en fait; comme les langues, dont parle Esope, elle peut servir au meilleur ou au pire; ou pour voir les choses d'un œil plus philosophique, il est à souhaiter que la mémoire suive le développement de l'intelligence et s'y proportionne.

A quel moment la mémoire atteint-elle son maximum de puissance? Il est incontestable que l'éducateur doit attendre qu'une fonction soit dans le meilleur état possible pour lui demander le maximum de travail. Or, d'après une opinion courante, les enfants ont une bien meilleure mémoire que les adultes; et d'après des expériences nombreuses qui ont été faites dans les laboratoires, c'est l'adulte qui a montré la meilleure mémoire, constamment; de même, si on compare entre eux à ce point de vue plusieurs enfants, on trouvera dans les expériences que le plus âgé a la meilleure mémoire, ce qui revient à faire la même constatation. Ainsi, pour prendre un exemple, dans l'expérience pourtant si simple en apparence qui consiste à reconnaître de mémoire la longueur d'une petite ligne, quand après l'avoir un peu regardée, on doit la retrouver au milieu d'autres lignes de longueur différente, les enfants d'un cours élémentaire (âgés de six à neuf ans) font 73 °/₀ d'erreur; ceux d'un cours moyen font 69 °/₀; ceux plus âgés, d'un cours supérieur, âgés de onze à treize ans, font 50 °/₀[1].

D'où vient donc la contradiction entre l'opinion populaire et la recherche scientifique? Elle vient de l'existence d'un très grand nombre de causes d'erreur auxquelles on ne prend pas garde. Rien n'est simple dans ce domaine; et il n'est nullement facile de mesurer une mémoire. Ceux qui se l'imaginent ne l'ont pas essayé, ou bien l'ont fait sans esprit critique. Je suppose le cas suivant : je suis avec un enfant de dix ans, et j'essaye, en concurrence avec lui, d'apprendre une pièce de dix vers. Lequel de nous deux réussira le mieux et le plus vite à savoir la leçon? Il est possible que ce soit moi. Mais ce n'est pas la preuve que ma mémoire est supérieure à celle de mon jeune émule; car, en me décernant la victoire je ne tiens pas compte de deux éléments d'appréciation qui sont très importants : la durée de conservation des souvenirs, et les adjuvants de la mémoire qu'un adulte sait employer bien mieux qu'un enfant. Il se peut en effet que huit jours après, l'enfant se rappelle mieux que moi le morceau appris; et en outre, si sur le moment même il a moins bien réussi, c'est qu'il n'a pas eu les mêmes secours que moi pour aider sa mémoire.

1. A. BINET et V. HENRI. Le développement de la mémoire visuelle chez les enfants. *Rev. générale des Sciences*, 15 mars 1894.

Ceux qui se sont donné la peine d'expérimenter savent seuls combien il est difficile de travailler sur une fonction mentale isolée. Tout exercice de mémoire, fait volontairement, suppose la mise en jeu de beaucoup d'autres facultés; il implique au moins de l'attention et de la compréhension, et suivant les cas, suivant la forme donnée à l'épreuve, ce sera tantôt à la mémoire, tantôt à l'attention, tantôt à la compréhension qu'on fera l'appel le plus énergique. S'il s'agit de mots vides de sens, de chiffres, de phrases écrites en langue inconnue, et si le travail consiste à retenir tout cela en très peu de temps, c'est surtout l'attention qui est en cause. Si ce qu'on veut retenir se compose de phrases ayant un sens, et quand même ce sens serait facilement intelligible, alors, pour retenir on commence par comprendre, c'est-à-dire par assimiler ce qu'on apprend avec ce qu'on sait déjà, et le pouvoir d'intelligence entre grandement en jeu. De là vient que les enfants les plus intelligents *ont l'air* de posséder une meilleure mémoire que leurs camarades moins fortunés; de là aussi la supériorité apparente des plus âgés. Pour mettre à nu la mémoire et rien que la mémoire, il faut s'arranger de telle sorte qu'on n'ait besoin ni de grande attention ni de grande compréhension; ainsi, retenir des mots détachés, ou mieux encore retenir un récit intéressant, et le retenir longtemps, voilà la pierre de touche de la mémoire.

Conformément à cette distinction, on verra que les enfants les plus jeunes répètent moins bien que leurs aînés une série de chiffres, — car ils ont moins d'attention volontaire; ils apprennent moins bien aussi, et moins vite un morceau par cœur, — car ils ont moins de compréhension; mais en revanche ils retiennent tout aussi bien une série de mots, surtout si la série est assez longue pour qu'on ne puisse pas la répéter par le son. On peut montrer cela de bien des façons. Un psychologue américain, Kirkpatrick, faisait reproduire par des classes d'élèves des mots lus ou entendus ; c'étaient les enfants les plus âgés qui en répétaient le plus grand nombre, environ deux de plus. Mais trois jours après, si on cherchait ce que la mémoire avait retenu, on trouvait une égalisation[1]. Un autre procédé m'a servi, celui de la reconnaissance. J'ai fait lire à haute voix par le maître dans chaque classe d'une école une liste de cent mots détachés ; et les enfants devaient reproduire par écrit tout ce qu'ils se rappelaient. Or, le nombre de ces mots n'a guère varié avec l'âge ; de huit à treize ans, il a présenté la série de valeur moyenne que voici : 15, 11, 14, 14, 18 et 16 mots ; c'est à peine si on voit un léger accroissement. On a ensuite essayé de leur faire reconnaître ces mots, après les avoir confondus avec d'autres que les enfants n'avaient pas entendus ; et la mémoire de reconnaissance chez les plus jeunes est restée équivalente à celle des plus âgés. De huit à treize ans, la série moyenne de mots reconnus, sur 100, a été de 64, 58, 63, 50, 61, 57 ; aucune indication de progrès ne s'aperçoit ; et il faut en conclure que si les résultats sont équivalents, c'est plutôt la preuve que la mémoire, entre huit et treize ans, non seulement n'augmente pas, mais encore s'affaiblit, car si elle restait stationnaire, les plus âgés ont une telle supériorité au point de vue de l'attention et du jugement qu'ils tireraient certainement de leur mémoire des produits meilleurs. Concluons donc que puisque la mémoire est à son apogée dans l'enfance, il faut surtout la cultiver dans l'enfance, et profiter de sa plasticité pour y imprimer les souvenirs les plus importants, les souvenirs décisifs dont on aura le plus besoin plus tard dans la vie.

1. E. A. KIRKPATRICK. *Psychological Review*, I, n° 6, 1894, p. 602.

II

MESURE DE LA MÉMOIRE DES ÉCOLIERS

Tous les éducateurs savent que la mémoire est un don que la nature n'a pas distribué équitablement, et en quantités égales à tous les élèves. Quelques-uns ont beaucoup de difficulté à apprendre et à retenir, soit qu'ils présentent une faiblesse originelle de la mémoire, soit qu'ils aient été atteints dans leurs facultés par une maladie antérieure. D'autres apprennent vite, facilement, presque sans effort, en se jouant. Il y en a qui gardent le souvenir d'une leçon longtemps, avec ténacité; il y en a d'autres qui ont besoin de repasser souvent la leçon apprise, sinon ils en perdent totalement le souvenir. Les maîtres ont beaucoup de raisons très importantes et très sérieuses pour chercher à connaître avec autant d'exactitude que possible la capacité de mémoire de leurs élèves; la première raison est de valeur morale. D'ordinaire, quand un enfant a mal su sa leçon, on lui marque une mauvaise note ou une punition. On fait cela presque automatiquement, sans réfléchir. Il est cependant d'une justice élémentaire de chercher d'abord si le jeune délinquant a bien réellement manqué d'application, car ce n'est pas sa mémoire qu'on doit punir, c'est sa paresse. Quand un enfant est incapable de réciter sa leçon, cela ne prouve rien, ce n'est qu'un fait, un résultat, et ce résultat a besoin d'être expliqué. Est-ce la faute de l'enfant s'il ne sait pas sa leçon? Quel est le temps qu'il a mis à l'apprendre? Quels sont les efforts qu'il a dépensés? Quelles sont les causes de distraction qui l'ont troublé? Voilà ce qu'on ne sait pas. Dans le cas où l'enfant a une mémoire rebelle, lui marquer une mauvaise note, c'est commettre une injustice; c'est aussi le décourager, c'est même le démoraliser. Il vaudrait bien mieux l'étudier de près, constater l'étendue de la faiblesse de mémoire qu'il présente, se montrer heureux de ses moindres efforts. Et même, ce n'est pas assez dire. Si le maître est tout à fait bienveillant, il cherchera à donner des conseils à l'enfant, il lui indiquera des exercices pour entraîner et fortifier sa mémoire. Je voudrais aussi que l'on proportionnât l'étendue des leçons à la capacité de chacun. D'ordinaire, le nombre de lignes à apprendre est fixé pour toute la classe, sans distinction, par une sorte de législation invariable, qui ne tient aucun compte des individualités. Ceux que la nature a doués d'une mémoire ingrate en souffrent beaucoup; ils sont sans cesse inquiets de la leçon qui n'est pas sue, et de la punition qui les menace. Un magistrat de mes amis me disait que son défaut de mémoire, dont aucun maître ne s'était avisé, avait été la torture de ses années de lycée. Il est vraiment antihygiénique, antiéducatif, de traiter tous les enfants de la même manière. Voici par exemple deux élèves, Gende... et Bar..., âgés tous deux de douze ans, et qui sont dans la même classe. Leur mémoire est tellement inégale que pendant le temps où l'un apprend soixante et un vers, — dans une expérience que je dirai tout à l'heure, — l'autre ne peut pas en apprendre un seul. N'est-il pas ridicule de leur imposer des leçons de même longueur? Ce serait comme si on imposait la même ration alimentaire à deux enfants dont l'un aurait un estomac d'autruche, et dont l'autre serait dyspeptique.

La surcharge des leçons de mémoire chez un enfant dont la mémoire est débile ne peut avoir qu'un effet très fâcheux; il en résulte des souvenirs confus, mal liés et inutilisables Ne serait-il pas préférable pour lui, pour son instruction, pour le développement de son intelligence, de tenir compte de l'infirmité de sa mémoire, et de lui faire apprendre peu et bien? Sans doute, un maître avisé ne déclarera pas ouvertement que tels élèves doivent apprendre tant de vers, et tels autres moins; il passerait pour avoir deux poids et deux mesures, et cela choquerait les enfants qui ont des instincts faussement égalitaires. Mais avec un peu de tact et d'adresse, on s'arrangera pour faire comprendre à l'enfant dont la mémoire est rebelle qu'on lui tiendra compte même d'un petit effort, et que s'il sait bien quatre vers sur douze on se déclarera satisfait.

Il est donc évident qu'un maître qui s'intéresse à la psychologie individuelle trouvera un grand intérêt à mesurer la mémoire de ses écoliers, de quelques-uns d'entre eux tout au moins. Mais les maîtres qui nous lisent vont sans doute nous faire bien des objections. La plus fréquente de toutes, je la connais, on me l'a déjà présentée; elle consiste à affirmer l'impossibilité de mesurer une mémoire; nous qui venons de montrer qu'il est possible de mesurer même une intelligence, nous ne pensons pas qu'il soit bien utile de répondre à cette objection toute théorique, car qui peut faire le plus peut faire le moins. Une autre objection, c'est qu'une mensuration, pour être bien faite, prend beaucoup de temps. Les classes sont nombreuses, le programme est chargé; si pendant les heures de classe, on se livre à des expériences de psychologie, que va devenir l'enseignement de la grammaire et du calcul? Quand la classe est terminée, le loisir commence, mais le maître a besoin de repos, ou bien il donne des répétitions; par conséquent, il ne tient pas beaucoup à consacrer du temps à des expériences. Nous répondrons bien vite à cette seconde objection, en montrant qu'on peut faire la mesure de la mémoire des écoliers sous une forme collective pendant la classe, et que cette expérience est bien moins longue et moins pénible qu'elle n'en a l'air : elle ne prendra pas plus d'une heure, même si on la répète trois fois.

Nous possédons, pour mesurer la mémoire, plusieurs

procédés qui sont excellents : nous ne les citerons pas tous, mais trois seulement : 1° Le procédé qui consiste à faire apprendre par cœur pendant un temps déterminé d'avance, et à faire reproduire ensuite par l'élève tout ce qu'il se rappelle avoir appris pendant le temps d'étude. Ce procédé, remarquons-le bien, repose sur l'évocation volontaire des souvenirs ; l'élève évoque ce qu'il a appris, et c'est d'après la puissance de l'évocation qu'on juge le degré de la mémoire ; 2° Un autre procédé est dû à Ebbinghaus, dont il faut toujours citer le nom quand on parle de l'expérimentation sur la mémoire[1]. Ebbinghaus a montré qu'une leçon dont on ne peut plus évoquer un mot laisse cependant, quelquefois, une trace dans la mémoire ; et la preuve, c'est que pour l'apprendre à nouveau, on a moins besoin de temps que la première fois ; la différence de temps, ou économie de temps, donne le nom à cette méthode ; on l'appelle *méthode d'économie* ; et elle sert à se rendre compte de l'état des souvenirs et à les mesurer ; 3° Un dernier procédé consiste à faire reconnaître des souvenirs. Soit cent mots détachés, qu'on a lus publiquement dans une classe ; les élèves, après audition, ne peuvent en écrire de mémoire que dix à vingt ; si on leur montre les autres, confondus avec des mots différents, bien souvent ils les reconnaissent. La faculté de reconnaissance est bien plus large que celle de l'évocation. Le pouvoir de reconnaître est, a-t-on dit, le double du pouvoir de rappel. C'est rester encore au-dessous de la vérité.

Nous emploierons, pour la mesure pédagogique de la mémoire, le procédé de l'évocation volontaire, car c'est le plus complet de tous et le plus employé dans la vie.

Puisque nous nous proposons, par exemple, de

---

1. *Ueber das Gedächtniss*, 1885, Leipzig. Voir aussi les deux importants mémoires de G.-L. Müller et F. Schumann, *Zeitschrift für Psych. und Physiol. der Sinnesorgane*, 1893, vol. VI.

savoir l'effort nécessaire à un enfant pour apprendre sa leçon, il est tout indiqué de faire l'expérience avec une leçon, qu'on lui donnera à apprendre. Au point de vue de la psychologie pure, cette expérience serait sujette à critique; dès qu'il s'agit d'apprendre le mot à mot d'un texte, et d'un texte qui intéresse médiocrement l'enfant, ce n'est pas seulement sa mémoire qui entre en jeu, c'est aussi sa force d'attention; l'attention représente la résistance à l'ennui, aux distractions de toutes sortes, l'effort contre les difficultés; dans toute épreuve difficile, qu'elle porte sur la mémoire, l'imagination, l'observation ou toute autre chose, il y a une part d'attention si considérable que le résultat dépend de cette dernière faculté autant que des autres; et c'est là une règle constante pour les expériences de laboratoire. Si l'on voulait à toute force éliminer l'attention, il faudrait raconter à des enfants quelque histoire extrêmement attachante, qu'ils écouteraient sans effort; il faudrait ensuite leur demander le récit de l'histoire, sans exiger le mot à mot. Bref, en excitant l'intérêt, on supprimerait l'effort d'attention, et il ne resterait plus que de la mémoire. Est-il nécessaire de faire ici une telle analyse? Nullement, et si on la faisait, ce serait une erreur; car nous nous préoccupons de juger la capacité d'apprendre à l'école, c'est-à-dire cette sorte de mémoire qu'on peut appeler scolaire; or, cette mémoire-là porte sur des choses qui sont généralement peu attrayantes pour l'écolier, et qui ne s'assimilent qu'à coups d'attention.

On choisira donc comme morceau à étudier une fable, ou un morceau de vers ou de prose; on évitera toute obscurité de texte, et tout ce qui pourrait dépasser la faculté de compréhension de l'enfant. On réglera d'avance le temps nécessaire pour apprendre, et on le dira à l'enfant, après une explication du genre de celle-ci: « Voici un morceau, que vous apprendrez par cœur, pendant dix minutes; il faut le mot à mot; apprenez-en le plus possible, mais surtout apprenez exactement. Au bout de dix minutes, on vous enlèvera le livre, et vous aurez à écrire de mémoire exactement ce que vous vous rappelez. » On répète cette explication deux ou trois fois, pour la faire bien pénétrer; on ajoute quelques mots afin d'exciter l'émulation, puis on donne le signal; l'expérience se fait pendant qu'on la surveille discrètement, sans rien dire à haute voix. Cette épreuve peut être exécutée collectivement sur trente élèves et davantage; seulement, il est nécessaire dans ce cas de tout préparer avec le plus grand soin, d'imposer à la classe une discipline très sévère, d'éviter les tricheries d'élèves qui copient sur les camarades, d'empêcher que le silence soit troublé par la visite d'un étranger dans la classe ou par une question d'élève posée à haute voix d'une manière inopportune.

Le test de mémoire que nous venons de décrire ne peut pas donner de renseignements importants s'il est fait une seule fois; dans ce cas, il vaut comme vérité moyenne, il ne peut pas servir à un diagnostic individuel. Un enfant ne donne pas en une fois sa mesure. La mémoire, comme les autres facultés mentales du reste, est une force extrêmement variable; il suffit d'être distrait ou mal disposé, ou d'avoir compris de travers l'explication pour se montrer bien inférieur à soi-même. Ainsi, il y a plusieurs élèves qui, si on veut leur faire apprendre un morceau par cœur, sont surtout saisis par l'idée que c'est un concours, et ils veulent en apprendre le plus possible. Il leur arrive alors la mésaventure suivante. Ils ont un peu appris tout le morceau et sont incapables d'en écrire de souvenir une ligne correcte; si, en réalité, ils ont emmagasiné quelque chose, le résultat qu'ils peuvent montrer est égal à zéro. Il faut les faire recommencer un autre jour, après leur avoir adressé quelques observations. Un test de mémoire n'a de signification que si on y recourt trois fois au minimum.

Pour pouvoir éclairer ce qui précède par un exemple précis, j'ai fait apprendre des vers pendant dix minutes dans une classe de cours supérieur à Paris ; selon les règles que j'ai indiquées, les élèves devaient reproduire de mémoire par écrit ce qu'ils se rappelaient, aussitôt que les dix minutes étaient écoulées. On ramassa ensuite les copies, sans rien dire. Huit jours après, on recommençait l'expérience, avec une autre pièce de vers. Cinq jours après, nouvelle épreuve ; quatre jours après, quatrième et dernière épreuve. Les pièces de vers employées étaient : *La lune*, de Stop ; *La chute d'un gland*, de Viennet ; *Les deux savetiers*, de Jauffret ; *L'enfant et les bottes de son père*, de Lachambeaudie. On s'était assuré qu'aucun élève ne connaissait ces poésies. Chacun reçut un livre où la poésie était imprimée. Les exercices terminés, on releva le nombre total de vers absolument exacts qui avaient été reproduits par élève. Le nombre moyen de vers appris n'était pas grand, car les enfants avaient appris les vers comme si c'était de la prose, et la plupart des vers étaient faux. Ce serait à croire qu'on ne leur a jamais donné aucune idée de la mesure. Si on ne l'a pas fait, c'est un tort ; pourquoi les laisser étrangers à ce qui est une des beautés du vers ? D'autant plus que la notion du rythme est un puissant secours pour la mémoire. Mais passons. Un premier coup d'œil jeté sur les copies montre que les différences individuelles, comme capacité de mémoire, sont énormes ; un enfant a reproduit le nombre extraordinairement élevé de cinquante-quatre vers de mémoire, tandis que plusieurs autres n'en ont reproduit que dix ; et même un des élèves n'en a reproduit que quatre.

Recommençons maintenant l'épreuve, après avoir laissé écouler huit jours d'oubli à partir de la dernière séance. On s'adresse aux mêmes élèves, on les prie de reproduire de mémoire les quatre morceaux qu'ils ont appris antérieurement, et pour éviter les oublis par inadvertance, on leur rappelle les noms des quatre morceaux. Cette seconde épreuve est moins artificielle que la précédente, elle rend mieux compte de la force naturelle de la mémoire, car lorsqu'on apprend, c'est pour garder le souvenir, et non pour reproduire le morceau tout de suite après. Il y a des mémoires qui ne gardent pas, elles sont mauvaises. Cette nouvelle épreuve nous montre, comme la première, que les différences individuelles restent considérables; le maximum de vers appris et retenus est de soixante et un, le minimum de zéro.

Après avoir fait ces calculs et mis nos élèves en ordre selon la puissance de mémoire qu'ils viennent de déployer, nous appelons le professeur de la classe; c'est un homme très intelligent, très consciencieux, d'esprit précis et méthodique; sans lui montrer notre classement, nous lui demandons de nous donner le sien. Cette demande le rend perplexe. Il sait bien que s'il prend pour guide les notes de son cahier de récitation il va confondre la mémoire avec l'application, car chaque note est un résultat qui dépend, en proportion variable, de ces deux facteurs. Après avoir réfléchi, le maître croit préférable de dresser un ordre d'après la conjecture qu'il peut faire sur la mémoire de ses élèves; il les divise en trois groupes et nous montre ce groupement; tous les élèves sont ainsi répartis, selon que leur mémoire est bonne, moyenne ou faible. Que vaut ce classement? Nous allons le savoir. Je le reproduis ci-après, en y ajoutant divers renseignements, sur trois colonnes; dans la colonne 3, est indiquée la moyenne des notes de récitation que l'élève a obtenues de son maître pendant le mois qui vient de s'écouler; dans la colonne 1, le total des vers exacts reproduits immédiatement après l'étude de quatre morceaux ; dans la colonne 2, le total des vers exacts reproduits après huit jours.

Si on calcule quelle est la moyenne des notes de récitation par groupe d'élèves, on s'aperçoit que ces moyennes sont à peu près équivalentes : 8 pour le premier groupe, 7 pour le deuxième et 7,6 pour le troisième. Le maître ne s'est donc pas servi de ses notes de récitation pour constituer ses groupes ; il ne l'a pas fait, pour plusieurs raisons : ces notes sont souvent des encouragements donnés à des élèves dont la mémoire est ingrate, et cela est excellent ; ce maître a eu là une idée très juste. Quelques-unes de ces notes s'appliquent à un résultat dans lequel on ignore la part de la mémoire. Le maître a-t-il eu raison d'adopter un autre groupement ? Oui, certainement, car ses trois groupes sont bien, en gros, ceux que nous aurions formés avec notre expérience de mémoire ; le nombre moyen de vers retenus immédiatement après l'étude est de 29 pour le premier groupe, de 21 pour le deuxième, de 19 pour le troisième ; il est de 15 pour le premier groupe, de 11 pour le deuxième, et de 7 pour le troisième dans l'épreuve de reproduction après huit jours. On voit donc que nous sommes bien d'accord avec le maître et qu'il ne s'est pas trompé ; ceux de son premier groupe ont plus retenu que ceux du second, et quant à ceux du troisième ils en ont moins retenu que les autres. C'est la preuve que nous avons affaire à un professeur qui est bon observateur et qui connaît bien les facultés de ses élèves.

Mais si bon observateur que l'on soit, on n'est pas infaillible, surtout lorsqu'on n'a pour guide qu'une impression. Si nous regardons de près nos résultats, nous sommes obligés de relever des cas où l'opinion du maître ne nous paraît pas fondée. A notre avis il s'est trompé pour 7 enfants sur 26, c'est-à-dire sur environ le quart de ses élèves. Ainsi il a mis dans les bonnes

Résultat d'une expérience collective de mémoire

Dans le cours supérieur d'une école primaire.

NOMS des élèves.	NOMBRE DE VERS REPRODUITS		MOYENNE des notes de récitation données par le professeur. (3)	
	après l'étude. (1)	huit jours après. (2)		
Brul..	43	24	9	
Alt.	25	7	9	
Bar.	37	28	9	Élèves dont
Qui.. . . .	18	9	8 ½	le
Gro.. . . .	30	9	8	professeur
Gren. . . .	26	13	7	juge
Laver. . . .	26	3	9	la mémoire
Piqu.. . . .	33	15	8	bonne.
Leber. . . .	31	32	7	
MOYENNES.. .	29	15,5	8	
Pasq. . . .	15	4	7	
Bon.. . . .	9	6	6	
Bar	54	61	8	Élèves dont
Ga.	27	7	8	le
Jar.	19	1	7	professeur
Ric.	6	0	6	juge
Bertr. A. . .	13	12	8	la mémoire
Vu. Paul. . .	20	11	6	moyenne.
Chap. . . .	31	7	7	
MOYENNES.. .	21	11	7	
Gend. . . .	4	0	7	
Via Paul . .	32	25	8	Élèves dont
Wari. . . .	28	18	9	le
Desail. . . .	11	1	8	professeur
Meye. . . .	23	1	6	juge
Voua. . . .	27	2	9	la mémoire
Lero.. . . .	10	5	6	faible.
Monid.. . .	19	4	8	
MOYENNES.. .	19	7	7,6	

mémoires deux enfants qui ont réellement une mémoire médiocre, les nommés Alt... et Qui..., et un troisième enfant dont la mémoire est tout à fait mauvaise, le nommé Laver.... Il faut croire que ce dernier s'applique beaucoup et arrive à force de travail à suppléer à la faiblesse de sa mémoire, car ses notes de récitation en classe sont excellentes; il n'y en a pas de meilleures, il obtient une moyenne de 9. Une autre erreur a consisté à mettre dans le groupe moyen trois autres élèves dont la mémoire est extrêmement faible et qui, eux aussi, doivent se donner beaucoup de mal. Ce sont les nommés Pasq..., Jarr... et Rich.... Et enfin, commettant des erreurs en sens inverse, le maître a cru reconnaître des mémoires moyennes et faibles chez des enfants qui ont en réalité des mémoires excellentes. Ainsi il a mis dans le dernier groupe deux élèves dont l'un, Via Paul, a pu conserver vingt-cinq vers après huit jours, et l'autre, Wari, en a conservé dix-huit, ce qui est beaucoup plus brillant que ce que donnent en général les élèves faisant partie du premier groupe. Mais l'erreur la plus extraordinaire a eu pour objet le jeune Bar... ; on l'a placé dans le groupe moyen, et cependant sa mémoire est d'une puissance remarquable; elle se chiffre par cinquante-quatre vers reproduits tout de suite après l'étude et soixante et un vers reproduits huit jours après. J'ai interrogé le maître sur ce cas remarquable. On me dit que Bar... est un enfant assez jeune, un peu étourdi et doué d'une bonne mémoire, mais ce n'est là qu'une justification trouvée après coup. Si son maître a placé Bar... dans le groupe moyen, c'est qu'il lui croyait une mémoire de force moyenne. Une erreur évidente a été commise sur lui.

Toutes ces erreurs, j'en suis convaincu, seront évitées à l'avenir si on prend la peine de mesurer la mémoire de l'écolier avec le même soin qu'on mesure l'acuité de sa vision. Le temps pris par ces exercices n'est pas du temps perdu. Le bénéfice que le maître en retire est considérable ; il apprendra à mieux proportionner les devoirs selon la capacité de ses élèves, à ne pas punir pour inapplication un enfant qui souffre d'une faiblesse de mémoire. Il s'évitera ainsi la cruelle injustice qui consiste à ne pas tenir compte de ses efforts à un pauvre enfant qui est doué d'une mémoire ingrate. Toute son éducation morale et moralisatrice se trouvera ainsi orientée dans le sens de la vérité. C'est bien quelque chose.

III

LES PERVERSIONS DE LA MÉMOIRE

Pour qu'un souvenir soit bon, il faut qu'il ait bien des qualités ; mais aucune de ses qualités n'est plus importante que la fidélité. On prendra son parti d'un souvenir qui présente des lacunes, si on a la conscience de ce qu'on ne se rappelle pas, et si on n'a pas une tendance à remplacer le souvenir absent par des inventions involontaires. Un oubli est toujours regrettable, mais quand on le constate on peut souvent le réparer, ou, s'il est irréparable, on se méfie, on se tient sur ses gardes. Mais qu'on songe à toutes les conséquences fâcheuses que peut avoir la conviction d'un fait lorsqu'on croit s'en souvenir et qu'en réalité on se l'imagine !... Je suppose qu'on lise à des enfants le fait divers suivant :

Avant-hier, les agents ont arrêté rue Pigalle un individu qui faisait du tapage nocturne ; on l'a amené au poste, etc., etc.

Les enfants, après avoir écouté attentivement ce récit, sont priés de l'écrire de mémoire. La plupart des rédactions sont quelconques, elles se caractérisent par l'abus du langage enfantin et l'omission de quelques détails insignifiarts. Mais dans le nombre des copies, on en trouver. quelques-unes contenant des détails inventés. Ainsi, d'après l'un des élèves, l'arrestation s'est faite rue Pigalle devant le numéro 20 ; et cependant le récit lu ne contenait aucune indication de numéro. Dans une autre copie, on lit que l'individu arrêté était très bien mis ; c'est encore un détail qui ne figurait nullement dans le récit.

Citons un autre exemple. On montre à plusieurs enfants tour à tour un carton sur lequel on a collé cinq ou six petites images ; le carton est laissé visible pendant vingt secondes, et aussitôt après, on interroge l'enfant sur ce qu'il vient de voir. La plupart des écoliers décrivent exactement les images, et leurs erreurs consistent la plupart du temps dans des oublis, mais quelquefois aussi elles consistent dans des altérations de forme et de couleur ; l'étiquette qui était rectangulaire à pans coupés, est décrite comme si elle était ovale ; on dit du timbre de couleur verte qu'il était rouge. Ce sont là de premières et timides ébauches d'invention ; elles sont très fréquentes, et portent principalement sur les couleurs, les chiffres, les dimensions, beaucoup moins souvent sur l'individualité des choses. Il arrive pourtant de temps en temps qu'un enfant invente de toutes pièces, et sans s'en douter, un objet qui ne figurait pas sur le carton ; par exemple, le carton portait trois gravures ; il dit en avoir vu une quatrième ; qu'est-ce qu'elle était ? Si on lui demande de la décrire, il le fait ; par exemple, un enfant décrira une photographie, un autre croira avoir perçu un cadran ; et cependant tout cela ne ressemble en rien à ce qu'il a vu, et on ignore comment ces images lui ont été suggérées.

Un dernier exemple : il nous est fourni par une expérience amusante, qui imite l'effet du *bruit qui court*. On raconte une histoire à un enfant ; celui-ci doit la raconter mot pour mot, sans y rien changer, à un autre; le second la raconte à un troisième, et ainsi de suite. Tous ces récits se font sous l'œil du maître, qui surveille, encourage la précision et l'exactitude, et empêche que l'expérience dégénère en plaisanterie, comme dans les jeux de société, où chacun ajoute volontairement de petites inventions pour faire rire; cela supprime tout l'intérêt; il faut au contraire que les colporteurs de la nouvelle fassent un sérieux effort pour rester des échos fidèles, sans rien ajouter, ni retrancher; car les inventions sont intéressantes surtout quand elles se produisent involontairement et inconsciemment. J'ai fait cet essai dans une école primaire; le directeur m'assistait : les élèves venaient tour à tour dans son cabinet; tout se fit avec le plus grand sérieux. Aussitôt après. avoir terminé son récit, chaque élève allait dans la pièce à côté; il écrivait le récit qu'il venait de faire, afin qu'on pût en garder la trace. En comparant ces diverses versions au récit original, on vit que souvent les enfants reproduisent exactement ce qu'on leur a dit, mais que parfois ils amplifient et dramatisent. C'est le plus souvent le sens, et comme la direction du récit qui sont exagérés; si, par exemple, il s'agit de l'histoire d'un accident, on peut être sûr que le nombre des morts va augmenter de bouche en bouche.

On comprend combien ces recherches, qui à première vue relèvent de la psychologie amusante, sont grosses de conséquences pratiques pour l'appréciation des témoignages; elles montrent qu'il arrive souvent à la mémoire d'être viciée par une imagination que le jugement ne tient pas suffisamment en bride. La bonne foi du témoin peut être complète; il affirme, et il croit n'affirmer que ce dont il est sûr, ce qu'il a réellement vu; mais, à son insu, sa mémoire est envahie par son imagination, comme par une plante parasite; ce qu'il croit se rappeler, c'est lui qui l'invente. Et ce qu'il y a encore de bien particulier, c'est que le produit de son invention a tous les caractères d'un souvenir exact; rien ne l'en distingue, ni la précision du détail, ni sa vraisemblance, ni l'état de conviction qui l'accompagne. Nous citions il y a un instant ce fait qu'après avoir regardé un carton couvert d'images, on se trompe sur la couleur d'une de ces images en la rappelant; sur le carton était collé un timbre de couleur verte; on s'imagine qu'il est rouge; c'est un détail précis, naturel, et affirmé avec le même entrain que si le timbre était vert. Nous parlions aussi du récit d'une rixe qui s'était passée rue Pigalle; un enfant ajoutait : devant le numéro 20. Ce n'est pas un détail vague, flou, quelconque; c'est un numéro absolument déterminé; et un avocat qui voudrait plaider la véracité de l'enfant, dirait, selon la formule d'usage : « Voilà un de ces détails qu'on n'invente pas! » En réalité, l'imagination produit avec une grande fécondité les détails « qui ne s'inventent pas ».

On a repris longuement ces expériences en Allemagne[1], on les a variées de mille manières, on les a approfondies, et on en a fait une science nouvelle, qui s'appelle aujourd'hui la science du témoignage. On a établi par des preuves sans nombre l'exactitude de la proposition suivante, qui est d'une importance considérable : *il n'existe pas de témoignage absolument et entièrement véridique.* Si on fait déposer un adulte

---

1. Dans un livre sur la suggestibilité, où j'avais exposé pour la première fois des recherches expérimentales sur la valeur du témoignage, j'annonçais que ces expériences étaient si importantes que certainement il se formerait un jour une science du témoignage. En effet, ces expériences ont été reprises en Allemagne, et longuement développées et elles ont donné lieu déjà à une littérature très riche, on les désigne d'ordinaire sous le nom de méthode de Stern, nom de celui qui les a pratiquées le second. On trouvera un exposé complet de la question, dû à moi-même, puis à Claparède et à Larguier, dans l'*Année Psychologique.* (Voir tome XI, p. 128; XII, 157; XII, 275.)

sur une affaire compliquée, une description de gravure, par exemple, ou le compte rendu d'un récit, d'une conversation, ou l'exposé d'un événement qui s'est produit devant lui, si en plus on prend la précaution de demander au témoin qu'il affirme sous la foi du serment l'exactitude de ce qu'il rapporte, — on constate que lorsqu'il est de bonne foi, il ne fait jamais une déposition entièrement fausse, ne contenant que des détails faux; il ne fait pas davantage une déposition entièrement exacte, d'un bout à l'autre; constamment, il y a mélange de vérités et d'erreur; et si la part d'erreur peut devenir très faible dans beaucoup de cas, néanmoins elle ne tombe presque jamais à zéro; et tous les témoins qu'on a mis à l'épreuve se sont trouvés avoir affirmé par serment des faits faux, dans une proportion qui, approximativement, peut être évaluée à 25 %.

On voit donc avec quelle prudence on doit écouter un témoignage apporté avec sincérité, même par une personne intelligente et compétente; rien ne doit en être accepté comme article de foi. On voit aussi qu'il serait dangereux de récuser un témoin, et d'accuser sa sincérité ou la fidélité de sa mémoire, parce qu'il a été surpris en flagrant délit d'erreur palpable sur un point particulier de sa déposition; cela ne prouve rien pour les autres points sur lesquels il dépose, puisque l'erreur est un élément constant de tout témoignage. En somme, toutes ces constatations nous apprennent que le témoignage humain ne doit être placé ni trop haut ni trop bas; il ne constitue jamais une preuve absolue, mais une présomption morale, dont la valeur a besoin d'être contrôlée par des preuves d'un autre ordre.

S'il faut apporter cette prudence dans l'appréciation de la parole d'un adulte, à plus forte raison doit-on accepter avec une prudence redoublée le témoignage des enfants! La tendance des enfants au mensonge conscient et au mensonge inconscient est du reste bien établie ; et elle tient au jeu d'un grand nombre de causes, dont les unes, de nature impulsive, ne sont pas arrêtées suffisamment par d'autres, de nature inhibitive. Ce qui pousse l'enfant à mentir, c'est la force de l'imagination, le pullulement des images, la vanité naïve et le désir qu'on s'occupe de lui ; et c'est aussi la faiblesse de tout ce qui pourrait calmer cette imagination ; la faiblesse de l'attention, les erreurs de jugement, l'ignorance de tant de choses, du sens des mots comme du sens des choses, le défaut de moralité, le défaut de respect pour la vérité, et par-dessus tout, cette grande, cette immense suggestibilité et docilité, qui sont les indices d'un caractère encore mal formé. Combinez ces diverses influences, et on a le mensonge enfantin, qui se caractérise à la fois par l'invraisemblance de l'invention, par l'assurance que l'enfant met dans ses mensonges et par l'entêtement avec lequel il lutte contre l'évidence, quand il se sent démenti.

Si ces faits n'intéressaient que la psychologie générale, nous ne nous y serions pas attardés ici ; mais en vérité, la tendance à inventer, à broder sans le savoir, à confondre les faits, et à en imaginer de toutes pièces est bien plus forte chez certains esprits que chez d'autres. Il y a des enfants qui sont généralement véridiques ; ils sont bons observateurs, sérieux, calmes, méthodiques, et on peut, dans une certaine mesure, et sauf contrôle discret, se fier à ce qu'ils racontent. D'autres, au contraire, qui ne sont pas les moins intelligents, ont tant d'imagination et d'émotivité que ce sont toujours de dangereux témoins. On prétend que les femmes commettent plus d'erreurs que les hommes, tout en donnant des dépositions plus copieuses ; et ce qui est vrai des femmes l'est toujours aussi un peu des enfants. En tout cas, ce sont les élèves sujets au plus grand nombre d'erreurs qui doivent appeler l'attention du maître. Les confidences des parents, et parfois quelque incident d'école, les signaleront à notre attention. Leurs devoirs et leurs leçons les trahissent aussi, à cause des inventions qu'on y trouve. On pourra en outre reconnaître ces types de menteurs inconscients en leur demandant des renseignements sur des faits qu'ils ne peuvent connaître que très mal. L'enfant doit s'habituer, quand il ne sait pas, à répondre : « je ne sais pas », et le maître, de son côté, doit bien se garder d'obtenir par suggestion une réponse fausse. L'enfant qui répond avec une précision inexacte, même quand il ne sait pas, doit être surveillé. Le maître lui rendra un grand service en le mettant en garde contre lui-même. Ce sont des services qui peuvent exercer une influence salutaire sur toute une existence. C'est tout simplement l'éducation du jugement. Après l'éducation de la volonté, je ne connais pas de tâche plus belle.

Je proposerai donc de reprendre une idée très juste, qui a été émise déjà par Claparède; c'est d'instituer en classe, et surtout dans les classes supérieures des écoles et des lycées, des leçons d'observation. On préparerait d'avance avec soin un programme d'observations à faire; et lorsqu'elles seraient terminées, on demanderait aux enfants soit un récit écrit, soit une déposition verbale sur ce qu'ils ont observé, ou bien on leur ferait répondre à des questions précises qui leur seraient posées par le maître, dans un interrogatoire ressemblant à celui d'un juge d'instruction. J'imagine que pour peu que le maître ait à la fois de ces deux qualités opposées qui s'appellent le bon sens et l'imagination, il saurait donner à ces exercices d'un nouveau genre un tour intéressant; sans peine, il montrerait la facilité avec laquelle on se trompe, même lorsqu'on est certain de ne pas se tromper; ce serait déjà une excellente leçon de prudence et d'esprit critique, pour tant d'enfants qui,

selon une règle générale, sont si prompts à affirmer sans mesure. Ce serait aussi un moyen de montrer qu'une personne peut se tromper de très bonne
foi, et qu'il faut par conséquent ne pas voir constamment derrière toute erreur un parti pris ou du mensonge.

Le maître montrerait encore que la relation si
impressionnante qui existe pour nous entre la conviction forte et la vérité d'une affirmation n'est nullement une relation nécessaire; on peut être ardemment convaincu, et cependant être complètement
dans l'erreur. Et celui qui avec une autorité impressionnante affirme qu'il a vu et entendu peut se tromper autant que celui qui hésite prudemment; il y a là
affaire de tempérament, plutôt que critérium de vérité.
En poussant l'analyse un peu plus loin, lorsque des
cas favorables à l'analyse se présenteraient, il serait
facile de démontrer aux élèves que si on se trompe
parfois dans l'observation directe, la majeure partie
des erreurs se produit après, dans l'espèce de macé-
ration que le fait subit dans la mémoire; c'est
pendant l'acte de mémoire que la perception se
déforme et qu'on ajoute des conjectures inconscientes pour compléter une observation incomplète.
La leçon du maître deviendrait encore plus ins-
tructive si, dans certains cas, il intervenait directement, de toute son autorité, pour interroger les
élèves sur leurs observations. Il aurait vite fait
d'imaginer de ces questions insidieuses, qui sont de
si formidables machines à suggestion. Avec un peu
d'habileté, il ferait dire à tel enfant docile que celui-ci
a vu ce qu'il était impossible de voir; il provoquerait
des erreurs, des illusions sans nombre; le dilemme
surtout, quand ses deux questions sont fausses, produit des effets bien remarquables; demander si un
fait s'est passé de telle manière ou de telle autre, si
tel objet est petit ou grand, rouge ou bleu, c'est

forcer presque l'enfant à opter pour l'une des deux réponses qu'on lui offre, et par conséquent l'amener à faire un faux témoignage quand les deux alternatives sont également fausses. Mais il n'est même pas nécessaire d'aller jusqu'au dilemme ; un sourire, un air de doute, un hochement de tête suffisent pour faire vaciller certaines convictions d'enfant. Comme tout cela serait important à montrer aux enfants eux-mêmes !

Et qu'on ne suppose pas qu'en donnant ces indications nous conseillons de faire de l'hypnotisme dans les écoles ou d'y introduire la suggestion. Nous sommes au contraire de ceux qui ont toujours protesté contre les exhibitions d'hypnotisme au régiment, au théâtre et sur la place publique ; toutes les fois que nous l'avons pu, nous sommes intervenus pour en provoquer l'interdiction. A plus forte raison, sommes-nous d'avis d'interdire rigoureusement ces pratiques dangereuses dans les écoles ; il ne faut pas faire de nos enfants des automates, mais des êtres libres. Les exercices que nous préconisons contiennent une part de suggestion, c'est vrai ; mais il y en a juste ce qu'il en faut pour exciter le bon sens et la volonté, et aider un enfant à réagir contre l'influence déprimante d'une pensée étrangère. Et si chaque fois, après l'action d'influence, on explique cette influence, alors loin de faire un entraînement de docilité, on excite la résistance critique de l'élève et sa suggestibilité diminue ; les faits que nous avons observés en si grand nombre nous montrent péremptoirement que le témoignage et par conséquent le sens critique sont éducables par cette méthode-là. Elle serait une nouveauté dans les classes. Pourquoi ne l'essayerait-on pas ? Cela vaut bien une leçon d'histoire sur Hugues Capet !

IV

LES MÉMOIRES PARTIELLES

Nous arrivons à une question à laquelle on a attaché, il y a une vingtaine d'années, une importance peut-être exagérée. C'était l'époque où le professeur Charcot faisait ses belles leçons sur l'aphasie, ses leçons si claires, et doit-on ajouter, si schématiques. Le grand neurologiste français exerçait sur tous ceux qui l'écoutaient une influence impressionnante ; il insistait sur la pluralité des mémoires et sur leur indépendance chez les malades aphasiques. Il prononçait, non pas le premier sans doute, mais avec plus d'autorité que ses devanciers ces mots de *type visuel, type auditif, type moteur*, qui ont eu depuis lors un succès si retentissant dans le monde philosophique. Les leçons de Charcot mirent donc à l'ordre du jour des études qui avaient été faites un peu antérieurement, surtout par Galton (*Inquiries into human 'mind*, Londres, 1883), par Taine (*L'intelligence*) et par Ribot (*Maladies de la mémoire*, Paris, Alcan). Si on ajoute à ces ouvrages une thèse de Saint-Paul sur *Le langage intérieur* et les livres de Stricker et d'Egger sur *La parole intérieure*, on aura réuni ainsi, croyons-nous, la principale littérature d'un sujet fort intéressant[1].

Bien que des études de ce genre aient surtout été faites sur des malades, on a cherché à les transporter dans le domaine de l'éducation. On a proposé dé distinguer les écoliers en visuels, auditifs, moteurs ; on a

---

1. J'en ai parlé dans mes livres, *La Psychologie du raisonnement, Les Grands Calculateurs*, et *Étude expérimentale de l'intelligence*. Le nombre d'articles publiés à ce propos est incroyable. Je citerai, comme principale indication des sources, le Manuel de psychologie de Titchener, au chapitre de l'idéation.

même proposé de les grouper, suivant ces aptitudes, en classes différentes. Mais il semble que peu à peu cet engouement a diminué, et on est arrivé aujourd'hui à une appréciation plus pondérée. Il nous reste maintenant à exposer ce qui paraît être raisonnable dans cet ordre d'idées et surtout ce qui peut être directement utilisé par l'éducation. C'est une étude de mise au point que nous entreprenons.

Tout d'abord, il doit être admis comme absolument exact que la mémoire n'est point une faculté unique; il n'existe pas une mémoire, mais des mémoires; c'est-à-dire toute une série de mémoires spéciales, locales. L'importance de cette distinction n'est pas seulement dans les mots; elle résulte aussi de cette observation que les mémoires spéciales sont indépendantes les unes des autres au point de vue de leur développement et de leur puissance; telle personne a une meilleure mémoire pour a, telle autre pour b. Mais la question est de savoir quels sont les points de vue les plus importants auxquels il faut se placer pour distinguer ces diverses sortes de mémoires. Nous estimons qu'il y a lieu de distinguer principalement : 1° des mémoires différentes par leur objet; 2° des procédés différents de mémorisation, et 3° des procédés différents d'idéation.

1° Depuis bien longtemps, il est d'observation courante que les individus ne se rappellent pas tous avec la même exactitude les mêmes genres d'objets. Il y en a qui observent beaucoup ce qui existe autour d'eux et se rappellent bien tout ce qu'ils ont vu; d'autres se souviennent mieux des idées, des conversations, des théories. Dans ce qu'on voit, l'un retient mieux la couleur, un autre la forme. D'autres se rappellent surtout les raisonnements mathématiques; d'autres, les leçons de physique et de chimie. Il est connu que la mémoire de la musique est une mémoire à part : on l'a ou on ne l'a pas. Les exemples de grande mémoire musicale sont célèbres, et chacun se rappelle le cas si souvent cité de Mozart. J'ai connu autrefois une jeune femme qui au sortir de la représentation d'un opéra peut chanter de mémoire plusieurs airs qu'elle n'a entendus qu'une seule fois ; son frère et sa mère ont le même don. Mais cette personne ne peut pas raconter aussi exactement qu'une autre les scènes d'une comédie. Je connais aussi une dame qui est extraordinaire pour se rappeler les dates, les anniversaires, les numéros des adresses ; parfois elle oublie le nom de la rue, mais elle se rappelle le numéro, ce qui est tout juste le contraire de la règle commune.

Cette prédominance d'une mémoire sur les autres est quelquefois un phénomène tout naturel, qui s'explique par l'effet de l'intérêt. On fait surtout attention à ce qui intéresse, et par conséquent on s'en souvient mieux que d'autre chose. Un jeune sportsman connaît par cœur les noms, l'ascendance, les performances d'un grand nombre de chevaux de course ; mais il ne pourrait pas réciter une seule formule de chimie ou de physique ; ce n'est pas qu'il ait tout spécialement la mémoire de ce qui concerne le cheval ; c'est qu'il s'intéresse aux courses plus qu'aux sciences. Même explication pour la mémoire du politicien qui se rappelle les votes, les discours de tant de ses collègues. Mais, souvent, l'intérêt qu'on porte à certaine classe de souvenirs est la preuve d'une aptitude spéciale, témoin les musiciens ; souvent aussi, il n'y a ni intérêt ni aptitude, mais simplement une mémoire spéciale d'une force exceptionnelle. La dame que je citais tout à l'heure pour la mémoire des chiffres, me disait qu'elle ne trouvait aux chiffres aucun intérêt, et que c'était malgré elle qu'ils s'imposaient à sa mémoire. Elle trouvait cela « très bête ». Il faut donc supposer que la division des mémoires, leur indépendance, la supériorité des unes sur les autres peut être tantôt une conséquence d'autres faits mentaux, comme l'attention et l'intérêt, tantôt au contraire un fait primitif, un fait qui psychologiquement est inexplicable, et doit tenir à quelque structure inconnue des centres nerveux.

2° Nous venons de voir une pluralité de mémoires qui dépend d'une pluralité d'objets différents sur lesquels la mémoire s'exerce. Nous allons maintenant décrire une pluralité de mémoires qui dépend d'une pluralité d'images. Il est remarquable en effet que, pour un même genre de faits ou d'idées ou d'objets à se rappeler, nous pouvons employer, cumulativement ou alternativement, plusieurs moyens différents; ce sont comme autant de chemins qui conduisent au même but, comme autant d'instruments qui permettent de faire le même travail.

Considérons d'abord qu'étant doués de langage, nous savons exprimer en mots tout ce que nous ressentons; la parole est un premier duplicata de tous nos phénomènes psychologiques. Si je regarde un paysage, j'ai la perception par la vue, et par d'autres sensations que la vue évoque, de tous les détails de forme, de couleur, de position des objets que je regarde; outre cette perception sensorielle, qui résulte d'un contact avec la nature, je puis prendre conscience de ce même paysage, en m'en faisant une description verbale attentive; et lorsque je me trouverai loin de l'endroit que j'ai regardé, je suis capable de m'en souvenir sous ces deux formes : la forme sensorielle, où mes sensations perçues revivent dans un tableau intérieur : « je crois voir, dirai-je à la manière des romanciers, c'est comme si j'y étais encore »; et la forme verbale, la description en mots, par une parole que je prononcerai effectivement, ou qui retentira dans mon audition intérieure, et que j'écouterai. Prenons un autre exemple, celui des mouvements et des gestes qui composent une danse nouvelle. Cette danse, je puis l'apprendre musculairement ou verbalement. L'apprendre musculairement, c'est la danser, c'est-à-dire exécuter en série les mouvements qui la composent, et retenir cette série de mouvements, de telle manière que si mon corps commence à en exécuter un, il ait une tendance naturelle à exécuter les suivants. Je saurai cette danse lorsque le déroulement des actes d'exécution se fera en moi automatiquement, par la mémoire motrice. Apprendre verbalement, c'est connaître la description de cette danse, telle qu'elle est contenue dans un livre, et pouvoir réciter cette description verbale, en prononçant les mots l'un après l'autre, textuellement, ou en se bornant à en reproduire le sens. On remarquera dans ces exemples que ces deux procédés de représentation des choses sont cumulatifs; le langage est le double de toutes les sensations et émotions que nous sommes capables d'éprouver, et par conséquent nous pouvons faire revivre en nous toute notre vie psychique sous deux formes, l'une sensorielle, l'autre verbale. Telle est, à notre avis, la première des distinctions à établir entre les mémoires; c'est la plus importante de toutes, celle qui donne lieu aux deux types mentaux les plus différents, le type sensoriel et le type verbal.

Et à ce propos, nous pouvons faire une remarque qui a un grand intérêt psychologique. Il faut, lorsqu'on veut graver un souvenir dans un esprit d'enfant, montrer l'objet plutôt que de se servir de noms, car l'enfant est bien plus sensoriel que verbal, surtout quand il est jeune. Il est incroyable de voir combien la perception d'objets se conserve plus lontgemps chez lui que le mot. Ainsi, montrez dix objets à une classe d'enfants, ou bien montrez dix mots, puis faites reproduire tout cela à vos élèves, et arrangez-vous pour que ces présentations durent le même temps; vous serez étonné de la différence. Sur le moment

même, ils pourront peut-être reproduire un nombre
équivalent de mots et de noms d'objets, mais trois
jours après, presque tous les mots seront oubliés et
presque tous les objets pourront encore être rappelés[1].

A cette première division entre la mémoire sensorielle et la mémoire verbale s'en ajoute une autre,
qui est une subdivision. Tout ce que nous ressentons peut s'exprimer à nous par cinq ou six formes
différentes, la forme visuelle, l'auditive, la tactile, la
motrice, l'intellectuelle et la sentimentale. Voici, par
exemple, quelques chiffres que je cherche à retenir. Je puis, ou bien en retenir la silhouette visible,
ou bien m'en représenter le son, ou enfin me représenter le mouvement nécessaire pour les écrire;
dans le premier cas, je me sers de la mémoire
visuelle; dans le second cas, de la mémoire auditive;
dans le troisième, de la mémoire motrice. La différence sera encore plus frappante s'il s'agit pour moi
de retenir un air de musique. Visuellement, je puis
le retenir par la représentation de la portée musicale; ce sera une mémoire de lecture par les yeux;
auditivement, par la représentation sonore de l'air; ce
sera une mémoire d'auditeur; musculairement enfin,
par la représentation des mouvements du larynx, ce
sera une mémoire de chanteur. Même distinction encore, pour la manière de retenir une pièce de théâtre
qu'on a vu jouer; les uns se représentent par la vue
la mise en scène, les décors, les jeux des acteurs;
d'autres entendent de nouveau les paroles, les voix,
les timbres. Par leur nature même, semble-t-il, certaines choses font un appel direct à certaines mémoires plus qu'à d'autres; le choix nous est en quelque sorte imposé du dehors; mais notre tempérament
y ajoute une correction. Ainsi, la notion et le souvenir
d'un dessin nous seront sans doute fournis de la ma-

1. KIRKPATRICK. *Psychological Review*, I, 1894, p. 602.

nière la plus naturelle par la mémoire visuelle: après avoir vu, on visualise; et la visualisation est la conséquence logique, le prolongement de la vision; cependant on rencontre des artistes qui, lorsqu'ils veulent se rappeler une forme, ne se contentent pas de la regarder; ils en suivent le contour attentivement avec le doigt; de sorte que pour la reproduire, ils ont la double action de la mémoire des yeux, et de la mémoire du mouvement. De même, un objet matériel, comme un arbre, vit presque complètement dans le monde visuel; c'est avant tout un langage pour la vue; il est un tronc gris ou jaune, rugueux, pelé, surmonté de petites taches vertes, claires, grises, sombres qui s'agitent; mais au lieu du tableau visuel, nous pouvons avoir l'image auditive d'un quelque chose qui fait un bruit léger quand le vent passe à travers; et il est possible qu'un vrai musicien, si attentif à la voix de toute chose, s'absorbe dans ce bruit délicat, en perçoive les nuances, les harmoniques, et y découvre un monde d'idées qui nous est complètement inconnu, et fasse avec ce bruit la personnalité de l'arbre. Néanmoins, la mémoire qui s'exerce le plus naturellement pour retenir les objets matériels est la mémoire de la vue. Sur ce point, les témoignages et les expériences abondent[1].

En est-il autrement pour le langage? On a cru longtemps que comme le langage s'adresse naturellement à l'oreille, il doit être retenu surtout par la mémoire auditive. On s'est imaginé que lorsqu'on cherche à se rappeler une leçon entendue, une conversation,

---

1. Je citerai seulement: H. Höffding, *Esquisse d'une psychologie fondée sur l'expérience*, Paris, Alcan, 1900, p. 194, et les articles de Lemaître, Netschaeff, Kuhlmann, etc. Tous ces articles, qui résument des recherches expérimentales, et le dernier surtout (paru dans *The American Journal of Psychology*, oct. 1907, p. 389, et avril 1909, p. 194), ont abouti à montrer, comme nous le disons dans le texte, l'importance primordiale des images visuelles et des images motrices d'articulation.

un discours, ou même une page de livre, on fait vivre des images de sons, une voix intérieure. On a remarqué aussi que cette voix intérieure accompagne toutes les opérations de notre pensée, et les rend claires et conscientes, et en effet on ne saurait exagérer l'importance de ce langage interne pour la constitution des pensées abstraites. Lorsque par exemple j'arrête cette résolution : « j'irai demain à mon laboratoire », il se produit en moi une prononciation de cette phrase. Lorsque je me rappelle qu'un collègue m'a dit : « la théorie philosophique du parallélisme est une absurdité », je puis bien revoir sa figure et le geste de sa main, mais quant à sa parole, elle revit en moi, comme parole.

On a donc supposé que les images auditives jouent un rôle très important dans l'idéation qui concerne le langage. Mais des analyses plus exactes, et surtout de nombreuses expériences ont montré l'erreur de cette interprétation. L'analyse prouve que lorsque nous croyons entendre, dans notre audition intérieure, une voix qui prononce des phrases, nous n'avons pas affaire à une image auditive pure, mais plutôt à une image motrice, à une articulation faible et commençante, qui s'accompagne de quelques fragments d'images auditives. La vraie mémoire du langage serait donc une mémoire d'articulation, ou, si l'on préfère, elle résulterait de l'acquisition d'une habitude motrice. Apprendre un morceau par cœur, c'est acquérir un mécanisme tel qu'on puisse le réciter à volonté : il y a très peu d'images auditives dans cette récitation; il n'y en a pas plus que dans le cas où prenant part à une conversation nous prononçons une phrase; nous la prononçons sans avoir besoin de nous la représenter auditivement. Ce qui a produit la confusion, c'est que la différence n'est pas très grande entre la mémoire motrice et l'image auditive; elle est même assez petite, et on est quelquefois embarrassé pour les distinguer; disons simplement que dans la parole intérieure, on a moins que dans l'audition intérieure le sentiment du timbre d'une voix étrangère, et qu'on a en plus des sensations de la gorge et le sentiment de conduire la parole; en outre, on voit souvent les organes moteurs s'agiter.

Plus rarement, le langage intérieur s'exprime par une visualisation; le cas est singulier; on se rappelle et on se représente les mots sous la forme visuelle; si on pense à un chien, on voit le mot chien écrit, par exemple en imprimé.

Enfin, il arrive fréquemment qu'on ne voit rien, qu'on n'entend rien, qu'on ne prononce rien de la phrase à laquelle on pense; mais on en a le sentiment, on a conscience de son sens, on sait ce qu'elle veut dire et ce que soi-même on veut faire; c'est un mystérieux langage sans paroles. Malgré ces nuances de tempéraments, il reste établi que la mémoire du langage est principalement une mémoire motrice d'articulation.

En résumé, si pour se rappeler les objets matériels, on emploie le plus communément la mémoire visuelle, on emploie d'ordinaire pour se rappeler mots et phrases la mémoire motrice; mais ces règles subissent de nombreuses exceptions qui prouvent que les mémoires de certains sens sont beaucoup plus développées chez tels et tels individus que les mémoires des autres sens. Pour tenir compte de ces observations, on a distingué les types visuel, auditif, moteur et indifférent; ce dernier représente un juste équilibre entre toutes les espèces de mémoire.

3° De l'étude de la mémoire on passe tout naturellement à celle des types d'idéation; les deux questions se confondent presque. D'après ce qui précède, on prévoit ce qui se passe dans l'esprit d'une personne qui pense, réfléchit, combine, se rappelle, imagine, conjecture. Ces opérations varient d'un individu à l'autre par la nature des images mises en jeu et il en résulte que chacun a sa manière propre de penser, même quand il pense à la même chose que d'autres individus. Il y aura donc pour l'idéation comme pour la mémoire des visuels, des auditifs, des moteurs et des verbaux. Mais ici s'ajoute une complication : les différences individuelles d'éducation sont produites non seulement par la qualité personnelle des images, mais encore par leur intensité et leur caractère plus ou moins complet. Si l'on fait une comparaison entre plusieurs personnes, si on demande aux unes et aux autres de se représenter un objet connu, puis de dire si cette représentation ressemble ou non à ce que serait la perception réelle du même objet, dans le cas où cet objet serait présent, on obtient des réponses très variées. Beaucoup de personnes, — presque la moitié, si elles sont encore jeunes, — répondent que leurs représentations ont une force, une netteté, une vivacité qui les rend égales ou presque égales à la vision directe [1]; d'autres trouvent que leurs images sont faibles, pâles, ternes, éteintes, fuyantes, imprécises, lointaines, toutes petites ou fragmentaires, décolorées comme des photographies [2]. Ces dernières formes apparaissent souvent chez les enfants les plus âgés et les plus intelligents, chez les adultes et surtout chez ceux qui s'adonnent à la spéculation abstraite. Ces formes spéciales jalonnent en quelque sorte le développement mental des individus et indiquent à quel niveau supérieur ceux-ci sont parvenus.

Rien n'est plus instructif à cet égard que les com-

1. ARMSTRONG. *Psychological Review*, I, n° 5, 496.
2. Dans l'*Étude expérimentale de l'Intelligence*, j'ai publié deux observations de type d'idéation entre lesquelles ce contraste est bien marqué.

paraisons qu'on a pu faire entre la pensée intérieure de l'enfant et celle d'un homme adulte.

Les jeunes enfants ont l'esprit plein d'images qui répètent des sensations éprouvées antérieurement; ils se représentent les objets absents avec une vivacité qui confine au rêve et à l'hallucination; puis, à mesure que l'on grandit et que l'intelligence se développe, on se sert davantage d'abstractions; le langage prend plus d'importance, il gagne du terrain sur les images sensorielles; un adulte pense plus que l'enfant avec des mots; et, en revanche, il se représente moins bien qu'un enfant la forme pittoresque des choses. Si on va jusqu'à interroger un savant, il vous dira, comme plusieurs des confrères de Galton l'avaient répondu à son questionnaire, qu'il ne voit rien de ce qu'il pense, que lorsqu'il songe à un de ses amis absents il ne se le représente pas comme s'il le voyait, il n'entend à aucun degré sa voix, mais il pense à lui sous une forme abstraite, déliée et subtile. Les images sensorielles, si elles sont encore évoquées, ne le sont que par fragments; ou bien elles prennent une valeur de schémas, de symboles, ne correspondant plus à l'objet exact auquel on pense; enfin elles perdent la netteté, le relief, à tel point qu'on ne peut plus reconnaître en elles des sensations renaissantes. Un degré de plus, elles disparaissent complètement. Il ne reste que le mot. Celui-ci peut aussi jouer un rôle secondaire, fragmentaire, et se volatiliser en quelque sorte. La pensée devient toute nue, réduite à une direction, à un choix, à un sentiment, à une attitude, à un phénomène intellectuel qui est peut-être ce qu'il y a au monde de plus difficile à expliquer et à comprendre.

Passons aux applications pédagogiques. La connaissance approfondie du type mental d'un individu est extrêmement utile à celui qui veut lui donner des conseils, car les aptitudes en dérivent en partie, comme nous le montrerons un peu plus loin. Il est évident qu'un visuel est porté à l'observation des choses de la nature; il sera bien plus observateur, toutes choses égales d'ailleurs, qu'un auditif et trouvera plus d'intérêt au dessin, à la géographie et à l'histoire naturelle; il fera plus facilement que s'il était auditif un naturaliste ou un peintre. Mais nous réservons pour le chapitre suivant cette question des aptitudes qui est très vaste et encore très mal connue. Nous nous restreignons ici à examiner un point très particulier. Nous nous occupons de la mémoire. Nous avons vu qu'il y a des mémoires spéciales différant soit par le verbalisme, soit par la qualité des images sensorielles. N'est-il pas utile de savoir reconnaître, chez un enfant, s'il a plus de mémoire visuelle ou plus de mémoire motrice d'articulation? Ne devra-t-on pas, selon les cas, le mettre en situation de se servir de sa mémoire la meilleure? Voilà ce qui a paru une question pratique au premier chef.

Je ne pense pas qu'il soit prudent d'interroger les enfants sur leur idéation, car ils ne comprennent pas le plus souvent ce qu'on leur demande là, et puis ils sont très suggestibles, et enfin ils n'ont pas le talent de s'analyser. Supposons qu'on leur demande, comme on le fait habituellement avec un adulte : « Représentez-vous une rose coupée, enfermée dans une boîte, sur un lit de fougères : est-ce que vous en voyez nettement la couleur, la forme? Percevez-vous en imagination son odeur, etc., etc.? » Ou bien, qu'on leur demande encore : « Imaginez votre dernier déjeuner. Voyez-vous l'ensemble de la table, la bouteille, les plats avec leur couleur habituelle, etc., etc.? » — J'ai remarqué que dans ce cas très souvent les enfants comprennent qu'on veut leur faire dire s'ils connaissent la couleur de la rose ou s'ils se rappellent les particularités de leur déjeuner; ils confondent savoir et se représenter. Très souvent aussi, si l'on insiste sur une question, ils pensent vous faire plaisir en répondant oui; et on obtient facilement, en changeant de ton, que quelque temps après ils répondent non. Il faut donc, à mon avis, ne pas faire grand fonds sur ces analyses d'introspection. Au lieu d'un témoignage suspect, on doit plutôt recourir à une expérience. Mais à laquelle?

Les expériences recommandées par les auteurs pour démontrer les types de mémoire sont très nombreuses, parce qu'aucune n'est bien commode, ni bien sûre; d'ordinaire on les recommande parce que, *a priori*, elles paraissent raisonnables, et le motif n'est pas suffisant. Il en est une pourtant qui nous paraît meilleure, plus logique, plus directe que les autres : elle consiste à éprouver la rapidité et la sûreté avec lesquelles un écolier enregistre les mêmes faits suivant qu'il se sert de la mémoire visuelle, ou auditive ou motrice. Cette constatation répond en effet très exactement à la préoccupation de la pédagogie. Voici le procédé qui a été souvent proposé, notamment par Biervliet. Le maître lira à deux ou trois reprises vingt-cinq mots à toute une classe et les élèves écriront aussitôt après de souvenir tout ce qu'ils se rappellent. Ensuite le maître leur présentera vingt-cinq autres mots, imprimés ou écrits sur le tableau noir; les élèves auront un temps sensiblement égal au précédent pour les apprendre par cœur et de nouveau ils écriront tout ce qu'ils se rappellent. Après avoir fait alterner quatre ou cinq fois ces deux modes de présentation, on verra en corrigeant les copies si certains élèves retiennent mieux ce qu'ils ont vu et si d'autres élèves ont une préférence pour ce qu'ils ont entendu. Les premiers présenteraient vraisemblablement une prédominance de la mémoire visuelle, et les seconds une prédominance de la mémoire auditive. Il faudrait cependant, ajoutons-nous, qu'il fût reconnu que ces conclusions ne sont pas entachées d'erreurs et qu'aucune cause étrangère n'est intervenue; ainsi on a pu remarquer que lorsque le maître prononce les mots, il dirige l'attention des enfants, tandis que lorsque les mots sont écrits au tableau noir, les enfants sont obligés de diriger eux-mêmes leur travail, ce qui est moins commode pour eux et ce qui les embarrasse, surtout s'ils sont jeunes, de sorte que, toute chose égale d'ailleurs, ils retiendront moins de mots qu'après une présentation visuelle [1].

J'ai voulu, pour en avoir le cœur net, savoir ce que cette expérience peut nous apprendre d'utile pour les écoles. Une somme totale de deux cents mots a été présentée, par séries de vingt-cinq mots, soit visuellement, soit auditivement, à une classe de vingt-cinq enfants âgés de onze à quatorze ans; il y a eu quatre séances, séparées par plusieurs jours. M. Vaney a surveillé avec soin toute l'exécution. En calculant les résultats, on trouve que rares sont les enfants qui ont retenu un nombre rigoureusement égal de mots dans les séries visuelles et auditives; les différences sont presque la règle; et elles vont de un à douze mots appris en plus dans l'une des séries. Mais faut-il conclure de cette différence que ceux qui ont retenu une majorité de mots visuels sont visuels et que les autres sont auditifs? C'est aller vite en besogne. Examinons de plus près les résultats. Il y a eu, avonsnous dit, quatre séries visuelles et quatre auditives, composées chacune de vingt-cinq mots.

Si un enfant est réellement d'un type visuel accentué, il devra retenir une majorité de mots non seulement dans l'ensemble des quatre séries visuelles, mais dans chaque série visuelle comparée à la série correspondante d'audition. En est-il souvent ainsi? Non, le cas ne s'est présenté que trois fois seulement.

1. A. POHLMANN. *Experimentelle Beiträge zur Lehre vom Gedächtniss*, Berlin, 1906.

Donc il n'y aurait, d'après ce calcul, que trois enfants sur vingt-cinq qui auraient un type accentué. Peut-être trouvera-t-on que notre procédé est trop sévère; au lieu de comparer chaque série visuelle à la série auditive correspondante, faisons une comparaison de la somme de deux séries visuelles à la somme de deux séries auditives; et voyons si les enfants qui, en bloc, sur la totalité des épreuves sont supérieurs pour la mémoire visuelle l'ont été également pour chaque double série visuelle sur chaque double série auditive : nous trouvons que non. D'ordinaire, on a des résultats analogues à celui-ci : série auditive, 17, 21; série visuelle : 19, 17. Ainsi, dans la première double série visuelle, on a la majorité, et c'est ensuite le contraire. Bien des petites causes amènent ces petits effets; une des plus fréquentes est la suivante : dans une des expériences, l'élève a donné un résultat très inférieur, six mots par exemple au lieu de dix qui est son nombre presque habituel; sans doute, il a été distrait, troublé; et c'est cet accident qui fausse le résultat général. En éliminant ces cas, je ne trouve sur vingt-cinq élèves que quatre sujets qui se présentent constamment comme auditifs; le reste ne marque aucune tendance d'aucune sorte. Quatre sur vingt-cinq, voilà une proportion bien faible; et nous sommes loin de cette idée d'après laquelle il faudrait faire *des classes de visuels et d'auditifs*. Or, sur ces quatre sujets soupçonnés d'être auditifs, on nous en signale un qui a une mauvaise vue, et peut fort bien avoir eu de la peine à lire les mots écrits sur le tableau noir. Il en reste trois. Ceux-là aussi me paraissent un peu suspects car, d'après le maître, ils ne présentent aucune aptitude particulière en dessin, orthographe, géographie, c'est-à-dire dans des branches d'études où le visualisme paraît dominer. Je conclurai provisoirement de ces explorations, non pas que les types différents d'imagerie n'existent point chez les écoliers, mais que s'ils existent, on ne peut pas les reconnaître sûrement par les méthodes ordinaires, et qu'il n'y a pas lieu, pour le moment, de faire des groupements d'élèves sur une base aussi fragile et aussi équivoque.

V

L'ÉDUCATION DE LA MÉMOIRE

Est-il possible d'augmenter sa mémoire ? De la rendre à la fois plus étendue et plus fidèle ? De retenir plus longtemps les faits appris, qu d'apprendre plus vite des faits nouveaux ? D'assurer la mainmise de la volonté sur nos souvenirs, de manière à ce qu'ils se réveillent dès qu'on en a besoin ? A ces premières questions, nous devons répondre résolument par l'affirmative. Depuis une trentaine d'années, on a fait dans les laboratoires, et avec des adultes de bonne volonté, tant d'expériences de mémoire, que nous connaissons maintenant les principales conditions qu'il est possible de réunir pour assurer le bon fonctionnement de cette faculté[1].

Il n'existe pas, à proprement parler, un procédé spécial, un truc, un secret merveilleux, qui nous permettrait d'amplifier notre mémoire par miracle et de retenir tout ce que nous voulons. Les gens qui prétendent le contraire et se vantent de donner de la mémoire à ceux qui n'en ont pas sont des marchands d'orviétan. La vérité est que tous les conseils qu'on

1. Voir notamment : V. Henri, *Éducation de la Mémoire, Année Psychologique*, VIII, 1902, p. 1 ; Biervliet, *Esquisse d'une éducation de la Mémoire*, Gand, 1903 ; Claparède, *Psychologie de l'Enfant et pédagogie expérimentale*, Genève, 1905, p. 47 ; plus un nombre immense d'articles de Revues, parus surtout en Allemagne et en Amérique.

peut donner résultent d'une exacte observation des erreurs habituelles de la mémoire, et des meilleures manières de les éviter. Les observations faites à ce sujet n'ont rien d'exceptionnel, rien de merveilleux; on aurait presque pu les prévoir, si l'on avait beaucoup de bon sens. Mais, pour ne pas être transcendantes, elles n'en sont pas moins profitables; en s'en pénétrant, on augmente beaucoup ses moyens; d'autant plus que, comme nous le verrons plus loin, les règles à suivre pour mémoriser sont quelquefois directement contraires à l'inspiration de l'instinct; si l'on prend machinalement, sans raisonner, la méthode qui paraît la plus naturelle pour apprendre, il se trouve souvent que c'est la plus mauvaise. Raison de plus, par conséquent, pour bien s'assimiler les principes scientifiques qui règlent l'éducation de la mémoire. Il faut, comme on l'a dit pittoresquement, *apprendre à apprendre.*

Si nous cherchons à déterminer, en consultant la littérature et nos recherches personnelles, quel est l'ensemble des conditions qui influencent dans le sens le meilleur la force de la mémoire, nous trouvons qu'il faut porter successivement son attention sur les points suivants : 1° l'heure de l'étude; 2° la durée de la séance; 3° l'action respective de l'intérêt et de la répétition; 4° le mode de répétition; 5° la marche du simple au compliqué, du facile au difficile, et les preuves de la progression; 6° la multiplicité d'impression sur des sens différents; 7° la recherche des associations d'idées; 8° la substitution de la mémoire des idées à la mémoire des sensations.

Je vais essayer de montrer toutes ces conditions en jeu et, pour être clair, je prendrai un exemple simple : je suppose que je veuille apprendre une pièce de vingt vers; je cherche à l'apprendre pour la posséder d'une manière durable dans ma mémoire, pour qu'elle fasse corps avec mon esprit, avec ma substance; et en même temps je désire économiser mon travail, et dépenser le moins d'efforts possible pour le plus grand résultat. Voyons donc quelle méthode je vais avoir à suivre dans ce cas particulier, que nous choisissons parce qu'il ressemble à une leçon essentiellement scolaire. Tout en décrivant la méthode, nous chercherons à en découvrir la raison et le sens, afin d'arriver à une vue aussi profonde que possible de toute la question, de ses exceptions autant que de ses règles.

1° *Le meilleur moment pour apprendre.* Commençons par l'heure de l'étude. A quel moment de la journée vais-je me mettre à apprendre le morceau? Ce moment n'est point indifférent, car un acte de mémoire n'est pas un acte qui se termine et se consomme sur l'heure; il doit avoir un lendemain; le souvenir une fois fixé, rien n'est fait si ce souvenir ne se conserve pas. Or, cette conservation, qui suppose la création d'une certaine structure nerveuse, exige des circonstances physiologiques favorables, une bonne circulation et une bonne nutrition. Si je suis fatigué, énervé, troublé ou préoccupé, je pourrai bien écrire une lettre, faire une addition, régler un compte, ou m'occuper à quelque travail machinal, mais je me garderai de chercher à apprendre; car à ce moment-là je me fatiguerais et j'apprendrais mal. Quand on est fatigué, on peut chercher à se distraire par une lecture amusante; mais on ne lira pas un livre sérieux, on ne profiterait pas de la lecture. Aussi les candidats qui préparent un examen dans un état de surmenage gardent peu de souvenirs de ce qu'ils ont appris dans cette période. Le surmenage n'est pas la seule raison de leurs oublis, mais elle est une des raisons principales; une autre raison, c'est, comme nous l'expliquerons un peu plus loin, qu'ils apprennent trop vite et trop superficiellement. On cite à ce propos une preuve amusante : une personne qui est dans un état d'ébriété même légère ne garde pas nettement le souvenir de ce qu'elle a vu et entendu pendant l'ivresse; peut-être dira-t-on que c'est parce qu'elle n'y a pas fait suffisamment attention; mais sa mémoire elle-même est affaiblie, et si on lui dit un chiffre en la mettant au défi de s'en souvenir le lendemain, quand son ivresse sera passée, il arrive bien souvent qu'on gagne son pari. Tous les excès produisent le même effet désastreux sur la fixation et la conservation des souvenirs; une grande fatigue physique, un début de maladie grave, l'anémie, la chlorose ont des conséquences analogues.

Ce dont nous avons à nous préoccuper ici, c'est de choisir l'heure de la journée qui est le plus favorable à la mémorisation : cette heure n'est pas indifférente, car l'état de nos forces n'est point un état stable; il varie d'une heure à l'autre, sans que nous nous en doutions. Toute une journée suppose une continuité de travail intellectuel, tantôt fort, tantôt faible, mais aussi constant que l'état de veille, et par conséquent la fatigue qui en résulte augmente régulièrement à mesure que la journée avance, et atteint son maximum à l'heure du coucher; le sommeil, qui est un repos non seulement pour l'activité musculaire, mais encore et surtout pour l'activité consciente, répare la fatigue de la journée; il suffit même à la réparer complètement quand la fatigue n'a pas été poussée jusqu'au surmenage; et c'est dans les premières heures qui suivent le réveil que l'énergie de l'esprit est la plus grande. Ces vues théoriques sont confirmées par des observations et des expériences. Des observations, d'abord; elles ont été faites surtout en interrogeant des littérateurs, et ceux-ci ont remarqué que c'est le matin qu'ils ont le plus de facilité pour écrire; l'après-midi, ou le soir, on prend des notes, on observe, on fait des projets, mais le travail du style, qui représente souvent un effort considérable, ne se fait que dans la fraîcheur mentale du matin. Les expériences ont été poursuivies sur les écoliers ; ce sont des expériences qui ont trait à la fatigue intellectuelle ; celle-ci a été étudiée par beaucoup de petits moyens, qui sont très ingénieux, très précis, et qui montrent avec beaucoup d'éloquence, non pas si un sujet quelconque, pris à part, est fatigué, — la méthode à ce point de vue ne vaut rien, — mais si toute une classe d'écoliers est fatiguée. On a employé par exemple la méthode de la dictée, celle des exercices de calcul, celle aussi de la mesure de la sensibilité cutanée ; et on a vu que c'est surtout pendant la classe du matin que les élèves, pris en bloc, font le moins de fautes d'orthographe, calculent le plus vite, ont la sensibilité tactile la plus fine, et sont par conséquent en possession de tous leurs moyens. Pour ne citer qu'un seul exemple, donnons celui-ci : un groupe d'élèves qui le matin, avant la classe, ne fait que 40 fautes dans une dictée, en a fait 70 après une heure de classe, 160 après deux heures, 190 après trois heures (Friedrich)[1].

Tirant parti de ces remarques, nous choisirons les premières heures du matin pour l'étude d'un morceau à apprendre par cœur.

Mais cette règle n'est pas sans exception. Beaucoup de personnes prennent l'habitude de travailler le soir et fort avant dans la nuit ; elles se lèvent tard, et dans la matinée elles sont encore fatiguées, somnolentes, mal disposées à l'effort. Et d'autre part, en ce qui concerne particulièrement la mémoire, quelques personnes ont remarqué que si on lit la leçon le soir, on la trouve sue au réveil, comme si pendant la nuit l'inconscient s'était réveillé pour répéter la leçon et l'apprendre. Nous reviendrons dans un instant sur le rôle

1. Pour l'ensemble des méthodes servant à la mesure de la fatigue scolaire, voir Binet et Henri, *La Fatigue intellectuelle*, Paris, Schleicher, 1898 ; et voir aussi : Binet, la Mesure de la fatigue intellectuelle, *Année Psychologique*, 1903, p. 1.

de cet inconscient, pour l'expliquer autrement. En tout cas, il est essentiel de ne pas choisir de ligne de conduite, avant d'avoir examiné ses habitudes, sa manière de vivre et sa psychologie.

2° *Durée d'une étude de mémoire.* Passons à la durée d'une séance d'études. Pour apprendre un morceau de vingt vers, il faut environ vingt minutes. On peut soit apprendre le tout en une seule séance, soit couper l'étude en plusieurs séances; de même on peut intercaler entre les séances des repos très courts, de quelques minutes, ou plus longs, prendre un repos de quelques heures, ou même d'une journée. L'expérience du laboratoire a prouvé[1] qu'on gagne beaucoup à faire ces divisions, mais il faut les faire sagement et ne pas les multiplier; car ce serait oublier leur raison d'être. D'ordinaire deux petites séances sont préférables à une grande parce que l'attention est meilleure. Notre force d'attention est comme le fil d'une lame qui s'émousse vite; au bout de peu de temps, on travaille machinalement, sans intérêt, on ne fait plus rien de bon. Mais si la séance est trop courte, si par exemple, pour prendre un cas extrême, nous cherchons à apprendre notre morceau en quatre séances de cinq minutes chacune, nous tomberons d'un excès dans l'autre. L'attention n'aura pas le temps de se lasser, c'est vrai, mais elle n'aura pas non plus le temps de se mettre en activité, ce qui est un autre inconvénient. Tout travail intellectuel qu'on commence est comme une lourde machine qui a besoin de temps pour s'ébranler; ce phénomène initial de *mise en train*, le « warm up » des Anglais, l' « erregung » des Allemands, n'aurait pas le temps de se produire dans une étude de cinq minutes. Une séance d'un quart d'heure est donc préférable.

1. Expériences d'Ebbinghaus et de Jost. Voir Claparède, l'*Association des idées*, Paris 1903, p. 95.

3° *Le repos après la séance.* — La séance d'étude est terminée, que faut-il faire? A la suite de tout effort de concentration, il est bon de se reposer, ou de faire un travail machinal; car cette phase qui suit un travail actif n'est du repos que par l'apparence; en réalité, à ce moment-là les souvenirs qu'on vient de fixer s'organisent, ils deviennent plus stables, ils entrent définitivement dans la mémoire, comme un liquide troublé qui dépose. On ne s'en doute pas, car ce travail se fait dans l'inconscient. Si pendant qu'il a lieu se produisait une vive émotion ou un choc, une grosse fatigue, l'organisation des souvenirs serait compromise. C'est ce qui explique, — comme un auteur américain, Burnham[1], l'a suggéré le premier, — ces phénomènes si curieux *d'amnésie rétroactive* qui se produisent à la suite d'une chute sur la tête, ou d'un traumatisme analogue. La victime, en reprenant ses sens, se rappelle ce qui s'est passé les jours précédents; mais elle a oublié comment l'accident s'est produit, et même ce qui s'est passé quelques heures avant. Un officier qui vient de tomber de cheval ne se rappelle plus la visite qu'il a faite une heure avant sa chute. Nous expliquons cela en supposant que les souvenirs correspondant aux faits récents n'étaient pas encore organisés, quand le choc traumatique est venu les détruire. Il est donc essentiel, nous le répétons, de veiller à ce que la fixation des souvenirs soit suivie d'une période de repos. C'est par suite d'un manquement à cette règle que le *bourrage* auquel trop d'élèves se livrent avant certains examens généraux produit des effets si pernicieux sur la mémoire.

Allons plus loin; si, après avoir exercé sa mémoire

1. Burnham. Retroactive Amnesia, *American Journal of Psychology*, juillet-octobre 1903, p. 118. Sur cette période d'organisation, bien d'autres auteurs ont insisté. Citons Lewy, Müller et Pilzecker; voir aussi Ebbinghaus, *Grundzüge der Psychologie*, vol. I, 1902, p. 651.

on ne peut pas trouver le repos qui est nécessaire à l'organisation des souvenirs qu'on vient de fixer, il faut tout au moins prendre une précaution, ne pas se livrer à un travail analogue à celui qui vient de nous occuper; quand on veut apprendre par cœur un morceau de musique, on compromettrait l'œuvre de la mémoire si aussitôt après on se mettait à lire ou à chanter d'autres airs de musique. Des expériences nombreuses de Cohn, Bourdon, Münsterberg, Bigham, mettent ces effets hors de doute, et V. Henri, qui rapporte en détail ces recherches de laboratoire[1], y ajoute une remarque bien intéressante. Si nous nous rappelons mieux le matin une leçon apprise la veille au soir que si nous l'avions apprise le matin et cherchions à la réciter le soir, c'est parce que dans le premier cas nous nous sommes reposés pendant l'intervalle, tandis que dans le second cas l'intervalle a été rempli par un grand nombre d'impressions, qui ont nui au travail d'organisation des souvenirs.

4° *Les deux procédés principaux de mémorisation : l'attention et la répétition.* Voilà pour les conditions toutes extérieures de la mémorisation; nous venons de voir quand il faut chercher à apprendre et pendant combien de temps. Mais nous n'avons pas encore étudié de près l'acte d'apprendre; et il faut voir quelle est la meilleure méthode à suivre pour l'exécution de cet acte. Nous pouvons utiliser deux procédés, l'attention et la répétition. Je puis concentrer ma pensée sur le livre, boucher mes oreilles aux bruits extérieurs, en prenant l'attitude bien connue de l'écolier qui apprend sa leçon; je puis aussi user de la répétition, en me récitant les vers plusieurs fois tout bas, parce que je sais d'instinct que c'est à coups de répétition que le souvenir pénètre dans l'esprit.

1. V. HENRI. Éducation de la mémoire, *Année Psychologique*, 1902, VIII, p. 40.

De ces deux moyens, lequel est le plus facile, le moins douloureux? La répétition. Lequel est le plus efficace? L'attention. De délicates mesures[1] ont été prises sur des sujets entraînés, à qui on faisait apprendre une centaine de mots, puis ces sujets, des adultes, furent conviés à expliquer avec le plus grand soin leurs procédés, et on a vu que les uns ne répètent les mots qu'une fois, d'autres deux fois, d'autres trois, d'autres quatre; or ce sont ceux qui les ont le moins répétés, mais y ont fait le plus attention qui se rappellent le mieux. Il faut donc, dans la mesure du possible, éviter les répétitions, que l'on fait souvent d'une manière machinale, mais concentrer tout ce qu'on a de force d'attention sur le fait ou l'idée qu'on veut absolument retenir. C'est quelquefois difficile, car on n'est pas toujours maître de son attention. Ce qui est encore plus efficace que l'attention volontaire, c'est l'intérêt présenté par une impression ou une idée à retenir[2].

5° *La manière de répéter : méthode fragmentaire, méthode globale.* Il y a mieux. Si nous serrons la question de plus près, nous voyons que la répétition peut se faire de diverses manières, dont la vertu est bien différente. Il y a d'abord la lecture à haute voix, distinguée de la répétition mentale; et il est démontré que c'est cette dernière qui a le plus d'efficacité, sans doute parce qu'elle exige une attention plus forte[3]. Il y a en outre l'étendue de la répétition mentale; parfois les lectures et répétitions que nous faisons du

---

1. Smith. *American Journal of Psychology*, juillet 1896.

2. Sur les effets comparatifs de l'intérêt, de la répétition et d'autres causes secondaires, voir le travail de Miss Calkins : Association. *Psychological Review*, I, n° 5, p. 476. Analysé dans *Année Psychologique*, I, p. 392.

3. Katzaroff. Le rôle de la récitation comme facteur de la mémorisation. *Arch. de Psychologie*, 1908, n° 7.

morceau à apprendre se font par très petits fragments ; ainsi, nous lirons les deux premiers vers seulement, nous les relirons, et ensuite nous nous efforcerons de les répéter sans regarder le livre, et sans
cesse nous reviendrons à ces deux vers, jusqu'à ce
que nous ayons la conviction qu'ils sont sus. C'est ce
qu'on a appelé la méthode *fragmentaire*, pour bien
exprimer que son esprit est de débiter le morceau en
tous petits fragments. Ainsi, ayant à apprendre une
fable de La Fontaine, nous ferons les répétitions
suivantes :

> Un mal qui répand la terreur
> Un mal qui répand la terreur
> Mal que le ciel en sa fureur
> Inventa pour punir.....
>   Un mal qui répand la terreur
> Mal que le ciel en sa fureur
> Mal que le ciel en sa fureur
> Inventa pour punir les crimes de la terre.

Une autre méthode s'appelle la méthode globale[1].
Celle-ci consiste à lire le morceau en entier, d'un
bout à l'autre, et à chercher à le retenir comme un
tout. Après une ou plusieurs lectures totales, on fait
un essai de répétition, puis on revient à la lecture ; et
sans se préoccuper de réparer l'oubli qu'on vient de
constater en répétant de mémoire, on fait encore et
toujours une lecture globale, c'est-à-dire entière,
d'un bout à l'autre. Il n'est pas besoin de dire que
cette méthode globale est contraire à notre instinct ;
nous n'y recourons jamais ; nous y répugnons pour une
raison bien simple, c'est qu'elle exige beaucoup plus
d'attention que l'autre. Lorsqu'on répète par groupe
de deux ou trois vers, on peut faire le travail machi-

1. Expériences de Miss Stefens, de Larguier des Bancels,
de Lobsien. Voir Lottie Stefens, Experimentelle Beiträge zur
Lehre von ökonomischen Lernen. *Zeitschrift für Psychologie
und Physiologie der Sinnesorgane*, 1900, vol. XXII, p. 321.

nalement, on cherche alors à retenir la sonorité de la phrase, comme une musique qui impressionne l'oreille intérieure; mais si on s'astreint à tout lire, il est impossible de retenir le son, car cette musique dénuée de sens est très courte, elle s'éteint tout de suite comme un écho; il faut alors fixer autrement son attention, la faire pénétrer plus avant, jusqu'au sens, aux idées du morceau. C'est ce petit effort supplémentaire qui nous déplait, car nous sommes singulièrement ménagers de notre attention. Or, l'expérience a appris que la méthode globale, malgré son caractère rébarbatif, est nettement supérieure à l'autre pour la conservation des souvenirs; elle permet d'apprendre un peu plus vite, et surtout, ce qui est important, elle assure une conservation plus longue et plus fidèle. Ainsi un sujet, au bout de deux ans, pouvait encore réciter 23 °/₀ des morceaux appris par la méthode globale, et rien que 12 °/₀ des morceaux analogues appris par la méthode fragmentaire. Nous croyons que la supériorité de la méthode globale tient à beaucoup de petites causes; mais la principale, à notre avis, c'est qu'elle utilise la mémoire des idées, tandis que par l'autre méthode, on ne fait intervenir que la mémoire sensorielle des mots.

Interprétés au point de vue de la distinction entre la mémoire sensorielle et la mémoire des idées, beaucoup d'observations et d'anecdotes deviennent très faciles à comprendre. Si tel acte de mémorisation ne laisse pas de traces, on devine pourquoi. Je me rappelle avoir causé de ce sujet avec des artistes de la Comédie-Française. Les acteurs sont des professionnels dont le sort n'est pas à envier, car ils payent leurs beaux succès par la peine qu'ils ont à apprendre leurs rôles, et ceux d'entre eux qui sont intelligents ont fait beaucoup de remarques sur les lois de la mémoire. On sait que souvent ils sont obligés d'apprendre au pied levé, par exemple la veille d'une représentation à bénéfice ou d'une tournée, ou enfin lorsqu'ils ont un engagement en province ou à l'étranger, sur un théâtre dont les pièces se renouvellent très souvent. Quand on apprend vite, on sait suffisamment son rôle pour le jouer sans accroc pendant la représentation du jour, mais ce rôle ne reste pas longtemps dans la mémoire, et deux ans après, si on le joue de nouveau, il faut l'apprendre de nouveau. Le fait est, paraît-il, tout à fait net et d'observation courante. Il n'est pas spécial aux acteurs; beaucoup d'écoliers aussi apprennent vite et retiennent bien, mais pendant peu de temps. Comment cela s'explique-t-il? J'imagine que c'est parce que l'attention s'est fixée de préférence sur l'extérieur, sur les qualités sensorielles de la phrase, et non sur l'intérieur, sur les idées. Bien entendu, je ne garantis pas cette explication, qui est un peu hypothétique. Ce qui est plus important, c'est d'empêcher l'enfant de cultiver uniquement cette mémoire temporaire. Mais comment peut-on s'y prendre?

Que l'acquisition ait été superficielle ou profonde, l'élève n'en récitera pas moins sa leçon sans faute, et l'oreille qui l'écoute ne peut pas arriver à distinguer si demain cette leçon si bien récitée sera encore dans la mémoire ou sera oubliée. Le maître ne peut donc se rendre compte de rien au moment de la récitation. Mais il arrivera au même résultat que s'il se rendait compte de tout, s'il veut bien prendre une précaution très simple : ne jamais faire connaître d'avance l'heure de la récitation. L'élève qui sait que c'est mardi à huit heures et demie qu'il a des chances qu'on lui demande de réciter, se prépare tout juste pour mardi à huit heures et demie, en faisant une acquisition superficielle jusqu'au dernier moment. S'il a reconnu à ses dépens que l'heure fatale de la récitation ne peut pas être prévue, que ce sera peut être mardi soir, ou jeudi, ou samedi, il comprend tout de suite l'inutilité d'apprendre pour un temps, et peu à peu, il sera amené à faire l'effort nécessaire pour apprendre pour toujours. Cela ne vaut-il pas mieux? Je préfère savoir deux beaux vers pour toute ma vie que vingt-quatre vers qui ne resteront dans mon esprit que pendant une semaine et s'envoleront ensuite sans laisser de traces. La distinction que nous venons de faire entre la mémoire des sensations et celle des idées est extrêmement importante et dominera tout ce qui va suivre.

6° *Culture de la mémoire des sensations*. Le procédé à employer pour développer la mémoire des sensations a pour but d'augmenter la persistance des sensations dans la mémoire. Cette persistance n'est pas augmentée par la force ou la netteté de la sensation : nous ne nous rappellerons pas mieux une leçon imprimée en grosses lettres que si c'est en caractères plus fins. Mais ce qui donnera plus de force à notre mémoire, c'est une multiplicité, un concert de sensations nombreuses; si pour se rappeler un élément *a*, on a reçu trois ou quatre sensations différentes, on a plus de chance de le conserver qu'avec une sensation unique. Des expériences judicieuses, faites surtout sur des écoliers, l'ont bien montré. Revenons à notre exemple d'un morceau de poésie à apprendre. Que se passe-t-il lorsque nous étudions notre livre? Si nous nous contentons de le regarder, nous n'avons qu'une impression visuelle; elle est déjà assez compliquée, il est vrai, et d'autant plus compliquée que nous aurons regardé le livre avec plus d'esprit d'analyse. Si nous prononçons à haute voix les mots, à mesure que nos yeux les parcourent, il s'ajoute à l'impression visuelle deux autres impressions sensorielles : une impression auditive, puisque nous entendons notre voix, et une impression motrice, puisque nous nous sentons parler. L'expérience a appris qu'une multiplicité de sensations, à la condition bien entendu que toutes se réfèrent au même objet, favorise la mémoire; nous aurons d'autant plus de chances de retenir le morceau qu'il nous aura impressionné par plus de voies différentes[1]. Par conséquent, nous nous garderons de l'étudier seulement des yeux; nous le parlerons, en nous plaçant dans un milieu silencieux pour que nous soyons impressionnés seulement par le bruit de notre propre voix et que nous n'ayons pas la crainte ou la fausse pudeur de la lancer. Et même, afin d'augmenter le nombre des impressions, nous écrirons le morceau de mémoire ou bien nous le copierons; de cette manière, il nous pénétrera à la fois par quatre chemins différents, la vue, l'ouïe, la voix, la main. C'est avec ce cumul qu'on apprend à lire aux enfants, en impressionnant tous leurs sens, et la méthode est excellente. Nous irons même plus loin. Puisque c'est la multiplicité des sensations qui facilite le travail de la mémoire, nous nous efforcerons d'en augmenter le nombre; nous chercherons par exemple les intonations les meilleures, les plus variées, les plus justes, afin d'impressionner par une grande diversité notre ouïe et nos organes vocaux; si nous copions, nous ferons des accolades, des coupures, des changements d'écriture et d'encre, en rapport avec le sens du morceau et pour illustrer ce sens. Et dans tous les cas, si on se connaît et si on connaît son type personnel de mémoire, on insistera sur la sensation qu'on retient le mieux; c'est à elle qu'on reviendra de préférence; les autres n'en seront qu'un appui et un complément.

1. Expériences de Baudrillart et Roussel. *Bulletin de la Société libre pour l'étude psychologique de l'Enfant*, 1902, nº 6. Voir aussi les expériences de Munsterberg et Bigham, *Psychological Review*, janvier 1894.

Si je suis moteur, comme c'est le cas le plus fréquent pour les souvenirs verbaux, je ne chercherai pas à me pénétrer de l'aspect visuel de la page que j'étudie, mais je fixerai de préférence ma pensée sur la récitation de la poésie; quant à l'image visuelle de la page, quant au souvenir de mon travail d'écriture et de calligraphie, quant au souvenir auditif de ma voix, ce sont simplement des adjuvants qui serviront à aider ma récitation intérieure. En fait, c'est ainsi que les choses se passent habituellement. Quand on apprend un morceau, on crée en soi une aptitude motrice à le réciter. L'image visuelle de l'imprimé intervient surtout au moment où on cherche le début du morceau, ou bien lorsque la mémoire nous trahit; elle fournit une suggestion, une amorce, un cadre; l'image auditive n'est presque jamais évoquée. C'est la mémoire d'articulation qui constitue le fond de la mémoire verbale.

7° *Culture de la mémoire des idées*. Il est à remarquer que lorsqu'on cherche à multiplier les ressources d'une mémoire sensorielle, on en change la nature et on aboutit à en faire une mémoire intellectuelle. Chercher l'intonation juste d'un vers ou le calligraphier d'une façon expressive, c'est fixer son attention sur l'idée, profiter de l'intérêt que cette idée inspire et par conséquent dépasser la sensation brute. Parlons maintenant de la mémoire des idées.

Pour bien saisir la différence qu'il y a entré la mémoire des sensations et la mémoire des idées, supposons que nous voulons retenir un nombre qui n'a aucun sens, comme 2385, ensuite un nombre qui a un sens, comme 1830. Le premier n'éveille aucune idée ou presque aucune; nous disons presque, car il est rare qu'un chiffre, une sensation quelconque ne fasse aucune sorte de suggestion d'idées et reste à l'état sec. Le deuxième nombre frappe immédiatement l'attention, car il est une date historique, il fait penser à une révolution, à un changement de régime, on voit passer la tête en poire de Louis-Philippe, on a un vrai grouillement de souvenirs. Il est évident que si, quelque temps après, on me redemande ces deux nombres, je n'aurai aucune peine à répéter 1830, tandis que j'aurai peut-être complètement perdu le premier nombre. Considérons encore la différence qui existe, suivant qu'on veut retenir des mots isolés et dénués de sens par leur groupement, ou au contraire des mots réunis en une phrase qui a un sens. Des recherches anciennes, que j'avais faites avec V. Henri dans les écoles, nous avaient montré combien est faible la mémoire des mots isolés, qu'on cherche à écrire ou à répéter aussitôt après les avoir entendus. Si nous proposons à une classe d'élèves d'écrire de mémoire, après les avoir entendus une seule fois, les sept mots suivants :

Jaquette, argent, wagon, pupitre, oiseau, maison, table,

on trouve que des enfants de huit à treize ans n'en retiennent pas tout à fait cinq mots. C'est qu'il faut faire un grand effort pour fixer le souvenir de ces mots-là par le son; au contraire, sentons avec quelle aisance on retient une phrase comme celle-ci :

Le cheval du trompette a mangé une botte de foin.

Nous n'avons plus à retenir le son des mots, mais leur sens; la phrase tout entière a de l'unité, et il n'est pas difficile de la retenir. Des calculs, un peu théoriques, je le reconnais, nous ont fait dire autrefois que la mémoire des idées est vingt-cinq fois plus puissante que la mémoire des sensations; mais je ne tiens nullement à la précision de ce chiffre, et il suffira de se rappeler l'incomparable supériorité que présente la mémoire des idées, et par conséquent les avantages qu'on trouve toujours à y avoir recours.

Il est évident, par exemple, que si nous cherchons à apprendre un morceau par cœur, il est essentiel de le comprendre, afin que ce soit surtout la mémoire des idées qui intervienne. Du reste, c'est toujours ainsi que les choses se passent quand celui qui étudie le morceau est assez intelligent pour en comprendre le sens. S'il s'examine au moment de l'évocation des souvenirs, il verra que c'est le mouvement des idées qui dicte le plus souvent cette évocation. Lorsque nous cherchons à nous rappeler un fait qui malheureusement est dénué de sens, nous faisons un effort afin de l'intellectualiser en quelque sorte; s'agit-il de distinguer deux adresses qu'on pourrait confondre, de nous rappeler un jour de réception, un anniversaire, une équation, chacun s'ingénie à y fixer une idée, plus ou moins artificielle, qui aidera la mémoire. Tous ceux qui ont eu des examens à passer ont employé de ces trucs; en chimie, pour apprendre les propriétés des corps; en physique, pour les poids spécifiques; en géologie, pour la succession des couches et les fossiles caractéristiques qu'elles renferment; en anatomie, pour la série des nerfs craniens; on a inventé des formules, des histoires, des plaisanteries, des chansons, qui sont autant d'hommages rendus à la mémoire des idées. Il est de bon goût de dédaigner ces procédés, et, sans doute, on a tort d'en abuser; mais pourquoi ne pas les employer dans quelques cas extrêmes, s'ils ont pour effet de soulager la mémoire et surtout de la préciser?

Ces essais empiriques ont été mûris et érigés en système par des personnes ingénieuses, et ont donné lieu à un art particulier, qui constitue la *mnémotechnie*. Elle consiste à intellectualiser des souvenirs de sensations, en leur accrochant des idées. C'est tout spécialement sur la mémoire des chiffres que la mnémotechnie s'exerce. Ainsi que je l'ai expliqué ailleurs, la règle qu'elle suit est de remplacer chaque chiffre par une consonne ; on ajoute à ces consonnes, selon sa fantaisie, des voyelles ; et, de la sorte, on remplace des nombres dénués de sens par des phrases ayant un sens, et se retenant d'autant mieux que leur sens est plus bizarre.

Cela est tellement ingénieux qu'il faudrait prendre le parti de recourir à la mnémotechnie toutes les fois qu'on doit retenir des chiffres et des dates, si les procédés auxquels elle nous oblige n'étaient pas un peu ridicules, et surtout si cette manière de mémoriser ne rendait pas l'évocation un peu lente ; en effet, pour évoquer le chiffre, il faut d'abord évoquer la phrase et opérer la traduction qui nous fait passer de la phrase au chiffre. C'est même ce retard qui permet de dépister celui qui se sert de la mnémotechnie et qui *simule* la mémoire[1]. Personne ne s'avisera donc d'apprendre par cette manière les chiffres dont on fait un usage constant, et dont la suggestion doit être rapide ; pas de mnémotechnie par exemple pour retenir la table de multiplication.

Ce qui constitue à proprement parler la mémoire des idées est assez difficile à définir, car les différences sont nombreuses qui séparent l'acte par lequel on retient une certaine nuance de sensation, et l'acte par lequel on retient tout un ensemble de choses ; suivant l'un ou l'autre cas, on se place dans une sphère différente. Quand on s'efforce de se rappeler une sensation, c'est la nuance même de la sensation qu'on cherche à fixer dans son souvenir, et pour garder cette nuance aucune phrase ne donne un vrai secours. Au contraire, lorsqu'on exerce sa mémoire d'idées, ce ne sont point des nuances de sensations qui intéressent, c'est plutôt la signification des choses

1. Voir A. BINET, *La Psychologie des grands calculateurs,* Paris, Hachette, 1894, 155.

et les idées qu'on leur associe. La mémoire des idées
est une vraie mémoire d'associations; elle s'accompagne de langage, car notre parole, qui exprime si
mal les nuances de nos sensations, est admirable au
contraire pour exprimer les rapports entre les idées,
et surtout pour en dégager la logique et nous rendre
conscients de cette logique. Cette remarque nous
permet d'entrevoir d'où vient la puissance de la mémoire des idées. Elle est formée d'un véritable tissu;
il suffit que nous tenions une des mailles pour que tout
le tissu reparaisse; en effet, plus nous avons d'associations au service d'un sou enir, plus celui-ci a
chance de revivre; or, comme dans le cas d'une mémoire d'idées, le nombre de ces moyens de réveil
est immense, leur conservation se trouve assurée
d'une manière presque infaillible. Pour bien saisir le
contraste, comparons deux expériences : dans l'une
nous cherchons à retenir un certain rouge, de telle
valeur, de telle nuance; quoi que nous fassions, au
bout de quelques minutes, nous perdons l'exactitude
de ce souvenir, nous ne reconnaîtrons plus l'échantillon montré, si on nous le présente confondu avec
des couleurs voisines. Voilà la mémoire des sensations; elle est très influencée par le temps. Maintenant, comparons-la à une autre expérience : on nous
dit d'un certain rouge : il a la couleur pourpre d'une
robe de cardinal. Ici, nous nous rappelons une
nuance un peu vague, mais nous nous rappelons en
même temps le mot qui la désigne, la comparaison
qui l'illustre; car tout cela est associé, cimenté, c'est
de la mémoire d'idées; et il y a des chances pour
que notre souvenir de demain, de huit jours, d'une
année, ne soit pas moins bon que notre souvenir
actuel.

Résultant d'un système d'associations, la mémoire
des idées doit surtout être développée conformément
à sa nature, c'est-à-dire par une augmentation du

nombre des associations. C'est une sorte de paradoxe : on retient d'autant mieux les souvenirs qu'ils sont plus nombreux; mais ajoutons aussitôt une réserve : il faut que ces souvenirs soient associés correctement. Il y a un sens dans lequel l'association doit être poursuivie, et un autre sens dans lequel il faut bien se garder de s'engager. Nous allons développer un peu ce conseil de tactique.

En premier lieu, on cherchera, toutes les fois qu'on veut acquérir un souvenir important, à effectuer des rapprochements entre ce qu'on apprend et ce qu'on sait déjà, afin que l'acquisition fasse corps avec le stock des connaissances. C'est là une prescription très utile pour conserver le souvenir, utile surtout pour mieux le comprendre, et pour introduire de la méthode dans l'esprit. On voit nettement ce phénomène d'assimilation se produire quand un enfant raconte ce qu'il a appris. Il le raconte à sa manière, avec ses mots, ses phrases, ses idées, sa tournure enfantine.

En second lieu, on cherchera à créer des associations entre le souvenir et des points de repère qui serviront à l'évoquer; précaution bien nécessaire, car beaucoup de nos souvenirs sont perdus parce qu'on ne sait pas comment les éveiller. Le nœud qu'on fait à son mouchoir est une forme naïve de ces rappels artificiels; la note qu'on prend sur son calepin est un moyen de s'épargner la fatigue d'une recherche; un moyen aussi de ne pas entraîner la mémoire et de la rendre paresseuse. Il faut prêter une attention scrupuleuse aux modes de rappel, et les étudier pour chaque circonstance importante. Je citerai à ce propos un exemple bien banal. Une jeune fille, après avoir joué du piano, ne pouvait pas se souvenir qu'elle devait fermer son instrument, et le piano restait toujours ouvert. Je lui donnai le conseil suivant : s'exercer à se lever un grand nombre de fois de son tabouret, en associant à ce mouvement celui qui consiste à fermer le piano; par la répétition, ces deux actes arrivent à n'en faire qu'un.

En troisième lieu, ce qu'il faut éviter, ce sont les associations dangereuses, qui rapprochent ce qu'on doit tenir séparé. Une règle de pédagogie, malheureusement peu connue, servirait à éviter cette erreur; c'est que c'est au moment de la formation d'un souvenir qu'il faut intervenir de la manière la plus active pour éviter les mauvais nœuds d'association. C'est à ce moment-là qu'ils se produisent presque toujours.

Si vous devez apprendre à quelqu'un votre adresse, ne lui dites pas : « devinez si je demeure au 202 de l'avenue ou bien au 204 »; car ce quelqu'un, même si vous rectifiez après, aura tendance à prendre un des numéros pour l'autre, du moment qu'il les aura rapprochés. Je me rappelle qu'Inaudi, le calculateur prodige, demandait que le spectateur qui était chargé de lui donner les chiffres de ses problèmes articulât ces chiffres sans hésiter, sans se tromper, car les erreurs, même corrigées aussitôt, l'embrouillaient. Pour la même raison, si vous enseignez l'orthographe, ne mettez pas en discussion l'orthographe de mots inconnus, ou ne relevez pas tout haut des erreurs commises, ou enfin ne donnez pas à vos élèves l'occasion de commettre des erreurs dans des dictées mal préparées. Ne demandez pas : « apercevoir prend-il un p ou deux p? » Ne vous écriez pas : « cet élève a mis deux p à apercevoir. Quelle erreur! » Mais enseignez hardiment que dans apercevoir il n'y a qu'un seul p. Et si vous faites une dictée, enseignez d'abord l'orthographe des mots inconnus, avant de les dicter. Ces règles de la dictée commencent à devenir familières à tous. Mais voici quelques observations qui paraîtront plus nouvelles. A l'époque où je faisais mon droit, j'avais un professeur de droit romain qui avait la fâcheuse méthode de nous exposer les institutions de droit civil en les comparant, caractère par caractère, aux institutions du droit prétorien. Ces parallèles auraient été très utiles deux leçons plus tard, quand nous connaissions déjà les institutions, et qu'elles formaient un noyau solide dans notre mémoire. L'erreur consistait à débuter par le parallèle, de sorte que les élèves étaient incapables de se rappeler ce qui appartenait à l'un ou à l'autre droit; tout se trouvait associé de la manière la plus désordonnée. Plus tard, quand je fis ma licence naturelle, j'écoutai un professeur de zoologie qui nous décrivait les singes en passant d'un type à l'autre pour chaque organe; il devenait impossible de se rappeler quels étaient les caractères de chaque type d'animal, parce qu'on ne s'en faisait pas une idée d'ensemble, et qu'encore une fois l'association des idées avait opéré au rebours du bon sens. On évitera bien des erreurs, bien des confusions d'esprit, et bien du travail inutile, en se rappelant que la mémoire consiste à conférer d'abord à ce qu'on apprend une individualité; c'est seulement lorsque le souvenir est bien individualisé qu'on peut risquer des comparaisons entre objets analogues ou un peu différents.

8° *L'entraînement de la mémoire.* A l'énumération des moyens, que nous venons de terminer, pour éviter les erreurs de mémoire ou pour renforcer les souvenirs, il convient d'ajouter que, comme toutes les autres fonctions, la mémoire gagne à l'exercice. On peut, à la lettre, augmenter sa mémoire; tout le monde le sait. Un seul auteur avait émis un doute à ce sujet : le grand psychologue William James. Il s'était exercé à apprendre par cœur de la poésie et il avait constaté sur lui-même qu'au bout d'un mois d'exercice il n'apprenait ni mieux ni plus vite qu'au début. Des amis, conviés à faire des essais analogues, lui donnèrent raison. Mais un grand nombre d'expérimentateurs ont cherché à vérifier cette opinion si inattenduo de James, qui contredit tout ce qui a été observé sur la loi du progrès mental par l'exercice[1] et ils ont constaté que la mémoire est soumise, comme nos autres facultés, à cette loi. Cela a été observé chez des adultes, et aussi chez des enfants d'école; les différences dues à l'entraînement sont même considérables.

Pour concilier les opinions opposées de James et des autres expérimentateurs, on peut supposer que l'exercice n'augmente pas, à proprement parler, la capacité de notre mémoire, mais il affine l'art avec lequel nous nous en servons. Pour apprendre un morceau de poésie, on ne met pas seulement en jeu la force plastique de l'esprit, c'est-à-dire cette qualité physiologique inconnue qui fait qu'une impression reçue est conservée et dort, attendant son réveil; une mémorisation suppose en outre qu'au moment de la fixation on dirige son attention d'une certaine manière, qu'on prend des repos utiles, qu'on fait les répétitions convenables, qu'on fixe heureusement son esprit sur les idées du morceau, bref, qu'on utilise avec une certaine habileté ce qu'on a de mémoire. C'est de la même manière que l'éducation physique décuple nos forces, moins en augmentant matériellement la puissance des muscles qu'en nous apprenant l'art de retenir notre souffle et de ménager notre effort.

Le gain par l'exercice est encore plus étendu qu'on ne pense; en creusant la question, on s'est aperçu que lorsqu'une personne fait un gain en s'exerçant à un travail quelconque, elle obtient un perfectionnement qui se transfère à d'autres travaux soit du même genre, soit de genres assez différents. C'est un fait curieux, presque incroyable. Apprendre à distinguer des sons de hauteur différente peut servir

1. Voir p. 144, quelques exemples de cette loi.

même à mieux distinguer des tons de valeur différente[1]. Comment se produit cet effet général de perfectionnement? Est-ce parce que, dans des travaux qui nous semblent totalement différents, il y a des processus élémentaires qui sont identiques? Est-ce parce que tout travail implique une manière générale de penser qui, dans ses grandes lignes, reste invariable? On ne sait et là-dessus on discute encore. Mais l'essentiel, au point de vue pratique, est de retenir cet enseignement important que chacune de nos puissances augmente par l'exercice et peut même augmenter quelques autres de nos puissances. Développons donc notre mémoire; développons surtout celle des enfants, afin que, devenus adultes, ils en aient une qui soit habile, souple et forte.

VI

UNE ERREUR DE PÉDAGOGIE

Je termine en exposant une observation particulière, prise sur une jeune fille de ma famille. Ce sera une occasion de montrer en quoi doit consister l'entraînement de la mémoire que je viens de préconiser. Cet entraînement ne consiste pas à faire sans méthode beaucoup d'efforts de mémoire; des efforts mal dirigés ne serviraient à rien, sinon à décourager la personne. Il est nécessaire de connaître les règles de l'entraînement, car si on ne les connaît pas on ne fera aucun progrès. C'est ce qui arriva à la jeune fille qui va servir à ma démonstration.

1. J. E. COOVER et F. ANGELL. General Practice Effect of Special Exercise. *American Journal of Psychology*, XVIII, p. 329. Pour un exposé complet de la question, présenté avec une nuance de scepticisme un peu exagérée, voir Thorndike, *Educational psychology*, p. 80.

Mathilde a vingt ans environ; elle prend depuis plusieurs années des leçons de chant; elle a la voix juste, elle a du goût; elle travaille avec plaisir son chant, mais elle est désolée depuis quelque temps du résultat qu'elle obtient : elle se trouve dans l'impossibilité presque absolue d'apprendre un morceau et de le chanter par cœur. Elle ne peut chanter qu'à la condition de jouer le chant au piano ou de suivre son professeur qui fredonne et indique l'air. D'où vient cette difficulté? Mathilde a de la mémoire, et même beaucoup de mémoire pour la littérature et pour les événements de la vie quotidienne; n'en aurait-elle pas pour la musique? C'est bien possible, car la mémoire musicale est une des plus spéciales que l'on connaisse. Je l'interroge; je lui demande quels sont les morceaux que son professeur lui donne à apprendre. Elle me répond qu'elle est depuis six mois sur l'air du *Vallon*, de Gounod; elle n'est pas encore arrivée à en chanter vingt mesures sans le secours du piano. Les interrogations multiples que je lui adresse finissent par la rendre consciente de la cause de son échec. Quand elle cherche à chanter toute seule, de mémoire, l'air du *Vallon*, elle a une tendance continuelle à détonner, c'est-à-dire qu'elle altère légèrement la hauteur de quelques notes; pendant qu'elle chante, elle s'entend et ne s'aperçoit pas du changement qu'elle a introduit; naturellement elle retient ce changement, car la mémoire n'est pas sélective. Par conséquent, lorsqu'elle revient à son cahier de musique, elle a besoin non seulement d'apprendre de nouveau ce qu'elle ne sait pas, mais encore de bannir de sa mémoire le souvenir de sa première exécution; elle doit faire un double travail et toutes ses tentatives pour se rendre maîtresse du morceau ont ce même effet déplorable. Cela explique bien qu'elle ne fait aucun progrès.

Quelle conclusion tirer de cette analyse? Dirons-nous

que Mathilde n'a point du tout de mémoire musicale et qu'elle ferait bien d'abandonner le chant? Non. Tout le monde a de la mémoire; Mathilde en a, mais elle n'en a pas autant que l'exigent les morceaux qu'on lui fait étudier. La méthode qu'on lui impose est défectueuse. Les morceaux de musique ne sont pas tous de difficulté égale; il faudrait commencer par cultiver sa mémoire en lui faisant apprendre des morceaux faciles, qui seraient à sa portée; peu à peu, très lentement, on augmenterait la difficulté du travail. En suivant cette marche, on aurait tout bénéfice. Mathilde ne se découragerait pas et, au lieu d'abîmer sa mémoire musicale comme elle le fait actuellement, elle l'augmenterait.

Voilà quel fut le conseil que je donnai. Mais ce conseil ne fut pas suivi; il ne pouvait pas l'être; le professeur de chant ne l'accepta pas. Ce professeur de chant était une dame qui, malgré sa grande instruction musicale et son titre de premier prix du Conservatoire, se faisait une très vague idée de la pédagogie. Lorsque Mathilde lui expliqua qu'elle manquait de mémoire musicale, son professeur l'arrêta et lui parla en ces termes brefs et décisifs:

« Si vous n'avez pas de mémoire, cela prouve que vous n'êtes pas musicienne; dans ce cas, il n'y a rien à faire; renoncez à la musique. Vous me dites que vous avez besoin d'exercer votre mémoire; exercez-la donc en apprenant l'air du *Vallon* que je vous ai donné; tous les morceaux présentent la même difficulté pour la mémoire, car ils sont tous composés des mêmes notes. Vous me dites enfin que vous aimeriez vous entraîner avec des morceaux plus faciles; je ne puis pas, je ne dois pas vous donner un morceau plus facile; cela ne me convient pas. Faites ce que je vous dis, ou cherchez un autre professeur. »

Je ne critiquerai pas point par point cette déclaration de principes. Je remarquerai seulement combien il est erroné d'affirmer que tous les morceaux de musique présentent la même difficulté pour la mémoire, sous prétexte qu'ils sont tous composés des mêmes notes. A ce compte, il serait aussi facile de faire apprendre à un enfant une phrase de Pascal qu'une phrase de Berquin, parce que ces deux phrases sont composées des mêmes lettres. Le seul mot juste du discours de cette dame est le mot de la fin : elle conseillait à Mathilde de changer de professeur.

J'ai rapporté cette histoire pour montrer combien il est important de cultiver la mémoire selon une méthode rationnelle d'entraînement. Avec une méthode défectueuse, non seulement on ne fait aucun progrès, mais encore on compromet ce qu'on a de mémoire; au lieu de se rapprocher du but, on s'en éloigne.

A l'appui, je citerai un autre exemple. Celui-ci m'est personnel, et on m'excusera de me mettre en scène. Je ne parlerai pas de musique, mais de bicyclette; mais la mémoire des mouvements n'est pas soumise à d'autres règles que la mémoire des sons; c'est toujours une mémoire, et elle se cultive de la même façon.

J'étais à un âge où l'on apprend déjà difficilement la bicyclette; à douze ans, m'assure-t-on, on n'a pas besoin de leçons; mais à quarante ans, l'apprentissage est plus rude. Je voulus m'exercer seul, dans un jardin, le mien, qui est petit et planté de gros arbres, et le sentier que je parcourais était un lacet aux tournants brusques. Je ne puis pas dire le nombre de fois que je tombai sur les arbres; au bout de deux mois d'essais, je ne faisais aucun progrès, et je n'étais pas arrivé une seule fois à faire le tour complet du jardin. Aux vacances, nous allâmes habiter un pays de plaine, avec de grandes routes droites, sans talus ni fossés, qui avaient 10 et 12 mètres de largeur; ces routes, c'étaient pour moi l'équivalent des morceaux de musique très faciles qui convenaient à notre élève de chant. Mon éducation de cycliste fit des progrès qui m'étonnèrent; j'appris à faire des virages dans de grands carrefours; et à la rentrée d'octobre, quand je me retrouvai dans mon jardin, je pus en parcourir les méandres à bicyclette avec la plus grande facilité. Je suis absolument persuadé que si j'avais continué à faire mes essais pendant tout l'été dans mon jardin, je ne serais pas parvenu en octobre à le parcourir une seule fois sans tomber. Les exercices sur route large m'avaient seuls permis de faire mon éducation musculaire. C'est ainsi qu'après avoir perdu beaucoup de temps, je m'étais enfin souvenu de cette règle élémentaire : pour apprendre quoi que ce soit, il faut aller du facile au difficile. La règle est si simple qu'il suffirait d'un peu de bon sens pour l'imaginer.

CHAPITRE VII

Les aptitudes.

———————

I

LA CORRÉLATION DES FACULTÉS INTELLECTUELLES.

Étudier les aptitudes individuelles des enfants, c'est
aborder une de ces questions qui nous intéressent
tous, à cause de leur portée pratique, non seulement
pour l'enseignement de l'école, mais encore pour l'avenir de chaque enfant, car le choix de sa carrière ne
devrait pas être fait sans qu'on examinât quelles sont
ses aptitudes. Si on prenait cette précaution on diminuerait certainement le nombre des déclassés, des
mécontents; on augmenterait le rendement économique de tous en mettant chacun à sa vraie place,
et ce serait là, probablement, un des moyens les plus
simples, les plus naturels, les meilleurs, de résoudre,
au moins partiellement, quelques-unes de ces irri-
tantes questions sociales qui inquiètent tant d'esprits et qui menacent l'avenir de la société actuelle.

Mais que sait-on des aptitudes individuelles des
enfants? En pratique, il y aurait un moyen, non de
résoudre la question, du moins d'en prendre quelque
idée. Ce serait d'interroger les enfants, de les faire

un peu causer sur ce qui leur plaît le plus et le moins dans leurs études, et, après avoir noté leurs appréciations, de voir si elles s'accordent avec leurs aptitudes réelles; ou encore, autre moyen, on devrait leur laisser le choix entre plusieurs travaux différents et voir lequel ils préfèrent constamment. Mais cette étude a-t-elle été entreprise? Ces aptitudes ont-elles été définies? A-t-on cherché la possibilité de les utiliser? A-t-on fait un rapprochement entre les aptitudes mentales des enfants et les métiers et professions dont ces aptitudes les rendent capables? Malheureusement non. Tout ce qu'on sait, c'est que la question existe; on s'en est préoccupé, on a même fondé des sociétés tout exprès pour l'étudier, mais rien, ou presque rien n'a été fait jusqu'ici.

J'ouvre le plus récent traité de pédagogie; il a paru en décembre 1908; j'y lis les lignes suivantes :

« ..... Les enfants du même âge ne possèdent pas toutes les facultés mentales au même degré : c'est la grave question des aptitudes particulières, qu'une longue et délicate observation peut révéler seule aux maîtres. Il y a dans chaque classe des types intellectuels différents suivant la prédominance chez les enfants de telles et telles facultés. » Voilà la question posée; mais c'est tout. Les auteurs n'ajoutent pas un mot, ils ne donnent pas un seul exemple de ces aptitudes particulières; bien véritablement ils ne savent rien de plus.

D'autres comprennent au moins qu'il y a là une question grave et ils la traitent de leur mieux, sans se dissimuler combien ils l'ignorent. L'un d'eux, tout dernièrement, donnait dans un journal de pédagogie une série d'articles sur le thème séduisant de l'*école sur mesure*. Homme d'esprit, il menait sa démonstration avec brio. Il commença par rappeler qu'autrefois l'usage avait été de confondre tous les enfants, quels qu'ils fussent, dans la même classe. On s'aperçut d'abord que quelques-uns ne profitent pas de l'enseignement parce qu'ils ne voient pas, et quelques autres parce qu'ils n'entendent pas ; on fit donc une première séparation et on organisa des écoles spéciales pour les aveugles et les sourds-muets. Ensuite, on remarqua que certains enfants ne peuvent pas suivre les leçons parce qu'ils manquent d'attention ou qu'ils sont débiles d'intelligence ; on vient de les séparer aussi du reste des élèves, et en ce moment on s'occupe de créer pour eux des classes spéciales, dites classes d'anormaux. L'auteur annonce que ce même travail de sélection devrait se continuer en éliminant des classes ordinaires les débiles de corps, pour lesquels on organiserait des écoles de plein air. Ce n'est pas tout, et l'auteur, poussé par l'élan qu'il s'est lui-même donné, en vient à déclarer que les normaux doivent à leur tour être divisés en un certain nombre de catégories, suivant leurs aptitudes, reconnues par des maîtres ou des spécialistes, et qu'à chacune de ces catégories il va falloir donner un enseignement différent, différent surtout au point de vue professionnel. Puis l'auteur s'arrête là. Toute sa bonne volonté ne lui permet pas d'aller plus loin que cette conclusion un peu vague.

Je crois bien que, malgré sa réserve finale, il n'en a pas moins commis une grosse erreur : c'est d'avoir eu seulement l'idée qu'il est possible de diviser les normaux en groupes aussi tranchés que les sourds, les aveugles et les anormaux. Il oublie que ce qui caractérise un normal, c'est qu'il n'est pas un être d'exception, mais un être moyen dont les caractères sont ceux d'une moyenne. S'il existe dans l'humanité des aptitudes diverses, soyons bien certains que le normal, c'est-à-dire l'individu moyen, les possède toutes à quelque degré et que c'est là précisément ce qui fait qu'il est un type indifférent, bien équilibré et sans marques propres. Ceci soit dit sans même envisager tous les inconvénients très grands qu'il y aurait à spécialiser de trop bonne heure des enfants, à leur donner un enseignement adapté à des aptitudes qu'ils peuvent ne pas avoir ou qui peuvent changer avec l'âge, ou dont l'utilisation peut changer aussi, dans un milieu aussi instable que nos sociétés modernes. Nous ne voyons pas ce que la liberté individuelle gagnerait à la reconstitution de ces jurandes et maîtrises de l'ancien temps qui emprisonnaient les ouvriers dans des métiers fermés.

On le devine par ces quelques détails, la question que nous abordons est entièrement nouvelle; elle ne fait pas actuellement partie du domaine de la pédagogie; elle consiste surtout en travaux de laboratoire, en recherches très spéciales dues à des psychologues, comme Stern, en Allemagne, pour ne citer qu'un des noms les plus autorisés. Nous allons nous inspirer de ces études, en même temps que des nôtres, qui sont fort anciennes, mais nous les exposerons à un point de vue plus nouveau, plus nettement moderne; au lieu de les traiter en curiosités de psychologie, nous chercherons leur utilisation pratique et, à la suite de chaque constatation, nous nous adresserons, comme un refrain, la question suivante : « A quoi sert cette observation? »

Nous allons donc parler dans tout ce qui suit d'aptitudes partielles, particulières. Que faut-il entendre au juste par cette spécialité, cette particularité de certaines aptitudes? Il faut entendre qu'elles ne sont pas en corrélation avec le reste des études. Supposons qu'il s'agisse de la matière d'enseignement a. Quand nous disons que cette matière suppose des aptitudes particulières, nous voulons dire que les élèves qui excellent en a peuvent être médiocres pour l'ensemble des autres études et qu'à l'inverse les élèves qui sont médiocres en a peuvent exceller dans les autres études. Il est donc nécessaire, pour se faire une notion de l'indépendance de certaines aptitudes, d'étudier les corrélations pouvant exister entre les succès et insuccès dans certaines branches et les succès et insuccès dans d'autres branches; cette analyse des corrélations est très compliquée, car elle exige qu'on opère sur de grands nombres d'élèves, afin d'éliminer la part du hasard. Les méthodes qu'on emploie à cet effet sont nombreuses, et quelques-unes d'entre elles font intervenir les mathématiques supérieures. Nous n'avons nullement l'intention d'entrer dans ces détails, mais il paraît juste de donner au moins une idée de la méthode la plus simple qui puisse être employée. Il y a la *méthode du rang*, que nous avons nous-même imaginée avec V. Henri[1]; il y a aussi la méthode de Pearson et les calculs de Spearmann[2], et enfin une dernière méthode, la plus simple de toutes, celle des *moyennes*, qui a été employée dernièrement par Ivanoff[3]; celle-ci exige des documents nombreux, mais les calculs, par compensation, sont courts. Disons en quoi elle consiste. Il s'agit de savoir si l'aptitude en dessin, par exemple, va de pair avec l'aptitude pour l'écriture. Dans l'ensemble des divers élèves, il y en a 20 % qui sont forts en écriture; dans le groupe des bons dessinateurs, cette proportion monte à 28%. La différence, 28 % — 20%, est égale à 8 %. Cet écart de pourcentages, rapporté lui-même au pourcentage de l'aptitude moyenne à l'écriture donne $\frac{8}{20} = 40$ %. Nous avons là un coefficient qui, corrigé

1. BINET et HENRI. *La fatigue intellectuelle*, Paris, Schleicher; conférer Sée : Une formule mathématique applicable aux recherches de psychologie, *Bulletin de la Soc. de l'Enfant*, Paris, Alcan, 1904, n° 17.

2. SPEARMANN. The Proof and Measurement of Association between two Things. *The American Journal of Psychology*, 1904, XV, p. 72. Voir aussi, *ibid*, XV, p. 201.

3. E. IVANOFF. Recherches expérimentales sur le dessin des écoliers de la Suisse romande. *Arch. de Psychologie*, 1908, n° 30.

comme il convient, donne la mesure de la corrélation cherchée ; si la corrélation dessin-écriture est de 40 °/₀ et que la corrélation dessin-calcul soit de 13 °/₀, il est clair que cette seconde corrélation sera beaucoup plus faible que la précédente.

Si jamais question fut controversée, c'est bien celle de la valeur des corrélations. Deux opinions absolument contradictoires sont er présence, et toutes deux revendiquent la force des preuves. D'après l'une, qui a été soutenue avec ardeur par l'Américain Thorndike [1], l'esprit ne serait qu'une collection absolument hétéroclite de facultés qui sont comme juxtaposées, mais restent rigoureusement indépendantes. L'opinion inverse, soutenue par l'Américain Spearmann [2], avec un grand luxe d'appareil mathématique, est que l'intelligence est une, qu'il existe en chacun de nous une faculté méritant le nom d'intelligence générale, et qu'on découvre une correspondance entre le degré de toutes nos activités, même les plus éloignées ; il y en aurait une par exemple entre l'habileté à percevoir des sensations et l'habileté à se tirer d'affaire dans la vie. C'est juste le contre-pied de l'opinion de Thorndike. A tout prendre, ce sont des thèses extrêmes, et il y a comme des vérités de juste milieu que de telles controverses laissent debout. Si on examine spécialement le cas des écoliers et les aptitudes qu'ils présentent pour les diverses matières qui leur sont enseignées, on peut-formuler à ce sujet diverses observations qui restent justes et démontrées, quelle que soit la thèse extrême à laquelle on se rallie. D'abord, il est établi qu'on ne rencontre jamais une corrélation extrêmement faible, c'est-à-dire une indépendance presque absolue, entre une matière d'enseignement et

1. Thorndike. *Educational Psychology*, New-York, 1903, p. 28.
2. General Intelligence, objectively Determined and Measured. *American Journal of Psychology*, XV, 2, 1904, p. 201.

l'ensemble des autres matières. Le système de corrélations qu'on arrive à dégager est beaucoup plus compliqué. Prenons le dessin, puisqu'il vient d'être bien étudié par Ivanoff. Le dessin passe, et avec raison selon nous, pour une des aptitudes les plus indépendantes qui soient, mais le dessin ne jouit pas de la même indépendance vis-à-vis de toutes les matières ; si la corrélation avec les langues, par exemple, et avec le calcul est faible, la corrélation est assez forte avec les travaux manuels, la rédaction, la géographie. Autre remarque : il n'existe point de corrélations inverses ; être fort dans une branche n'est pas une raison pour être faible dans une autre ; si quelques élèves n'excellent dans une branche que parce qu'ils en négligent plusieurs autres, ce sont là des circonstances fortuites, qui pourraient ne pas être, et non des résultats inhérents à la nature des choses ; les aptitudes ne s'excluent pas, voilà le fait important à retenir, et on peut toujours rencontrer des esprits complets qui les réunissent. Dernière remarque, la plus importante de toutes. Il existe une faculté qui agit en sens inverse des aptitudes, c'est l'application générale au travail. Tandis que les aptitudes donnent des succès partiels, l'application générale au travail exerce une action niveleuse et assure un succès dans toutes les branches qui sont abordées. Il en résulte que l'effet des aptitudes se voit moins bien lorsqu'on a affaire à un groupe d'élèves très studieux ; ils remplacent la vocation par de l'effort, et les calculs que font des théoriciens à la recherche des corrélations, s'en trouvent obscurcis.

II

REMARQUES SUR QUELQUES APTITUDES SCOLAIRES

Il existe plusieurs manières d'étudier les aptitudes des enfants : l'une consiste à prendre l'une après l'autre les diverses branches d'enseignement et à rechercher ce les qui présentent entre elles le plus de corrélation, celles aussi qui en présentent le moins; l'autre étude est plus ambitieuse; elle s'élève au-dessus des exercices scolaires et cherche à deviner quels sont les caractères mentaux typiques, dont les aptitudes diverses sont des conséquences.

Nous allons dire quelques mots de ces deux études différentes.

Première aptitude particulière, la musicale; on sait que la musique est un art qui donne à beaucoup de gens des émotions intenses; d'autres y restent absolument réfractaires. Les uns, et c'est la majorité, 90 °/₀ environ, ont la voix et l'oreille justes, les autres ont la voix et l'oreille fausses; et cette différence creuse entre les uns et les autres un véritable fossé. Inutile d'ajouter que les aptitudes musicales manquent souvent chez des natures qui sont par ailleurs fort intelligentes. Il y aurait de longs développements à écrire sur la sensibilité musicale, sa mesure, les indications et contre-indications pédagogiques de la musique, mais nous nous excusons de nous abstenir, le sujet nous paraît un peu spécial et la place nous fait défaut.

Le *dessin* est à citer aussi parmi les aptitudes particulières : c'est presque un don de naissance. Toute personne appliquée peut arriver à copier à peu près convenablement un modèle, mais le dessin de mémoire ou d'imagination est refusé à un grand nombre. Comme pour la musique, c'est une lacune qu'on rencontre chez des personnes très intelligentes. Je me rappelle un savant qui un jour s'est senti incapable de représenter par le dessin un chien assis ; il ne voyait pas ce que le chien pouvait bien faire de ses pattes. Il y a même des peintres qui dessinent mal et sont surtout coloristes : témoin Rembrandt, qu'il est intéressant de comparer à ce point de vue à Holbein. La question de savoir sur quelle faculté repose le don du dessin est assez obscure, car le dessin en devenant habituel perd beaucoup de ses éléments conscients. Il en est du dessin comme de la parole ; celui qui parle d'abondance et avec facilité ne sait vraiment pas comment il fait pour parler ; il n'a pas une représentation claire de la phrase avant de la prononcer, il ne sait que très vaguement les mots qu'il va employer ; il a plutôt le sentiment abstrait de ce qu'il veut dire, et sa parole se conforme à ce plan. De même, un dessinateur très exercé voit le dessin sortir de son crayon, il sait bien ce qu'il veut faire, mais il a de la peine à expliquer comment il se représente son dessin avant de l'exécuter. Ce qui est bien certain, c'est qu'en quelque manière il faut avoir en soi une notion de la forme pour pouvoir l'exprimer. Cette notion est-elle une représentation visuelle, et dirons-nous qu'un dessinateur doit avoir le don exceptionnel d'évoquer des images visuelles des choses ? Peut-être, et nous préférons en tout cas cette explication à celle qui voudrait faire du dessin un art entièrement moteur, car la mémoire motrice ne peut donner un ensemble de relations spatiales. Mais ce qui importe le plus, ce n'est pas la puissance naturelle de visualisation, c'est l'exercice, le savoir et le goût acquis en visualisant ; grâce au savoir, à l'expérience acquise, on a en soi des plans, des schèmes de dessins, on sait comment se présente l'anatomie d'une personne en telle attitude, et cela facilite énormément l'exécution d'un dessin qu'on veut faire de mémoire ou d'imagination, comme cela facilite la critique des dessins d'autrui. Il est évident qu'une visualisation médiocre avec beaucoup de savoir rend plus de service pour dessiner que la visualisation intense de celui qui ne sait rien, et qui n'a jamais étudié ni analysé un objet au point de vue de la reproduction de sa forme.

Sur l'enseignement du dessin, il faudrait présenter aussi de bien longs développements. Le principe en est inscrit à la fin de notre chapitre sur l'intelligence (p. 158). Nous y avons dit notre préférence pour la méthode active, comprise dans son sens complet. Une longue expérience a montré qu'il est néfaste d'imposer à l'enfant qui commence à dessiner la reproduction de figures géométriques, pour cette raison mal interprétée qu'elles sont plus simples que la figure humaine et les objets usuels. Cet enseignement les décourage; ils dessinaient avant d'entrer à l'école, et l'école les dégoûte du dessin. Il faut leur laisser faire du dessin libre, parce que c'est là leur goût de nature; on interviendra ensuite pour guider et corriger ce dessin libre; on utilise ainsi une force naturelle qui est en eux, au lieu de la détruire. Il y a longtemps que les écoles américaines nous en ont donné l'exemple.

Je me rappelle toujours à ce propos l'erreur que j'avais commise autrefois avec mes jeunes enfants. A cinq et six ans, ils faisaient d'instinct du dessin libre; ils en faisaient beaucoup, et y prenaient un plaisir extrême; ils regardaient souvent les objets, mais pour y trouver des renseignements qu'ils transportaient ensuite dans leur dessin; l'idée ne leur venait presque jamais de dessiner d'après nature. Je croyais que c'était là une méthode déplorable; mon respect pour l'observation en était choqué; il me semblait que l'art ne progresse que par l'imitation directe, fidèle, respectueuse de la nature. Heureusement, je n'intervins pas, et mes enfants continuèrent à dessiner d'après leur instinct. Ils sont revenus tout doucement, et d'eux-mêmes à l'étude de la nature.

L'orthographe naturelle est une aptitude scolaire dont l'existence a été signalée depuis longtemps par les maîtres. Il y a des enfants qui savent l'orthographe, non pas d'instinct, sans l'avoir apprise, ce serait méconnaître tout ce qu'il y a d'artificiel dans l'orthographe, mais bien en se donnant infiniment moins de mal que d'autres écoliers qui n'arrivent pas à posséder une orthographe aussi correcte. C'est surtout pour l'orthographe d'usage que la supériorité des premiers s'accuse. Mais à quoi tient cette prédisposition? On n'en sait rien. On ne peut faire que des conjectures. Voici la nôtre.

Nous apprenons l'orthographe à la fois par l'audition et par la vue; mais c'est par la vue surtout; et deux démonstrations nous en sont fournies; la première par les expériences de Belot[1] qui a trouvé que si on compare l'orthographe de deux groupes d'élèves, dont les premiers l'ont apprise par présentation visuelle, les seconds en écoutant l'épellation du maître, on constate que les premiers se rappellent mieux l'orthographe : ils font 65 °/₀ d'erreurs dans des conditions où les seconds en font 72 °/₀. Le second argument est fourni par les aveugles; quoique beaucoup plus intelligents que les sourds-muets, les aveugles mettent moins bien l'orthographe. Pourquoi? C'est qu'ils ne l'apprennent pas par la vue.

On sera donc porté à conclure que les écoliers qui savent le mieux l'orthographe ont, toute chose égale d'ailleurs, une meilleure mémoire visuelle que la moyenne; seulement la mémoire visuelle ne suffit pas, il faut encore l'employer, avoir le goût de la lecture, et

1. A. Belot. Épellation et présentation visuelle. *Bulletin de la Soc. de l'Enfant*, Paris, Alcan, 1906, p. 147.

beaucoup lire, de manière à emmagasiner l'orthographe d'un grand nombre de mots ; on acquiert même ainsi l'habitude des règles d'accord, car la lecture répétée nous apprend tout cela ; elle apprend aussi bien que l'orthographe d'usage les règles de grammaire ; ces règles, même si l'on est incapable de les formuler ou de les raisonner, on est capable pourtant de les appliquer. C'est ainsi que nous nous expliquons comment il se trouve qu'un élève soit fort en orthographe et au contraire faible en dessin, ou qu'il présente la combinaison opposée ; dans les deux cas, il peut avoir de la mémoire visuelle ; mais l'ayant employée différemment, il en reçoit des services différents.

L'aptitude au *calcul mental* et aux *mathématiques* est encore au nombre des aptitudes spéciales. Le calcul mental peut être développé par l'exercice chez de très jeunes enfants, et les calculateurs prodiges débutent du reste fort jeunes, il y en a eu de trois ans. C'est une faculté qui repose essentiellement sur la mémoire, car il faut, pour mener à bonne fin le problème, conserver le souvenir de l'énoncé, puis lorsqu'on a fini une opération partielle, se rappeler cette solution, ne pas l'embrouiller avec celle de l'énoncé, faire de même pour une autre opération partielle, tout retenir sans rien confondre, jusqu'à ce qu'enfin on soit arrivé à la solution.

Ainsi, je veux multiplier mentalement 122 par 122 ; c'est une opération que je choisis exprès très simple, si simple qu'elle n'exige même pas qu'on sache sa table de multiplication, car tout le monde peut multiplier par 2 ; la difficulté de l'opération ne relève donc pas du calcul, mais uniquement de la mémoire. Je commencerai par exemple par multiplier 122 par 100, j'arrive à 12.200 ; et il faut que je fasse un grand effort pour retenir ce premier produit partiel ; ensuite, je multiplie 122 par 22 ; cela n'est pas facile pour moi ;

je m'avise alors de multiplier 122 par 10, puis de doubler; 122, multiplié par 10, cela fait 1.200; doublé, cela fait 2.400; je multiplie enfin 122 par 2, cela fait 242. Or, la grosse difficulté, c'est pendant que je trouve 242, de ne pas oublier 2.400; de même, pendant que je trouve 2.400, de ne pas oublier 12.000. Je suis obligé sans cesse de revenir en arrière, de me répéter les produits partiels déjà acquis, afin de les vivifier dans la mémoire; et même, de temps en temps, je les perds; et il faut que je recommence toute l'opération qui me les a fait trouver. Il est évident, d'après cette analyse, que le calcul mental exige une mémoire très sûre, permettant de tenir à sa disposition tous les chiffres dont on a besoin.

Une autre remarque bien intéressante est à faire; c'est au sujet de la qualité de mémoire qui est nécessaire au calcul mental.

On croyait autrefois que c'était essentiellement une mémoire visuelle. On supposait que le bon calculateur mental calculait de tête comme sur le papier, et que mentalement il voyait le papier; mais on a su depuis que s'il y a des calculateurs *visuels*, il y en a d'*auditifs* ou plutôt de *moteurs*, et que ces derniers ne voient pas les chiffres, mais les entendent, ou se les disent, et qu'en se les disant, ils calculent aussi bien que s'ils les voyaient. Le procédé seulement est un peu différent, car d'ordinaire, tandis que le visuel fait l'opération comme sur le papier, le moteur la décompose. Ainsi, s'agit-il de multiplier 125 par 142, le visuel opérera en commençant par la droite, et multipliera 125 par 2, puis par 4, puis par 1, et fera l'addition des produits partiels; au contraire le moteur va multiplier d'abord 125 par 100, et ensuite par 42. Nous avons vu la réalité de ces deux types si curieux de calculateurs visuels et moteurs, en étudiant d'après nature, à notre laboratoire de la Sorbonne, deux calculateurs prodiges, aujourd'hui célèbres, Diamandi et Inaudi.

Il est utile d'ajouter que la plupart du temps, on se sert à la fois d'images visuelles et motrices. La répétition verbale sert à vivifier l'image visuelle ; celle-ci rend service en indiquant la position de certains nombres, car elle seule comporte une vision dans l'espace ; d'autre part, il y a des opérations qu'on fait d'une manière purement auditive et motrice, des multiplications, par exemple, qui ne sont que des associations de mots ; enfin, comme l'intelligence ne perd jamais ses droits, on fait, pendant le travail, une foule de remarques sur la nature des chiffres, leurs relations, leurs contrastes, et ces remarques aident beaucoup à les retenir ; ainsi, la suite 3.5.7 frappe par l'égalité des intervalles, 3.5.8 frappe par cet autre fait que 8 est la somme de 3 et 5; et ainsi de suite. Ce sont de petits moyens qui favorisent la mémoire, et qui dépendent moins de sa force que de l'ingéniosité d'esprit.

L'intelligence des *mathématiques* suppose une faculté tout à fait spéciale, et qu'il serait extrêmement important d'analyser, car c'est une des différences peut-être les plus accentuées qu'on rencontre parmi les écoliers. Tous les professeurs de lycée qu'on consulterait là-dessus seraient de cet avis. On peut même ajouter que ce sens des mathématiques est si important que l'avenir de beaucoup d'élèves en dépend. Aujourd'hui, ce sont les carrières scientifiques et industrielles qui, étant les plus lucratives, attirent le plus grand nombre d'élèves. Seulement, en fait, beaucoup d'entre eux, après avoir essayé pendant quelque temps les cours de science, sont obligés de les abandonner, parce qu'ils se sentent incapables de suivre ; d'autres jugent même inutile de faire cet essai, ils connaissent d'avance leur incapacité en mathématiques. Les uns et les autres sont des déchets, des fruits secs de la classe de mathématiques; rejetés par les sciences, ils vont aux lettres; et, par conséquent, il résulte aujourd'hui de cet état de choses que l'auditoire de la classe de philosophie se recrute parmi les élèves les moins bien doués pour les sciences. Cette absence d'aptitude pour les mathématiques et pour les sciences en général s'observe aussi, à l'âge adulte, chez beaucoup d'individus, même cultivés, même d'intelligence supérieure qui reconnaissent sans fausse honte leur incapacité, quelquefois même s'en font gloire. Du reste, cette incapacité, prise dans un certain sens, est commune à tous ; car, à mesure que les mathématiques s'élèvent, le nombre de ceux qui les comprennent décroît avec une rapidité vertigineuse ; et on remarquait dernièrement, en célébrant la puissance mathématique de Poincaré, qu'il n'existait probablement pas dans le monde entier plus de dix personnes en mesure de le suivre.

Sur quelle qualité mentale mystérieuse est donc fondée la faculté mathématique ? Nous l'ignorons ; et quoique Poincaré ait entrepris de nous l'expliquer dernièrement[1], nous ne sommes pas bien sûrs, quant à nous, d'avoir réalisé son explication. La psychologie de l'acte de comprendre reste très obscure ; il semble qu'elle se passe tout entière dans l'inconscient. Lorsqu'on saisit le sens d'une proposition verbale, il faut bien que chaque mot joue un rôle dans le sens total, puisque le sens total dépend de chacun d'eux ; mais c'est par raisonnement que nous supposons cette perception du sens de chaque mot, ainsi que le rapprochement de tous les sens particuliers pour former une synthèse, car nous saisissons la phrase dans son ensemble ; en un mot, nous n'appréhendons que le résultat synthétique. C'est ce qui fait que nous avons de la peine à comprendre comment on comprend. C'est bien regrettable ; s'il était possible de savoir

1. Voir POINCARÉ, La psychologie de l'invention. *Année Psychologique*, XV, 1909.

en quoi consiste au juste l'intelligence des mathématiques, on pourrait s'appliquer à la développer.

Nous n'en dirons pas davantage sur les branches d'enseignement scolaire ; et nous élevant plus haut, nous allons maintenant chercher à définir quelques types spéciaux d intelligence.

II

REMARQUES SUR QUELQUES TYPES D'INTELLIGENCE

Des recherches faites un peu partout, soit dans les écoles, soit dans les familles, soit parmi des personnalités célèbres, nous ont conduit à admettre, tout provisoirement et jusqu'à plus ample informé, trois types spéciaux de caractères intellectuels, avec trois types de sens contraire qui répondent à chacun des premiers. Donnons-leur des étiquettes qui, malheureusement, ne sont pas très justes, mais qui serviront à les reconnaître. Nous allons donc décrire :

1° Le conscient, opposé à l'inconscient ;
2° L'objectif, opposé au subjectif ;
3° Le praticien, opposé au littéraire.

Il doit être entendu d'abord que ce sont là des types extrêmes, et par conséquent exceptionnels ; que ces différents types ne sont pas en opposition les uns avec les autres, mais plutôt en indépendance ; car il n'est pas rare de rencontrer des êtres complets qui combinent le conscient avec l'inconscient, le subjectif avec l'objectif, et le praticien avec le littéraire.

Le Conscient et l'Inconscient.

Nous allons exposer quelques remarques sur les méthodes de travail intellectuel : c'est une question importante pour la pédagogie, mais la pédagogie classique y est restée étrangère. Elle continue à vivre sur une description du travail intellectuel, qui est traditionnelle, qui certes n'est point fausse, mais qui n'est pas vraie pour tous les individus. On présente le travail intellectuel comme une manifestation d'activité intellectuelle qui serait à la fois consciente, volontaire, raisonnée et personnelle. C'est une erreur. Il y a d'autres méthodes de travail qui sont tout aussi efficaces. A la méthode de la réflexion, il faut ajouter et même opposer la méthode de l'inspiration[1]. Suivant les tempéraments, c'est l'une des méthodes ou l'autre qui a le plus d'efficacité. Il faut se connaître, essayer des deux méthodes, les comparer, voir celle qui réussit le mieux, chercher notamment les conditions particulières où l'une doit être préférée, car c'est surtout une question d'opportunité.

La méthode de réflexion consiste à prendre comme point de départ une idée précise, une idée qu'on peut formuler, une idée qu'on a trouvée par la réflexion, et dont on pourrait expliquer toute la genèse, tous les antécédents, toute la continuité; l'idée est donc pleinement consciente. Sur elle, on exécute un travail qu'on a entrepris parce qu'on le veut bien; on le commence quand on le désire, on l'interrompt, on le reprend et on le termine de la manière qu'on juge convenable; le travail est donc complètement à nos ordres. Pendant qu'il se poursuit, on exerce son attention, sa mémoire, son sens critique; on examine une idée, on l'accepte ou bien on la rejette; et toutes les fois on sait pour quelle raison on a fait ceci plutôt que cela; le travail est donc entièrement raisonné. Ce qu'il a souvent de pénible et même de douloureux tient à la nécessité de ne penser qu'à son sujet, et de

1. J'emprunte ces deux expressions précises à Souriau. Voir *La Rêverie esthétique*, Paris, Alcan, 1906, p. 115 et suiv.

s'y cantonner, de s'y concentrer, en ne se permettant aucune digression. L'effort nécessaire pour développer l'idée qu'on tient nous rend conscient de notre rôle de créateur; nous avons le sentiment très net d'être l'auteur de l'œuvre, et nous en assumons toute la responsabilité; j'entends parler ici de responsabilité non pas au sens juridique ou moral, mais bien au sens intellectuel. Enfin, traitée de cette manière savante, l'idée parcourt une phase complète d'évolution mentale; elle est d'abord un germe abstrait, une idée vague, un schème, elle se développe lentement, elle grossit, elle s'amplifie, elle se détaille surtout, c'est-à-dire qu'elle s'enrichit d'éléments concrets, précis, sensoriels, vivants; et nous avons une exacte connaissance de cette évolution, à mesure qu'elle se déroule, puisque c'est nous qui, par notre intervention, la faisons dérouler; puisqu'elle évolue même, souvent, d'après un scénario que nous avons choisi.

Si le travail intellectuel était toujours de la nature que nous venons de décrire, la morale de l'histoire serait bien simple; toutes les fois qu'il faut travailler, il n'y a qu'à le vouloir; plus on travaille, mieux cela vaut; et pour tout dire, on n'a qu'à rappeler aux élèves cette fameuse recommandation de Newton que depuis notre enfance nous avons appris à admirer : « Le génie est une longue patience », et on trouve la solution des problèmes en « y pensant toujours ». C'est une conception qui ne manque pas de grandeur; elle exalte le libre arbitre et la personnalité. Elle est bien d'une époque où une psychologie simpliste réduisait chacun de nous à n'être qu'un assemblage de facultés passives mises au service d'une volonté toujours libre.

Mais les observations qu'on a faites un peu partout, et dans les circonstances les plus diverses, sur les poètes, les philosophes, les scientifiques, et même sur des êtres très spéciaux, des spirites, des médiums, des hystériques et autres malades, ont prouvé que le travail intellectuel de nature raisonnée et réfléchie que nous venons de décrire ne constitue pas une règle générale. De temps en temps, on travaille tout autrement. C'est affaire de circonstances d'objet d'études, et de tempérament. C'est surtout lorsqu'on fait agir son imagination qu'on a une manière toute particulière de travailler; l'illustre mathématicien H. Poincaré[1] vient de donner un remarquable exposé de la question, en décrivant comment il a fait la plupart de ses inventions. Le récit en est saisissant, presque dramatique.

Voici à peu près quelle est la suite la plus ordinaire des opérations. Il commence par une période de travail volontaire; il s'est assis à sa table de travail, il examine la question, il raisonne, il calcule, il tend tous les ressorts de son attention, il fait, en un mot, du travail conscient. Souvent, il se rend compte de la difficulté qui l'arrête, mais elle ne continue pas moins à l'arrêter; et fatigué, ou découragé, il abandonne.

Second temps; quelques jours, quelques mois se sont écoulés. Il n'est plus devant sa table de travail; il ne pense plus même à travailler; il se promène; il est sur une falaise, il traverse un boulevard, ou il monte en omnibus; peu importent ces circonstances banales sinon qu'elles indiquent qu'il n'est pas préparé à faire un effort. Tout à coup il se produit en lui une illumination; une idée lui apparaît; c'est mieux qu'une idée, c'est une vérité; il s'aperçoit que telle fonction mathématique a telles propriétés, ou qu'elle doit être rapprochée de telle autre. La solution cherchée autrefois se présente donc au moment où on n'y songe pas. Et quand elle se présente, elle est accompagnée d'une conviction profonde qu'on est dans le vrai. On ne sent pas le besoin de faire des

___

1. POINCARÉ. L'invention mathématique. Voir *Année Psychologique*, XV, 1909, p. 445.

vérifications ultérieures ; on les fera sans doute, mais pour le moment, c'est la certitude.

Troisième temps : une période de travail conscient, qui se passe devant la table de travail. On examine de nouveau l'idée qui a apparu subitement, on analyse son contenu, on fait les calculs nécessaires et on écrit le mémoire qui donne l'exposé de la question.

Poincaré a insisté longuement sur la nature, l'éclosion de cette idée, et sur les antécédents qui l'ont préparée. Elle suit une période de travail conscient, et probablement elle ne se serait jamais produite si on n'avait pas commencé par méditer volontairement sur le problème. C'est une idée qui a un contenu à la fois vague et plein ; elle est précise, car elle indique la voie à suivre, les calculs à faire, et le but auquel on va arriver ; c'est une véritable *idée-mère*, comme l'a appelée Beaunis ; mais elle reste vague en ce sens qu'elle ne réalise, par elle-même, aucun calcul ; et Poincaré a bien raison de faire cette remarque si judicieuse et si importante que jamais on ne trouve par l'inconscient le produit d'une multiplication, après que dans une autre période on aura pensé aux deux facteurs.

Ce mode de travail est donc un mode inconscient ; et en effet, il serait facile de l'opposer à la méthode de réflexion : le travail n'est pas à nos ordres, l'idée n'est pas déterminée par un effort conscient et pénible de recherche ; on ignore l'idée ; quand elle arrive, elle surprend par sa brusquerie, son manque de causalité psychique ; elle paraît l'œuvre d'une activité qui nous est étrangère, qui se développe hors de nous ; nous sommes quant à nous, passifs ; nous laissons faire ; et cette absence d'effort nous est d'autant plus agréable que nous sommes convaincus que cette idée qui ne nous coûte rien va être féconde en résultats.

Mais la description de Poincaré ne s'applique guère qu'à l'éclosion de l'idée ; elle se réfère donc à un cas où l'inconscient joue un rôle limité, qui est vite fini. Pour compléter cette description, je veux en rapprocher un autre cas, qui n'est différent qu'en apparence.

Je veux parler de l'auteur dramatique François de Curel, et de la manière dont il compose ses pièces. Il a décrit lui-même avec une admirable finesse de psychologue toutes les étapes de son travail de création[1]. Comme Poincaré, il commence par une période de travail volontaire. Il a en tête son idée de pièce, il a construit son scénario, il fait parler ses personnages en se mettant à leur place, dans leur peau, comme cela s'enseigne dans les cours de rhétorique, et en leur faisant dire ce qu'il sentirait lui-même dans des circonstances analogues. C'est la méthode de réflexion ; elle est fort pénible pour lui ; plus il s'enfonce dans son travail, plus il trouve que c'est mauvais. A un certain moment, il se rend compte qu'il ferait bien de reprendre toute la pièce depuis le commencement. Et alors, sur son second manuscrit, commence son travail inconscient, qui ressemble un peu à l'invention mathématique de Poincaré. Seulement Curel n'a point la visite soudaine d'une nouvelle idée directrice, d'une idée-mère qui renfermerait sa pièce entière. Mais c'est pendant l'exécution que se manifeste le caractère inconscient du travail. L'auteur cesse de se sentir le créateur de la pièce, de ses personnages, et surtout du dialogue ; il ne crée plus, mais il assiste au jeu de la pièce. Les personnages en scène parlent d'eux-mêmes, lui semble-t-il, spontanément, pour leur propre compte ; il n'a pas à faire d'effort pour trouver ce qu'ils doivent dire. Leurs idées, comme les mots dont ils se servent, il les apprend en quelque sorte en les écoutant. Il est presque passif, dans une attitude de sténographe, qui prendrait des

1. A. BINET, F. de Curel. *Année Psychologique*, I, 1904, p. 119.

notes à une séance de discussion. La division de conscience est donc poussée très loin; mais pas assez loin, bien entendu, pour amener de l'incohérence. L'auteur reste très attentif, et capable d'intervenir utilement, d'abord pour exiger que ses personnages obéissent au scénario, ensuite pour les diriger, leur souffler certaines répliques, ou même de temps en temps, pour prendre leur place, et intercaler dans le dialogue des mots qui viennent de lui, qui sont de véritables mots d'auteur. Le sentiment de cette division de conscience est chez Curel tellement net qu'il peut facilement, en relisant une de ses pièces, distinguer entre les répliques qui lui appartiennent et celles qui appartiennent à ses bonshommes.

Cette observation a l'avantage de préciser, et sur des points importants, de compléter, m'a-t-il semblé, celle de Poincaré; elle montre sous un autre jour comment l'inconscient travaille. Chez le mathématicien, cet inconscient ne fait qu'une brusque apparition dans la vie consciente; il apporte une idée, comme un diable qui sort d'une trappe, puis disparaît. Chez Curel, il se produit un développement plus lent, plus systématique de l'inconscient; celui-ci reste en pleine lumière, vit côte à côte avec le conscient, et devient pour lui un collaborateur véritable, comme un second auteur qui aurait des titres à signer la pièce et à toucher des droits. Mais il est évident que malgré les différences, les caractères psychologiques fondamentaux se retrouvent dans les deux cas; sous une forme ou une autre, c'est bien là un envahissement du moi conscient par un quelque chose qui lui est étranger; on avait appelé cela autrefois un état d'*inspiration*; et sur cette mise hors de soi, les poètes avaient bâti une charmante mythologie : une femme jeune et belle, la muse, était censée rendre visite à l'inspiré; cette muse n'est que la personnification de l'inconscient.

Il ne faudrait pas se contenter de deux observations, qui, à tout prendre, sont un peu exceptionnelles, pour faire une théorie générale de la méthode d'inspiration. Je crois que tous, ou presque tous, nous avons des inspirations; mais elles sont moins dramatiques que celles de Poincaré, moins envahissantes que celles de Curel. Nous avons surtout le sentiment que certaines idées se forment en nous d'elles-mêmes, qu'elles s'organisent sans nous, et que nous les laissons faire. Souvent, rapporte Souriau, c'est dans un état de rêverie que ces idées se forment; nous sommes alors dans un relâchement de l'attention qui est favorable à l'inconscience. Parfois, le seul caractère propre à l'inspiration, c'est le caractère involontaire de l'idéation. Quant à la qualité du travail produit avec cette méthode, nous ne pensons pas qu'elle soit inférieure ou supérieure à celle du travail de réflexion; nous supposons même qu'il serait impossible de déterminer, en présence d'une œuvre, comment elle a été travaillée. Si jamais un auteur a fait une œuvre dont la systématisation est poussée jusqu'à la raideur, c'est bien Spencer; on n'aurait jamais pensé qu'il avait employé constamment la méthode d'inspiration, si lui-même ne l'avait pas confessé.

Nous voilà bien loin des questions d'éducation; du moins, on pourrait le croire. L'école n'est pas le milieu où l'on rencontre et où l'on peut étudier ces phénomènes si subtils de division de conscience; ou plutôt, nous ne les connaissons pas encore suffisamment, ces phénomènes, pour pouvoir les reconnaître chez de jeunes enfants. Nous n'aurions donc pas songé à en parler ici, dans ce livre à caractère essentiellement scolaire, si les pédagogues n'avaient pas tiré de ces faits quelques conclusions intéressantes pour l'hygiène du travail intellectuel; et il faut absolument dire un mot de ces conclusions, qui sont très justes, très utiles, à la condition toutefois qu'on n'en exagère pas la portée.

Avec un certain esprit de fronde, on a voulu prendre le contre-pied du conseil mémorable de Newton. « En y pensant toujours », disait le savant anglais. Non, réplique-t-on aujourd'hui, il n'y faut pas penser toujours; c'est trop attendre du travail volontaire et réfléchi, c'est laisser trop peu de liberté à l'inconscient. Il faut au contraire arranger les conditions pour que l'inconscient collabore à notre effort. On conseille donc de pousser volontairement l'étude d'une question difficile, jusqu'à ce qu'on en ait vu, compris, mesuré toutes les difficultés; à ce moment-là, il faut arrêter le travail, brusquement, en pleine activité; on prendra du repos, on pensera à autre chose, et on attendra. C'est maintenant le tour de l'inconscient; on lui passe la main; à lui de trouver la solution du problème.

Ce conseil est excellent, mais il a un petit défaut; il suppose que tous les hommes sont construits sur le même type et cachent en eux un inconscient de grande intelligence. C'est là l'erreur. Il y a toute une famille d'individus qui ne doivent presque rien à leur inconscient; leur inconscient est bête et borné; le travail qu'ils fournissent n'est dû qu'à leurs efforts personnels et entièrement conscients; et quand ils le reprennent après l'avoir abandonné, ils le retrouvent exactement au point où ils l'avaient laissé; rien n'a progressé pendant la nuit, ni pendant la distraction du jour. Alors que les inspirés ont, peut-on dire, plus de talent que d'intelligence, les réfléchis ont plus d'intelligence que de talent. L'auteur dramatique Paul Hervieu m'a paru appartenir à ce type volontaire et réfléchi; il en est même un modèle admirable. La pédagogie qui repose sur la virtuosité de l'inconscient ne peut donc pas s'appliquer à tous, mais à quelques-uns.

Seulement, il y a pour tous quelque chose à prendre dans les conseils des théoriciens de l'inconscient; ces

conseils seront efficaces pour des raisons un peu différentes de celles auxquelles on a pensé. Il est bon de
ne pas pousser un travail volontaire au delà d'une
certaine limite, et de savoir s'arrêter; on évite ainsi
la fatigue intellectuelle, qui produit la stérilité de l'effort. Quand une difficulté nous paraît insoluble, il est
de mauvaise politique de s'y acharner; notre attention
et l'acuité de notre intelligence s'y émoussent, et nous
accumulons une fatigue qui ne fera que retarder
l'heure de la solution. Savoir s'imposer un bon repos
au moment opportun vaut infiniment mieux. Quelque
temps après, si on se remet à la besogne, on se sent
les idées plus claires, l'esprit plus dispos; et parfois
on trouve très vite ce qu'on avait si vainement cherché auparavant. Est-ce parce que l'inconscient s'est
mêlé de nos affaires? N'est-ce pas plutôt, ou plus souvent, parce que nous sommes dans un état de fraîcheur mentale qui décuple nos forces? Suivant les
cas, c'est tantôt une des explications qui est juste,
tantôt l'autre. Mais peu nous importe. L'essentiel est
d'avoir employé une méthode qui nous a réussi.

Chacun peut tirer des observations qui précèdent
de très utiles indications pour la meilleure manière
de diriger le travail de son esprit. Et lorsqu'on fait
travailler des enfants, surtout quand on leur donne à
faire des rédactions qui exigent une part d'imagination, il est bon de se rappeler que quelques-uns
d'entre eux ne trouvent pas les idées à volonté.
M. Belot, à la suite de ses expériences sur la rédaction
avec et sans délai, a donné un très utile conseil :
celui de dicter le thème imaginatif quelque temps
avant de faire commencer le travail de composition.
De cette manière, les idées des enfants ont le temps
de germer.

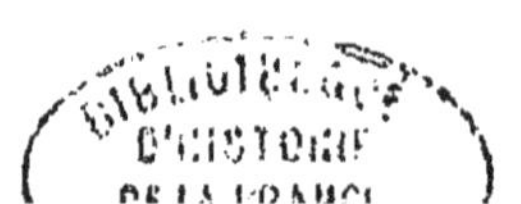

Quelques portraits intellectuels.

Nous avons montré, dans la section précédente, qu'il existe plusieurs méthodes de travail, qui sont très différentes. Ce n'est pas la seule manifestation dans laquelle les esprits expriment leurs différences; les différences de mentalité se traduisent aussi par leur différence de contenu. On s'en aperçoit si l'on fait faire à des enfants ces sortes de devoirs où ils sont obligés de donner un peu d'eux-mêmes, au lieu de reproduire simplement, en échos fidèles, la substance de ce qu'on leur a appris. La rédaction est certainement un des meilleurs moyens de connaître un fond d'esprit, à la condition, bien entendu, qu'on sache comment il faut la donner et comment il faut l'interpréter.

Je propose aux maîtres qui se plaisent à ces études de donner des sujets de rédactions ayant pour but le récit d'un événement réel, par exemple *le compte rendu d'une promenade, d'un dîner, d'un voyage, d'une fête de famille*; on donnera aussi des rédactions ayant pour but de décrire un objet présent, un corps matériel, par exemple, *une fleur, un porte-plume, un sou*, ou bien toute une scène, par exemple *une gravure intéressante* et sans légende. On donnera aussi des rédactions destinées à surprendre le travail d'invention; on fera imaginer une histoire autour d'un thème dicté, par exemple *la mort d'un chien*, et enfin on pourra terminer toute cette série d'épreuves en faisant développer une pensée morale, une règle de conduite, par exemple cette vérité abstraite : *Pourquoi on ne doit pas se mettre en colère*, ou bien un problème moral mis sous une forme d'anecdote : *Un enfant a commis tel acte répréhensible. Si vous étiez son père, que feriez-vous?*

Si on a la patience de dicter ces devoirs de rédaction à une trentaine d'enfants, et si on a surtout la patience d'analyser toutes les copies, on sera surpris de la variété qui s'y manifeste. Variété d'abord dans les écritures, puis dans la forme ; ici le développement a quatre lignes, là il couvre quatre pages. Le vocabulaire aussi est différent : ici ce sont surtout des substantifs ; ailleurs il y a plus d'adjectifs ou plus de verbes ; les mots d'une copie sont d'un style familier et grossier ; d'autres de race plus noble, de sens plus abstrait. Après le vocabulaire. la syntaxe : certaines phrases sont courtes. réduites à des propositions simples, s'accrochant avec des conjonctions ou des locutions élémentaires. comme *et, et puis, et après, et alors* ; ailleurs apparaissent des *car*, des *donc*, des *lorsque*, des *puisque* qui montrent que les relations d'idées deviennent plus complexes. Et en même temps ce sont des propositions subordonnées qui s'ajoutent à la proposition principale, qui la compliquent. Toute cette différenciation de grammaire et de vocabulaire est en relation étroite avec l'évolution mentale des enfants et on pourrait deviner leur âge par la syntaxe qu'ils emploient. Mais, même entre des enfants d'âge égal, on trouve de ces différences, et elles sont dues aux causes les plus diverses : au degré d'intelligence de l'enfant, au milieu qu'il fréquente, et aussi au type mental qui est le sien.

Mais poussons plus loin notre analyse et, après avoir examiné ce qui constitue le contenant de la rédaction, voyons-en le contenu. Que de variétés encore ! Que de distinctions à faire ! C'est une occasion admirable pour acquérir le sentiment que chaque enfant possède déjà son individualité. En voici un qui, dans le récit d'une fête foraine, ne sait que faire l'énumération de tous les objets qu'il a vus ; il les note sans ordre, sans description aucune : « J'ai vu ceci, cela..., des chevaux, des voitures, des clowns, des animaux..., etc. » Un autre enfant se place à un point de vue bien différent : il raconte ce qu'il a fait ; il donne une série d'actions personnelles, en suivant à peu près l'ordre chronologique ; c'est toujours de lui qu'il parle ; il dit : « J'ai vu, je suis allé, j'ai mangé, j'ai bu, je suis monté sur les chevaux de bois ; après, j'ai fait ceci..., etc. » Il est comme le centre du monde. Un autre commence à décrire les objets extérieurs ; il est frappé de leurs couleurs et de leurs formes ; il les peint, il les compare à d'autres, il a des métaphores qui prouvent avec quel intérêt il les a regardés : « Les chiens étaient de telle façon ; les perroquets avaient telle couleur » ; les comparaisons et les qualifications abondent. Un autre fait de l'érudition : il coud à sa description des notions apprises en classe, il explique, il fait la leçon. Un autre cherche un sens à la scène dont il a été le témoin, il fait effort pour deviner ce qui s'est passé dans l'âme des personnages, il dit pourquoi on est allé à tel endroit, ce qu'on y cherchait, ou bien il établit une relation, une logique entre les différents faits qu'il a perçus. Un autre encore prend une attitude toute spéciale, une attitude moins objective que les précédentes ; il juge, il apprécie, il donne son sentiment, il trouve la fête gaie, ou triste, ou bruyante ; il admire les chevaux et les voitures ; s'il s'agit d'une gravure, il déplore le malheur d'un personnage, il se montre pénétré d'émotion ; c'est charmant ; mais il faut un peu se méfier de la sincérité des rédactions ; ceux qui s'émeuvent le plus dans leurs rédactions ne sont pas toujours des enfants qui ont bon cœur ; déjà dès l'école on peut dire que « ce n'est là que de la littérature ».

Je ne puis actuellement traiter dans son ensemble ce vaste sujet de la classification des types mentaux. La question est encore trop neuve, trop peu étudiée ; mais je vais attacher un moment l'attention du lecteur sur deux types différents d'idéation qu'on rencontre constamment, si on prend la peine de les chercher, dans une classe d'enfants. Je parlerai de ces deux types particuliers, parce que je crois les bien connaître ; mais il doit être bien entendu que ce ne sont point les seuls qui existent et qu'ils ne peuvent pas servir de base à une classification générale. Ces deux types peuvent être désignés de noms divers, qui ne sont jamais complètement exacts ; on peut appeler l'un l'*objectif*, et l'autre le *subjectif*, mais ces expressions sont un peu vagues. Le premier mérite aussi le nom d'*observateur*, et le second celui d'*interprétateur* ou d'*imaginatif*. On peut dire aussi du premier qu'il est *réaliste, positif*, et du second qu'il est *rêveur, contemplatif*. Toutes ces différences se ramènent à une distinction fondamentale dont il faut bien prendre conscience.

Nous nous trouvons, par notre nature même, en quelque sorte à califourchon entre deux mondes : le monde extérieur, composé d'objets matériels et d'événements physiques, et le monde intérieur, composé de pensées et de sentiments. Suivant les moments et les besoins, nous faisons d'une manière plus exclusive de l'introspection ou de l'extrospection. Tantôt nous avons besoin de savoir ce qui se produit autour de nous, tantôt nous cherchons à nous replier sur nous-mêmes pour réfléchir. Regardez attentivement comment vit un individu, vous le verrez passer de temps en temps de l'attitude d'observateur extérieur à celle de songeur. Mais nous n'avons pas tous les mêmes habitudes, les mêmes goûts, ni surtout le même tempérament. Certains d'entre nous sont plutôt portés vers le monde extérieur, d'autres vers le monde interne. C'est ce qui constitue, dans les sciences par exemple, les deux grandes familles d'observateurs et de théoriciens ; ce sont deux grandes familles ennemies, qui ne savent jamais se rendre justice l'une à l'autre ; pour les théoriciens, l'observateur exclusif se dépense à recueillir des faits exacts, mais sans intérêt, ce qui est en partie vrai; pour les observateurs, les théoriciens perdent leur temps à inventer des interprétations intéressantes, mais inexactes, et cela aussi est en partie vrai. Il est évident que ces deux tendances d'esprit sont incomplètes, fragmentaires; il faudrait, non pas seulement les faire coexister et être à la fois observateur et interprétateur, mais encore les souder, être interprétateur de ce qu'on a observé, ou observateur dans le sens de ce qu'on interprète. Pour prendre une image matérielle, l'idéal d'un savant complet n'est point d'avoir à la fois une vis et un écrou, mais un écrou adapté à la vis.

Il n'est pas difficile de démêler chez de jeunes enfants des dispositions naissantes vers l'observation externe ou vers l'introspection; mais ce ne sont point là des analyses qu'on fait commodément dans les écoles; les écoliers nous y sont trop peu, trop mal connus individuellement; on ne fait sur eux que des constatations bien superficielles. Il faut avoir fait ailleurs la psychologie des types intellectuels pour être en mesure de la retrouver chez des écoliers. Le hasard a voulu que dans ma propre famille, il y a quelques années, j'ai trouvé deux fillettes qui présentaient, dans une opposition intéressante, le type de l'observation et celui de l'interprétation. Ces deux fillettes étaient presque du même âge, elles avaient onze ans et douze ans et demi à cette époque, elles recevaient intégralement l'instruction dans leur famille, et elles étaient ainsi soumises à des influences extérieures qui étaient aussi pareilles qu'on puisse le souhaiter; par conséquent, les différences mentales qui les séparaient étaient bien dues à leur nature propre. J'ajouterai que j'ai pu les étudier pendant plusieurs années, tous les jours, faire avec elles un nombre immense d'expériences, qui étaient contrôlées par des observations directes de leurs parents et de moi-même; et c'est là que pour la première fois je me suis convaincu que la méthode des *tests*, pour analyser les esprits, est une méthode remarquable ; il est vrai que j'ai pu l'employer à fond et que je ne me suis jamais contenté d'une réponse douteuse ou d'un résultat équivoque.

C'est d'abord dans les descriptions d'objets que Marguerite, l'aînée des deux fillettes, atteste sa tournure observatrice. On prie les deux sœurs de *décrire* — on n'emploie pas d'autre expression — un petit objet qu'on leur montre ; on ajoute que la description doit être faite par écrit, et constamment on obtient de Marguerite une description du genre suivant :

Description d'une feuille de marronnier par Marguerite.
(Durée : 11 minutes 15 secondes.)

« La feuille que j'ai sous les yeux est une feuille de marronnier cueillie en automne, car les folioles sont presque toutes jaunes, à l'exception de deux, et une est à moitié vert et jaune.

« Cette feuille est une feuille composée de sept folioles se rattachant à un centre qui se termine par la tige nommée pétiole, qui supporte la feuille sur l'arbre.

« Les folioles ne sont pas toutes de la même grandeur ; sur sept, quatre sont beaucoup plus petites que les trois autres.

« Le marronnier est un dicotylédone, l'on peut s'en apercevoir en regardant la feuille, elle a des nervures ramifiées.

« En plusieurs endroits, la feuille est tachée de points couleur de rouille, une de ses folioles a un trou.

« Je ne sais plus que dire de cette feuille de marronnier. »

Description exacte, méticuleuse, sèche, abondante, avec des traces d'érudition.

Voici la description d'Armande, la cadette, faite le même jour et avec la même feuille :

Description d'une feuille de marronnier par Armande.
(Durée : 8 minutes.)

« C'est une feuille de marronnier qui vient de tomber languissamment sous le vent de l'automne.

« La feuille est jaune, mais encore raide et droite, peut-être reste-t-il un peu de vigueur dans cette pauvre mourante !

« Quelques traces de sa couleur verte d'autrefois sont encore empreintes sur les feuilles, mais le jaune domine : une bordure brune et rougeâtre en orne le contour.

« Les sept feuilles sont toutes fort belles encore, la tige verdâtre ne s'en est point détachée.

« Pauvre feuille, maintenant destinée à voler sur les chemins puis à pourrir, entassée sur bien d'autres. Elle est morte aujourd'hui... et elle vivait hier ! Hier, suspendue à la branche, elle attendait le coup fatal qui devait l'enlever ; comme une personne mourante qui attend son dernier supplice.

« Mais la feuille ne sentait pas son danger, et elle est tombée doucement sur le sol. »

Armande, la sœur cadette, a écrit plus rapidement que sa sœur, elle a été moins inspirée par l'objet ; elle donne moins de détails matériels que Marguerite, et les détails qu'elle note sont subordonnés à une impression générale d'émotion, produite par l'idée que la feuille d'automne va mourir.

Des dizaines de descriptions d'objets, faites par les deux sœurs, ont toujours montré la même différence : du détail, de la précision, de l'observation chez Marguerite ; vague et poésie chez Armande. Inutile d'ajouter — et nous le disons une fois pour toutes — que chacune des fillettes ignorait la rédaction de sa sœur ; elles avaient promis de n'en pas parler entre elles, et je sais qu'on peut se fier complètement à leur parole.

La description d'un objet absent donne lieu aux mêmes différences de description. A cette époque, nous habitions Meudon ; et, près de chez nous, il existait une belle maison, toujours inhabitée, et que nous avions souvent visitée. Je demande aux deux enfants de la décrire.

La narration de Marguerite commence ainsi :

« La maison Lar....

« L'autre jour, je me promenais dans la rue du Départ, lorsqu'une grande affiche accrochée à la grille d'un jardin attira mon attention. Il y avait peu de temps que je connaissais Meudon, et c'était la première fois que je remarquais cet écriteau ; je m'approchai donc, et je vis écrit : Grande Maison à vendre ou à louer ; s'adresser : 1° à M. P..., notaire à Meudon ; 2° à M. M..., 23, rue de Rennes, Paris. — C'était un peu loin, et, comme je suis curieuse, je me dis : si je sonne ici on sera bien forcé d'ouvrir, et si le concierge est accommodant, j'entrerai !

« Je sonne donc, et, au bout d'un petit instant, la porte s'ouvre, quoiqu'il n'y eût personne, on l'ouvrait de la cuisine (ainsi que je le sus plus tard). J'entrai dans une belle allée, pleine de gravier, bordée d'arbres assez touffus, et de petites roches où croissent des genêts. De chaque côté de la porte, sur une petite hauteur, se trouvaient deux terrasses, la belle allée était au milieu dans une sorte de bas-fond, elle était très droite ; au bout, on voyait un grand et large escalier, et au-dessus une marquise, là encore une sorte de terrasse où donnaient des fenêtres ; c'était la maison... A peine étais-je entrée qu'un petit chien noir arriva en aboyant, d'une voix d'un timbre très clair ; au même instant, un jardinier aux cheveux gris vint auprès de moi, je lui exposai le but de ma visite, il consentit à me faire visiter sa maison. Nous commençâmes par le jardin, il était très beau, deux belles pelouses... etc. »

La rédaction se poursuit longuement, avec une exactitude surprenante de description ; elle ne contient que la très légère fiction d'une visite. Aucun détail n'est inventé.

Voici la rédaction d'Armande :

« Maison déserte.

« Imaginez-vous une grande et superbe maison inhabitée que le passant admire lorsqu'il l'aperçoit au fond d'une allée de massifs embaumés. Le jardin est grand et désert ; lorsque le vieux Janvier vient y faire son tour, il n'y trouve jamais que les arbres couverts d'une neige éblouissante, que les chemins couverts d'hermine blanche ; c'est triste, c'est lugubre ; tout au fond de ce jardin solitaire tremblent les restes d'un vieux portique, sur lequel les corbeaux viennent sinistrement croasser lorsqu'ils n'ont plus rien à faire. C'est mortel de vivre dans cette maison aux fenêtres closes, aux rideaux tirés ; les vieux pianos dorment dans les salons, reposant leurs cordes anciennes, les fenêtres ne s'ouvrent plus, tout est usé, rouillé par le temps et surtout l'inaction ; tout respire une odeur âcre de la pièce qu'on n'aère pas. Les vieux fauteuils se regardent tristement comme de vieux camarades habitués à vivre ensemble, ils se regardent de leurs dorures éteintes, et les grandes statues se plaignent amèrement de leur solitude ; il fait froid au dehors, et on ne chauffe pas la maison, qui tremble de dou-

leur ; les chaises s'approchent inutilement de la che-
minée jadis flamboyante !

« Mais lorsque le printemps vient rayonner, et
rendre la vie aux arbres, les lilas fleurissent comme
l'aubépine, le soleil mûrit les fruits, les oiseaux ga-
zouillent, la vie renaît au sein du jardin qui soupire,
avec le zéphir qui caresse les têtes embaumées des
lilas ».

C'est toujours la même différence. Ici, plus de conci-
sion, plus de vague, plus d'émotion, plus de poésie.
Si on fait faire aux deux sœurs par écrit le récit
d'une promenade, Marguerite donne un récit copieux,
bourré de détails exacts, bien observés, et sans grand
commentaire. Au contraire, le compte rendu d'Armande reste bien plus incomplet, plus flou, plus
émotif et plus interprété. Il nous paraît évident qu'Armande attache moins d'importance au monde extérieur qu'aux émotions qu'elle en tire.

J'ai cherché à multiplier les épreuves pour voir sous
toutes leurs faces ces deux attitudes mentales si curieusement opposées. Je fais écrire à mes deux sujets
des mots détachés, et ensuite je leur demande quelle
est la signification de ces mots ; l'expérience a été
faite, refaite, continuée pendant plusieurs années, sur
des centaines de mots ; on note dans la liste de
Marguerite une grande abondance de noms d'objets
présents, ou de mots désignant sa personne, un grand
nombre aussi de mots relatifs à des souvenirs de
faits, très peu de mots à sens abstrait, très peu de
mots écrits sans penser au sens, et enfin, aucun mot
notant une image d'invention. Chez Armande, c'est
la proportion inverse ; les mots notant des objets
présents et traduisant des observations sont moins
nombreux ; les souvenirs sont moins nombreux aussi ;
en revanche, les mots abstraits, les mots d'imagination, les mots à demi inconscients abondent. Tout ceci

nous prouve que Marguerite, très consciente, avec peu d'abstraction et de rêve, ne perd point le contact avec le monde extérieur, tandis qu'Armande préfère les mots abstraits, les mots à idées vagues, et, du reste, elle possède un vocabulaire plus fin, ce qui atteste déjà que son type subjectif comporte un plus grand développement du langage.

Donnons-leur l'ordre de nous écrire des phrases quelconques; et on verra encore mieux leur mentalité apparaître. Ceci aussi a été répété des centaines de fois. Les phrases de Marguerite sont des affirmations de faits réels, empruntés à sa vie privée, et, par conséquent, difficiles à comprendre sans long commentaire explicatif. Elle écrira, par exemple : « L'autre jour, nous sommes allés avec Marguerite chercher des rouleaux neufs chez Pathé. — Gyp a très bien aboyé hier au soir, lorsque A... frappait aux volets, nous sommes dans l'espérance qu'il deviendra un bon chien de garde. — Comme cette pauvre Armande doit s'ennuyer, en m'attendant pour aller à bécane! »

Au contraire, Armande, par un contraste amusant, ne fait aucune allusion à sa vie réelle; elle peint un tableau poétique, elle imagine un fait absolument faux : « Une voiture s'arrête brusquement devant l'église. — En passant dans les bois, j'ai vu un oiseau tombé de son nid. — Il est nuit, quelques étoiles brillent discrètement dans la nue, la lune tremblante se cache sous un nuage. — L'enterrement défile en silence, et glisse le long des rues détrempées par la pluie. »

Sur une suggestion de changer leur genre de phrases, Marguerite fait des phrases d'imagination; son imagination enfante surtout de petits événements précis et vraisemblables :

« Un petit garçon qui se promenait avec son chien eut la douleur de le voir écrasé par une lourde charrette. — Rue du Bac, deux fiacres s'accrochèrent très brusquement, et une femme qui se trouvait dans l'un d'eux eut la tête broyée contre le trottoir. »

Armande se tourne vers un domaine tout différent, celui des pensées abstraites, ou elle revient à son genre favori.

« La colère est un défaut qui nous occupe souvent. — Les murs d'une vieille maison suintent quand il pleut. »

Arrivera-t-on à les faire se ressembler en les priant de compléter une phrase dont on leur donne le commencement? Pas davantage. Marguerite complète avec la précision de petits faits, Armande avec une idée vague et poétique. On donne : *Je suis entré dans...* Armande écrit : ... la campagne par un sentier couvert. Marguerite écrit : ... une épicerie, et j'ai acheté pour deux sous de chocolat. Cet exercice a été fait sur des centaines de phrases, et avec des résultats si nets qu'on pouvait presque toutes les fois reconnaître quel en était l'auteur. Les rédactions de pure imagination nous montrent toujours les mêmes faits, et je pense que dès lors il est inutile d'insister sur les manifestations de ces deux mentalités. Ce qui est plus intéressant, c'est de voir en quoi surtout elles diffèrent. Il est évident pour nous que Marguerite à une imagerie plus abondante, plus intense, plus précise que celle de sa sœur; elle se représente mieux ce qu'on lui suggère et elle affirme en effet que lorsqu'elle se représente quelqu'un de connu, c'est aussi fort, aussi net que si elle le voyait. En cela, elle est bien supérieure à Armande qui explique que toutes ses images sont vagues, brouillées et surtout inadéquates à sa pensée. En revanche, Armande montre un plus grand développement du langage; elle écrit des mots plus compliqués, plus choisis; dans des recherches sur les associations d'idées, on voit qu'elle est plus influencée par le son du mot, elle fait un plus grand nombre d'associations verbales. Depuis l'époque où j'écris, elle a bien montré son développement verbal; elle a de l'esprit de mot, elle a écrit des vers, et dans la conversation elle cultive avec succès le calembour. Or, le développement du langage, je l'ai déjà dit, marque chez elle un esprit tourné vers la vie intérieure; et en effet, j'ai constaté bien souvent que si Marguerite, qui est intelligente, peut faire utilement de l'introspection, elle y réussit moins bien qu'Armande; celle-ci s'analyse avec prédilection; on sent qu'elle est là dans son domaine. Un dernier trait qui met comme le sceau au parallèle que nous venons d'esquisser : le monde extérieur exprime surtout l'espace, les rapports de position entre les objets, tandis que le monde intérieur ne contient aucun espace, aucune distance, ni aucune forme; il est asservi seulement à la loi du temps. Or, fait bien surprenant, j'ai vu maintes fois que Marguerite, qui est l'observatrice, le type objectif, sait toujours bien s'orienter dans les promenades et les courses au milieu d'un endroit inconnu; elle connaît la direction du nord ou de son point d'origine. Au contraire, Armande ne se préoccupe pas de l'orientation, elle perd très vite la notion des directions principales, et elle retrouve difficilement son chemin. En revanche, Marguerite ne se soucie pas de l'heure, du temps qui s'écoule, tandis qu'Armande attache à l'heure la plus grande importance; l'heure est comme une de ses préoccupations principales. Elle sait toujours l'heure qu'il est; et si elle ne peut pas consulter une montre, elle arrive à conjecturer très exactement l'heure réelle.

Ce qu'il importe surtout de montrer en terminant, ce sont les conclusions pédagogiques à tirer de ces analyses. Depuis que j'ai fait ces études, plusieurs années se sont passées, les petites fillettes sont devenues grandes, et j'ai pu suivre attentivement tout leur développement ultérieur, jour par jour. Jamais aucun fait nouveau n'est venu démentir la justesse de mes analyses précédentes et toute la psychologie individuelle que j'en avais tirée. Cependant, il s'est produit un petit événement, qui d'abord m'a singulièrement étonné, et que je n'ai pu comprendre que lentement. Armande, la cadette, s'est éprise de peinture vers l'âge de quatorze ans, et depuis cette époque elle n'a cessé de prendre la peinture pour centre de ses préoccupations. J'ai cru d'abord qu'il y avait là comme un démenti à tout ce que j'avais observé, car elle n'a point une aptitude marquée à l'observation; et il me semblait que la peinture est bien un art des yeux, un art extérieur. Comment cette subjective pouvait-elle s'attacher à ce qu'il y a de plus objectif? Ne devait-elle pas plutôt être portée à écrire, à faire de la poésie ou des analyses intimes? Elle en a fait, il est vrai; mais son goût dominant reste pour la peinture, et puisque depuis bien des années elle s'y montre ardemment fidèle, c'est certainement la preuve qu'elle a trouvé sa voie. Il y a donc là pour nous un problème à résoudre. On parvient à le comprendre un peu, en interrogeant Armande longuement, patiemment, et surtout en l'observant. Ce qui lui a donné le plus de mal en peinture, c'est le dessin, c'est aussi cette reproduction saisissante, réaliste, du type du modèle, qui réclame non seulement de l'observation, mais l'esprit aigu de l'observateur; si elle se laissait aller à ses goûts, elle irait vers une peinture d'imagination, représentant ce qu'elle aime et ce qu'elle rêve plutôt que ce qu'elle voit, et comme elle ne veut pas trop céder à cette tendance subjective, elle s'oblige à faire des efforts sur elle-même et à se combattre. Et d'autre part, si elle s'astreint volontairement à ne faire que de l'observation et à reproduire la nature sans y rien modifier, elle fait un travail pénible où sa verve se fige et où sa pensée se décourage. Il y a donc en elle une lutte perpétuelle, et bien intéressante, entre des tendances opposées. Mais ce qu'elle tient de son type mental, ce sont deux qualités précieuses, d'abord une très grande lucidité d'analyse et de critique qui provient en partie de son langage intérieur très développé, et en second lieu une prédominance des états d'âme qui la dirigera peut-être un jour vers une sorte de peinture psychique; j'entends par là une peinture de ce qu'on éprouve, plutôt qu'une représentation de ce que l'on voit.

A la réflexion, je suis extrêmement heureux que la destinée ultérieure d'un de mes sujets ait semblé donner un démenti à mes analyses. C'est pour moi une leçon. Mes analyses restent intactes. j'en suis pleinement convaincu; mais la conclusion pédagogique à en tirer est mise en question. D'une manière générale, lorsqu'un enfant a du goût pour l'observation, c'est vers les professions en contact avec la nature qu'il faut le diriger; en lui donnant ces conseils et directions, on lui rend le plus grand service. Mais à ces règles, il y a des exceptions qui montrent que les règles pédagogiques ne sont pas inflexibles et fatales. Il y a dans l'esprit humain une fécondité et une souplesse toujours supérieures à ce qu'on a supposé. Nous ne devons donner par conséquent que des conseils toujours sujets à revision et ne rien imposer de vive force.

Le praticien et le littéraire.

Nous abordons une dernière division des esprits; celle-ci est déjà très connue en Amérique, où le développement des écoles professionnelles et techniques est si florissant, et où même dès l'école primaire on a su faire une si large place aux travaux manuels; mais en France, nous sommes encore bien en retard; et les idées si connues, devenues classiques de l'autre côté de l'Atlantique, sont encore neuves chez nous; l'importance des arts manuels n'est point appréciée à sa valeur vraie; elle a encore contre elle bien des préjugés.

Qui est-ce qui n'a pas observé dans la vie des hommes qui sont fort intelligents, qui ont des idées générales sur toute chose, qui les expriment bien, avec clarté, avec bon sens, et même avec profondeur, qui se montrent à l'occasion des orateurs éloquents, et qui, cependant, par un contraste piquant, sont extrêmement maladroits de leurs mains, si maladroits que le moindre des ouvriers se moquerait d'eux? On me citait dernièrement un exemple très net de ces aptitudes partielles : c'est un chef de direction dans une des Administrations de l'État, qui a dû une grande autorité à son don de parole et à son esprit clair, ordonné, méthodique; il pouvait improviser, sur n'importe quelle question, un rapport plein de bon sens; mais il était incapable de planter un clou; il ne pouvait pas se rendre compte si un tableau pendu au mur de sa chambre était droit ou de travers; cycliste, il était de ceux qui ne comprennent rien à leur machine, qui sont incapables de réparer en route le pneu qui crève; il n'aurait même pas su serrer un écrou. J'ai connu personnellement un ancien élève de l'École normale, qui présentait les mêmes qualités et les mêmes défauts. Je n'ai jamais rencontré un aussi bel orateur; il était impossible de le prendre au dépourvu. Président d'une petite société scientifique, il savait parler avec un goût et une correction toute présidentielle des questions qu'il connaissait le moins; pour peu que quelqu'un lui donnât le *la*, aussitôt il apprêtait son archet; sa parole était une vraie musique. Il avait du bon sens, de la riposte, et de l'esprit d'à-propos dans les discussions; il avait en outre un talent réel d'organisation. Peut-être l'originalité lui faisait-elle défaut; ceux qui ne le connaissaient pas beaucoup surestimaient son mérite, à cause de sa facilité de parole; quand, au contraire. on le fréquentait depuis longtemps, on s'apercevait que, malgré une intelligence réelle, et une aptitude très grande à manier les idées générales, sa pensée était inférieure à sa parole; et il donnait incontestablement. comme tous ceux qui sont essentiellement verbaux, une impression de vide. Ce littéraire était lourd, de tournure empotée, et très maladroit de ses mains; il aurait fait un mauvais ouvrier; il répugnait à tous les sports, et prenait sur eux sa revanche en les méprisant cordialement. Ce sont là deux exemples très nets d'esprits littéraires, ou pour mieux dire esprits verbaux, auxquels les aptitudes manuelles font complètement défaut.

Comme contraste avec les précédents, je signalerai deux types de praticiens. L'un d'eux est né, par une véritable singularité, dans une famille très littéraire; son père, ancien député. est aujourd'hui un de nos orateurs les plus écoutés; ses frères se sont distingués dans les sciences et dans les lettres; quant à lui, il a longtemps passé, même dans sa famille, pour un retardé de l'intelligence, surtout à cause de son infériorité verbale, qui est évidente; du reste, en France, il est de règle que ceux qui ne savent pas parler passent pour peu intelligents. Ce jeune homme, quand je l'ai connu, parlait peu et mal; je l'ai vu s'essayer à faire des récits et des descriptions, c'était pitoyable; les phrases étaient incorrectes, et si maladroites qu'on ne comprenait pas sa pensée; le plus souvent, comme s'il avait eu conscience de son défaut de langage, il restait silencieux, ou ne parlait que par monosyllabes. Ses lettres, d'une écriture enfantine, étaient aussi laconiques que sa parole; et quelle grammaire! quelle orthographe! A vingt ans. après avoir reçu les leçons littéraires des meilleurs maîtres, il faisait des rédactions dignes d'un enfant de huit à neuf ans. En revanche, c'était un jeune homme habile et adroit;

d'une mise recherchée, très souple de corps, il excellait aux exercices physiques ; il avait du talent pour réparer les pendules détraquées, et exécutait avec soin et avec goût de petits travaux manuels. J'ai été souvent frappé de son esprit d'observation ; il aimait la campagne, et avait fait des remarques très justes sur les mœurs des animaux et des plantes : sur ce point, il en remontrait à ses frères. Ses parents ne se trompèrent pas sur ses aptitudes ; on fit de lui un agronome. Il fut reçu à une école d'agriculture dans un bon rang ; il aurait peut-être même été reçu le premier, s'il n'y avait pas eu une épreuve littéraire qui le fit noter assez mal.

Autre exemple. J'ai eu à mon laboratoire de psychologie un élève, qui, dès le premier jour, m'étonna. Il était jeune et ne savait presque rien, mais il était avide d'apprendre. Sur sa demande, je lui montrai le fonctionnement de quelques appareils délicats, des chronomètres, des cylindres enregistreurs ; il m'écoutait avec une extrême attention, touchait discrètement, d'un mouvement lent, les organes que je mettais en activité devant lui. Quelques jours après, j'avais une démonstration à faire devant plusieurs élèves ; je trouvai les appareils tout préparés, les piles avec les fils correctement attachés, les cylindres admirablement noircis, les tambours en bon état, et tout cela ajusté de la manière la plus intelligente comme si un vieux préparateur avait passé par là. Mon nouvel élève avait tout fait. Pendant ma démonstration, il s'occupa de faire fonctionner les appareils, il prenait les tracés les plus difficiles ; et toujours cela s'encadrait dans ma conférence, la démonstration se faisait au moment juste, ni trop tôt ni trop tard. Quand mon auditoire partit, je me tournai vers lui, et je lui demandai avec surprise qui lui avait appris la méthode graphique ; et il me répondit avec un ton surpris de ma propre sur-

prise : « Mais, Monsieur, c'est vous. » Cela veut dire
qu'en un quart d'heure, il en avait appris plus qu'un
élève ordinaire en dix séances de manipulations. Cet
élève étonnant d'habileté manuelle est devenu plus
tard un de mes meilleurs collaborateurs; je ne dirai
pas son nom, pour ne pas offusquer sa modestie; car
je suis obligé de constater encore son ingéniosité à trouver des dispositifs d'expérience, son aptitude à préciser,
corriger la méthode expérimentale, et ses qualités
hors ligne de critique; c'est l'esprit le plus pondéré, le
plus fin, le plus pénétrant que j'aie connu; ajoutons à
cela une grande vivacité d'esprit, qui lui donnait la
qualité, que je n'ai jamais rencontrée à ce degré, de
deviner la pensée de quelqu'un au premier mot d'une
phrase. Après tous ces compliments, je suis obligé
d'ajouter que ce n'est pas un esprit complet. Lui-
même est trop bon psychologue pour ne pas s'en être
aperçu. Ce qui est un peu faible chez lui, c'est le
verbe. Il n'écrit pas avec la même profondeur qu'il
pense; dans sa correspondance, les phrases se suivent,
trop simples, accrochées par l'élémentaire conjonction
et; il y a peu de phrases subordonnées, peu de
nuances. Ses articles sont aussi d'une langue élémentaire, et c'est fort regrettable. Sa parole est sans
recherche, sans brillant, mais elle est si nette, si précise qu'on s'attache au fond plus qu'à la forme. Je lui
ai entendu faire des cours; certes ce n'est pas un orateur, il n'a pas de mouvements d'éloquence, des changements adroits de ton, ni des phrases piquantes, ni
rien de ce qui donne une auréole à la pensée; il parle
sobrement, avec la densité d'un avocat d'affaires, et
c'est à force de méthode, d'ordre dans l'exposition,
d'ingéniosité dans les aperçus, et même de profondeur
dans la pensée, qu'il gagne son auditoire; il ne doit
rien au verbe.

Que d'exemples on pourrait encore citer de ces deux
types d'esprit, qui sont si différents! J'ai vu des philo-

sophes éminents qui étaient incapables de se servir de leurs yeux et de leurs mains pour le moindre exercice d'observation; et c'était sans doute à cause de leur infirmité qu'ils répugnaient tant à l'expérimentation, et en disaient tant de mal. J'ai vu un professeur de sciences à la Sorbonne qui était si peu littéraire qu'il n'a jamais pu apprendre l'orthographe; son cours, extrêmement savant, mais obscur et désordonné, était du temps perdu pour la jeunesse qui l'écoutait. Chacun en recueillant ses souvenirs trouvera à faire rétrospectivement des observations analogues. La distinction que nous venons de proposer se vérifie facilement; elle paraît pleine de justesse, évidente par elle-même; mais elle ne paraît telle que lorsqu'on la connaît déjà. Pour ma part, il y a longtemps que j'ai remarqué ces faits; mais c'est seulement d'hier que j'en comprends l'importance; et voici à quelle occasion mes yeux se sont ouverts.

C'était au cours de recherches sur la mesure de l'intelligence. Ces recherches, on s'en souvient, se font au moyen de nombreux tests; il y en a une soixantaine. Parmi ces tests, les uns portent sur la comparaison de sensations, le jugement de sensations, la mémoire de sensations, la classification de sensations, ou l'exécution rapide et soignée de mouvements et d'actes compliqués.

D'autres tests consistent à définir des mots, à retenir des chiffres, à mettre des mots en ordre, à comprendre des passages abstraits, à critiquer des pensées absurdes. Le contraste entre ces deux groupes d'épreuves est évident; on peut appeler les premières des épreuves d'intelligence sensorielle, et les secondes des épreuves d'intelligence verbale. J'ignorais que la différence de ces deux groupes fût très importante, et je dois même avouer qu'en préparant tous ces tests avec le Dr Simon, nous n'avions pas procédé avec l'idée directrice de séparer l'intelligence sensorielle de l'intelligence verbale. Ce furent les faits, les résultats d'expérience qui nous obligèrent à cette séparation.

En effet, tout au début des expériences, nous fûmes étonnés de voir que pour tout ce qui concernait l'intelligence sensorielle un enfant est aussi habile qu'un adulte. Montrez à un enfant de sept ans par exemple deux boîtes dont les poids diffèrent à peine, dont l'une pèse 14 grammes et l'autre 15 grammes; ou bien, montrez-lui deux lignes dont l'une a 10 centimètres et l'autre 5 millimètres de plus. Demandez-lui de désigner la ligne la plus longue, la boîte la plus lourde. Répétez l'épreuve une vingtaine de fois, avec des boîtes et des lignes différentes, afin d'éviter les erreurs de hasard; essayez surtout, c'est l'essentiel, de bien fixer l'attention de l'enfant, car il est d'ordinaire plus distrait qu'un adulte. Si vous arrivez à conjurer toutes ces erreurs, vous serez frappé de constater en faisant le calcul des bonnes et des mauvaises réponses, que la faculté de perception et de comparaison chez cet enfant n'est pas inférieure à celle d'un adulte. Ce n'est qu'un exemple. Il pourrait être diversifié à l'infini, car il suffît que l'expérience porte sur des sensations et ne nécessite point une élaboration intellectuelle pour que l'enfant égale l'adulte. Il y a plus. Ce n'est pas seulement un enfant normal qui montre cette habileté vraiment extraordinaire de perception sensorielle, c'est le débile, c'est même l'imbécile d'hospice. Tout dernièrement, je voyais dans le service du Dr Simon des imbéciles de trente ans, auxquels on n'a jamais pu apprendre à lire et à écrire, parce qu'ils ne sont pas assez intelligents pour cela; ces imbéciles arrivaient cependant à comparer des poids et des lignes avec la même sûreté, la même finesse que le Dr Simon et que moi. L'intelligence sensorielle forme donc bien une intelligence à part, voisine de l'animal, et qui ne se développe pas parallèlement avec l'intelligence verbale.

Des arriérés d'hospice, passons aux arriérés d'école, qui sont aussi des déficients de l'intelligence, mais atteints plus légèrement; nous ferons sur eux des constatations analogues. Ces enfants sont inférieurs à leurs camarades normaux, puisqu'on ne les admet dans les classes spéciales que s'ils ont un retard de trois ans en lecture, orthographe et calcul; mais pour les travaux manuels, ils sont loin de présenter la même infériorité; ils ont un certain coup d'œil, leur main n'est point maladroite; et lorsqu'on leur donne un ouvrage matériel à exécuter, ils le font avec empressement, et le résultat n'est point mauvais. Si leurs dessins libres qui sont inspirés par l'imagination peuvent trahir quelque faiblesse de conception, en revanche leurs dessins d'ornementation ne manquent pas de goût. Nous avons vu nos jeunes filles anormales coudre, surfiler, pailleter d'une manière très satisfaisante, et faire gracieusement de jolies fleurs artificielles en papier. Quant à nos garçons anormaux, il faut les voir à l'établi. Je me rappelle que, dans une école, le professeur de travail manuel avait au début refusé de les accepter pour élèves; « ces enfants-là, disait-il, doivent être turbulents et vicieux; si je leur fais manipuler le ciseau et la scie, ils vont se blesser... je serai responsable des accidents ». Mais l'inspecteur, M. Belot, ayant insisté beaucoup, le maître ouvrier consentit à faire un essai; après quelques mois, c'était un converti. Il avait pris quelques bonnes précautions; ainsi, il avait eu soin d'adjoindre à chaque anormal un élève normal, fort en pratique, qui lui servait de guide en exécutant lui-même les tracés, et de gardien en surveillant les manipulations de l'outil. Pendant une année d'essai, on n'a eu à regretter aucun accident, même léger. De plus, au point de vue de l'attention, du goût et des capacités de travail, les anormaux ont donné des résultats inattendus; classés avec des normaux du même âge, ils ne sont ni les premiers, ni les derniers, mais parmi les moyens. Dans les notes afférente à chacun d'eux, on lit presque constamment : a u ie bonne main, est hardi dans les manipulations, est soigneux, a du goût. Donc si ces anormaux sont inférieurs en calcul, en orthographe, en lecture, c'est-à-dire pour l'intelligence verbale, ils ne présentent pas, loin de là, autant d'infériorité pour l'intelligence sensorielle. De presque tous ses élèves anormaux le professeur a pu écrire : fera un bon ouvrier.

A la lumière de ces remarques, l'enfant anormal nous apparaît comme un être qui est arrêté à une phase antérieure de son développement intellectuel; on le savait sans doute, mais on ignorait en quoi consistait au juste cet arrêt de développement intellectuel. On le comprend mieux quand on apprend que l'intelligence de l'enfant est d'abord sensorielle, qu'elle se sert surtout d'images sensibles, d'expériences concrètes, et que c'est plus tard qu'apparaît l'intelligence verbale, qui grâce au mot, permet le développement des idées abstraites et générales.

Parmi les enfants qui sont normaux mais réussissent mal dans leurs études, le type du praticien est aussi répandu. Je citerai quelques-uns des exemples que j'ai recueillis. Dernièrement, nous faisions une enquête avec M. l'Inspecteur Lacabe et M. Bocquillon sur les enfants paresseux, et les causes qui servent à expliquer les insuccès scolaires; nous avions demandé à plusieurs maîtres de nous éclairer sur la psychologie des élèves formant, dans un classement de mérite, le dernier cinquième de leur classe. Plusieurs des maîtres, croyant donner une explication suffisante, employèrent cette réponse vraiment trop sommaire qui consiste à dire que l'élève manque d'intelligence ou de volonté. Mais quelques-uns, mieux inspirés et surtout plus attentifs, poussèrent l'analyse plus loin; ils cherchèrent à quel point de vue il fallait incriminer l'intelligence de certains paresseux, et ils constatèrent qu'une bonne partie de ceux qui n'étaient pas intelligents pour l'enseignement de la classe l'étaient pour les travaux manuels.

On nous a cité maint enfant qui reste entièrement passif en classe. Pendant qu'il fait semblant d'écouter le maître, son plumier, avec la serrure et les compartiments, son crayon, sa gomme, un objet quelconque ont pour lui un attrait fascinant ; sa pensée accompagne ses doigts qui palpent l'objet, étudient les contours, les arêtes, les propriétés physiques du bois et du caoutchouc. Cet élève a le premier rang à l'atelier ; son travail est fait dans la perfection ; s'il s'agit de pliage, de découpage, de croquis cotés, il présente un cahier de travail manuel irréprochable. Souvent il est le premier en dessin ; il a une belle écriture ; son cahier, constellé de fautes d'orthographe et de problèmes inexacts, est parfaitement beau ; les cartes de géographie et les illustrations en sont admirables.

« La fillette du même type a des dispositions marquées pour la couture, le ménage, la cuisine. Elle s'occupe parfois maternellement et spontanément des petites dans la cour. Elle est inintelligente pour l'orthographe, mais elle dépasse les autres en intelligence quand il s'agit de réussir un plat. »

L'instituteur qui a relevé ces observations importantes ajoute avec raison : « Il ne faut pas croire que nous avons affaire ici à des types dénués de toute faculté intellectuelle. Il faut beaucoup de qualités d'observation, de réflexion pour bien réussir l'ajustage de deux pièces de fer, pour bien exécuter une mortaise, pour bien reproduire sur le papier un modèle en relief ».

Ces constatations m'ont frappé à tel point que je me suis demandé si bien réellement il existe des enfants absolument inintelligents, c'est-à-dire dépourvus de toute espèce d'aptitude intellectuelle ; je suis plutôt disposé à croire que nous les jugeons trop souvent à un seul point de vue, littéraire ou scientifique, que nous dédaignons trop les aptitudes manuelles, bien qu'en celles-ci l'intelligence puisse se manifester aussi bien que dans la parole. Il faudrait faire une enquête sur une grande échelle : je suis persuadé qu'elle montrerait, en France, comme cela a été déjà montré en Amérique, combien la vocation pour l'art manuel est répandue. En attendant de savoir ce qu'elle donnera, je me permets d'enregistrer les résultats suivants, qui sont déjà encourageants. Dans trois classes différentes, j'ai pris les élèves qui sont dans les cinq derniers pour toutes les matières, et je me suis enquis de leurs aptitudes en travail manuel : elles sont moyennes, tout à fait indépendantes de leur rang dans les autres matières.

Appuyons ceci par un chiffre, qui nous fera sortir des considérations vagues. La moitié des quinze écoliers susdits sont dans la première moitié de la classe pour le travail manuel; or, si on remarque que parmi ces quinze écoliers il doit y en avoir un certain nombre qui doivent leurs mauvaises places à de la paresse, et qu'ils sont probablement paresseux aussi pour le travail manuel, on arrive, tout bien pesé, à conclure que leurs places en travail manuel sont dues à ce qu'ils ont dans cet art des aptitudes non seulement moyennes, mais même supérieures à la moyenne; il y a chez eux une sorte de compensation; et c'est bien là ce que nous tenons à mettre en lumière. C'est une conclusion qui offre le plus grand intérêt au point de vue pratique. Nos cancres, c'est-à-dire les élèves qui profitent le moins de l'enseignement littéraire ou scientifique, sont tout simplement, pour une bonne moitié, peut-être même pour les deux tiers, des enfants dont on méconnaît les aptitudes, et qui sont faits pour le travail manuel.

Lorsque l'importance de la distinction que nous

venons d'indiquer entre le verbal et le praticien sera reconnue par tous, ce sera un grand progrès, un grand bienfait social; on comprendra que le choix d'une carrière ne doit pas être livré au hasard, mais que c'est une affaire extrêmement sérieuse, pour laquelle il faut se régler sur les aptitudes de chacun. On ne mettra donc pas un praticien dans un poste littéraire, et on ne confiera pas à un verbal une besogne matérielle. Déjà, sans avoir besoin de faire sur ces questions une analyse approfondie, on comprend, on devine comment il est possible de ranger à ce point de vue diverses professions. Rien de plus verbal que l'avocat, et aussi, malheureusement, que l'homme politique; le professeur, le conférencier, le prédicateur, l'acteur doivent être des verbaux; un médecin ne peut pas être aussi étranger à l'art manuel; le chirurgien doit être principalement un praticien. Dans le commerce, il y a place aussi pour des aptitudes bien différentes : le vendeur doit être un verbal; le voyageur, le placier doivent aussi être des verbaux; au contraire, l'acheteur, l'ajusteur, le mécanicien, et tant d'autres, ont besoin d'être des praticiens, qui travaillent spécialement avec de l'intelligence sensorielle.

Gardons-nous surtout de croire qu'on doit établir une hiérarchie, une distinction de classe entre l'intelligence sensorielle et l'intelligence verbale. Abandonnons ces préjugés de l'ancien monde, qui sont bien abolis de l'autre côté de l'Atlantique. Si la vocation manuelle se rencontre si souvent dans la classe ouvrière, en revanche n'est-elle pas nécessaire au savant, à l'expérimentateur surtout? Et, du reste, l'intelligence sensorielle ne consiste pas seulement dans de l'habileté et de l'adresse; c'est surtout une intelligence d'images et de sensations; s'il faut en rehausser la noblesse, nous rappellerons que c'est celle du musicien, que c'est aussi celle du peintre. La peinture, une des plus grandes merveilles, un des plus grands mystères de l'activité humaine, est de l'art sans paroles, qui vit avec des sensations, des images et des sentiments. Objectera-t-on que l'intelligence sensorielle appartient surtout aux enfants et aux peuples primitifs, tandis que l'intelligence verbale marque l'apparition de la pensée abstraite, de la science, et appartient à une civilisation avancée? Peut-être; la remarque est juste; mais en quoi constitue-t-elle une dépréciation de l'intelligence sensorielle? Si les origines de l'intelligence sensorielle sont plus lointaines, plus primitives, on ne peut rien en conclure sur la hauteur où elle peut s'élever; nous ne devons juger les choses que par leur résultat, leur destinée, et non leur origine. Le roman et surtout la poésie ne supposent-ils pas la survivance partielle, chez le poète, d'une âme d'enfant, avec son impressionnabilité, sa curiosité, son goût pour le mystère et son imagination concrète? On ne porte nullement ombrage à la poésie, en lui rappelant ses origines. C'est donc une vaine et puérile préoccupation de classer, par ordre de mérite, les aptitudes humaines; l'essentiel est qu'elles restent nombreuses et d'une infinie variation, parce que le bon fonctionnement d'une société l'exige; disons aussi qu'il est nécessaire qu'elles soient reconnues pour que chacun s'attelle à la besogne qui lui convient le mieux.

A l'école, au lycée, est-il possible déjà de les déterminer? Ce n'est pas seulement possible, c'est même facile. Il n'y a qu'à regarder les enfants, les observer, les interroger. Celui qui ne lit que des livres de science, de mécanique, n'est point un littéraire. Celui qui passe ses dimanches à dessiner n'est pas davantage un littéraire. Du reste, les places on composition sont là : elles indiquent clairement les aptitudes des enfants à ceux qui veulent se donner la peine de les étudier de près. On soupçonnera un verbal chez celui qui est fort en grammaire, en calcul, surtout en rédaction, qui a des ripostes vives, qui parle d'abondance et s'exprime facilement.

Nous voulons montrer en passant qu'il est possible parfois d'employer des tests spéciaux pour reconnaître quelles sont les facultés qui sont le plus intéressées par le type verbal et par le type sensoriel ; mais ces expériences, qui présentent un intérêt très grand pour la psychologie, doivent être interprétées avec une très grande prudence. Nous le prouverons en discutant quelques cas particuliers.

On m'envoie un jour, d'une école primaire, à mon laboratoire trois jeunes garçons, qui présentent des particularités intéressantes. Ce sont des garçons de treize à quatorze ans, qui, tous trois, appartiennent au cours supérieur de l'école. Nous les appellerons, pour ne pas nous embrouiller, Ernest, Louis, Antoine. Tous les trois sont de bons élèves : conduite irréprochable, application excellente ; mais ils sont loin d'obtenir les mêmes succès scolaires. Ernest et Louis arrivent les derniers dans leur cours ; Antoine, intelligence brillante et vive, se classe constamment premier. En revanche, on nous apprend qu'Ernest et Louis excellent pour le travail manuel ; ils dessinent avec beaucoup de goût ; ils se préparent pour une école d'ouvriers d'art. Le diagnostic des aptitudes était donc déjà fait par les maîtres ; mais je voulais chercher, en outre, de quelle qualité mentale dépendaient des aptitudes aussi différentes. Je fis avec ces trois jeunes gens bien des épreuves ; quelques-uns donnèrent des résultats peu significatifs, et je les passerai sous silence ; d'autres eurent toute la valeur d'une démonstration.

Il apparut tout de suite qu'Antoine brillait surtout pour les épreuves qui supposent la faculté verbale, tandis que ses camarades restaient constamment en arrière de lui. Ainsi, je cherchai d'abord quel est le nombre maximum de mots que chacun pouvait trouver en 3 minutes ; Antoine en cita 78, tandis qu'Ernest n'en trouvait que 67, et Louis que 49. On leur fit expliquer le sens de 20 mots abstraits, parmi lesquels il y en avait de difficiles. Antoine en expliqua 16, Ernest, 11, et Louis 10. On leur fit faire des associations avec un mot qu'on leur donnait ; Antoine trouvait son association assez vivement, en 4″,8 ; Ernest en 5″,50, et Louis, bien plus lent, en 7″,60. Enfin, je leur lus à tous les trois le passage suivant qui est un peu difficile à comprendre (c'est une paraphrase d'une pensée de Paul Hervieu), et je les priai de le reproduire aussitôt après de mémoire.

« On a porté des jugements bien différents sur la valeur de la vie. Les uns la proclament bonne, d'autres la proclament mauvaise. Il serait plus juste de dire qu'elle est médiocre, car, d'une part, elle nous apporte toujours un bonheur inférieur à celui que nous avons souhaité, et, d'autre part, les malheurs qu'elle nous inflige sont toujours inférieurs à ceux que d'autres auraient souhaités pour nous. C'est cette médiocrité de la vie qui la rend équitable, ou plutôt qui l'empêche d'être radicalement injuste. »

Ernest et Louis comprirent mal et reproduisirent, sans avoir même le secours de la mémoire verbale.

Voici ce que Louis écrivit :

Notre vie est médiocre elle nous apporte ce que nous n'espérons pas et que si l'on pense à quelque chose elle nous en apporte une autre on peut donc dire que notre vie est une lutte contre le hasard.

Il n'y a pas de faute d'orthographe, mais le tout est dénué de ponctuation ; l'idée n'a pas été comprise ; il n'y a pas non plus de mémoire verbale, pas de reproduction textuelle des mots.

Que l'on compare ce qui précède avec la rédaction d'Antoine :

Les uns disent que la vie est bonne, d'autres disent qu'elle est mauvaise. Disons plutôt que la vie est médiocre, car elle nous apporte toujours un bonheur inférieur à ce que nous avons souhaité, et un malheur inférieur à ce que les autres ont souhaité pour nous.

De la ponctuation, une compréhension exacte, de la mémoire verbale, voilà ce que nous trouvons dans cette seconde rédaction. Il est évident que la supériorité d'Antoine est écrasante. Elle l'est du reste pour toutes les expériences qu'on pourrait imaginer sur la faculté verbale.

Regardons maintenant le revers de la médaille; cherchons d'autres épreuves qui ne touchent point à la faculté verbale, mais qui intéressent l'ensemble de l'intelligence sensorielle. Soumettons nos trois jeunes gens à un exercice qui n'exige point du tout d'intelligence, mais surtout de la mémoire visuelle. Faisons-leur reproduire une ligne capricieuse; c'est une ligne brisée, composée de lignes droites et courbes; on la contemple dix secondes, puis on la reproduit de mémoire. D'après un système de notation qu'il est inutile de décrire ici, nous pouvons chiffrer l'exactitude de la reproduction. Celle de Louis vaut 7, celle d'Ernest vaut 6; et quant à Antoine, le littéraire, il ne s'élève qu'à 3,5. C'est bien la preuve qu'il est inférieur pour la mémoire sensorielle.

Mais conclurions-nous de ces analyses psychologiques qu'Antoine est un verbal et que les deux autres élèves sont des praticiens, si nous n'avions pas déjà la preuve de leurs aptitudes par leur travail de tous les jours? Certainement non. Nous l'avons dit et nous le répétons : la détermination des aptitudes ne s'établit pas avec des tests mentaux, ou plutôt, on peut la démontrer avec des tests de résultat, jamais avec des tests d'analyses. Rappelons-nous la distinction faite déjà à ce propos, dans notre chapitre sur la vision; rappelons-nous les observations faites sur Armande, la jeune fille qui, d'après un millier d'analyses, appartient à un type subjectif et qui néanmoins se livre avec succès à la peinture. S'il nous fallait une expérience de plus, pour démontrer la nécessité de la prudence, nous ajouterions la leçon qui nous a été fournie par des recherches toutes récentes sur les peintres. Nous avons fait des études sur un jeune peintre déjà célèbre, bien qu'il n'ait pas vingt ans ; le jeune Tade Styka a une remarquable virtuosité de dessinateur, et on pouvait s'attendre à ce que sa mémoire visuelle se montrât excellente. Nous lui avons fait copier de mémoire nos modèles de lignes, que nous employons dans les écoles pour éprouver la mémoire visuelle, et nous fûmes bien surpris : Tade Styka n'est pas plus habile, pour faire une reproduction exacte, qu'un enfant de huit ans qui ne sait pas dessiner. Lui refuserons-nous du talent, parce qu'il a échoué à un de nos tests? Et s'il n'avait encore que huit ans, dirions-nous à son père : « Ne le faites pas dessiner, il n'a pas d'aptitudes? » Evidemment non. L'aptitude au dessin se démontre par le dessin, l'aptitude au chant par le chant, et ainsi de suite ; il n'y a pas d'autre moyen, pas d'autre méthode de démonstration.

III

APTITUDE PARTICULIÈRE ET CULTURE GÉNÉRALE

En terminant l'exposé de ce qu'on sait actuellement sur les aptitudes des enfants, je pense utile d'examiner rapidement une question d'intérêt général, que nous avons négligée dans notre exposé, et qui cependant le domine. C'est la question de l'utilisation qu'il faut faire des aptitudes particulières à un enfant. Deux opinions tout à fait différentes peuvent être soutenues et l'ont été en fait. D'après l'une, il faut toujours donner à n'importe quel enfant une culture générale, conformément à ce principe déjà ancien qui veut qu'un honnête homme ait des lumières de tout. Si un enfant a de la mémoire, surtout visuelle, on ne négligera pas de cultiver sa mémoire auditive. S'il est né praticien, on ne le dispensera pas d'exercices littéraires. A l'appui de ce système de l'éducation intégrale, on invoque deux arguments, l'un pratique, l'autre théorique. Pratiquement, nous dit-on, on rendrait un mauvais service à l'enfant, en faisant de lui un être incomplet, un spécialisé avant l'heure; car si, pour pousser les choses à l'extrême, il n'est plus capable que d'un métier, par exemple, comment fera-t-il pour se tirer d'affaire le jour où les conditions économiques changeront, et où ce métier lui fera défaut? Le second argument repose sur cette idée qu'un enseignement même inutile n'est jamais perdu, parce qu'il sert de gymnastique à l'esprit, et qu'il étend nos facultés. On peut citer à ce propos l'excellent exemple qui est fourni par l'enseignement de la philosophie. Il est douteux que cet enseignement trouve des applications pratiques indéniables dans la vie de ceux qui ne seront pas plus tard des philosophes de profession. Les discussions sur le matérialisme et le kantisme ne servent ni dans l'industrie ni dans le commerce. Et cependant beaucoup d'élèves reconnaissent qu'ils ont tiré de la philosophie un bénéfice moral; leurs idées se sont élargies, ils ont eu la révélation de problèmes dont ils ne se doutaient pas; ils ont acquis deux qualités, qui à elles seules suffiraient à légitimer le temps passé dans une classe de philosophie. Ces deux qualités sont un peu plus d'esprit critique et un peu plus d'esprit de tolérance.

Nous croyons ces idées très justes, à la condition expresse qu'on ne les exagère pas. Dans la réponse que nous allons faire, il y a d'abord une partie banale sur laquelle nous passerons rapidement, car je pense que c'est un point sur lequel tout le monde est d'acc .d. D'une part, dirons-nous, il est bon de viser à faire des esprits complets, afin de donner à chaque individu une plus grande puissance d'adaptation; le milieu actuel est instable, les métiers et les besoins auxquels ils correspondent changent tous les jours; la machine-outil fait des progrès à la fois bienfaisants pour la collectivité, et menaçants pour certains intérêts individuels. Il est donc utile que chaque élève ne soit pas parqué d'avance dans un métier précis dont il ne pourrait plus sortir. Mais d'autre part, il est certain qu'on ne peut pas négliger les aptitudes des enfants, car l'aptitude est un moyen remarquable d'économiser l'effort, c'est un instrument naturel de progrès; elle permet de faire mieux avec moins de travail. Il y a donc lieu de faire une part à la culture générale, si du moins l'élève est d'une nature telle qu'il soit capable d'en profiter, et il y a lieu aussi de prendre l'aptitude particulière, quand elle est bien caractéristique, comme le levier de l'instruction. Si quelqu'un est né dessinateur, non seulement il est ridicule de ne pas le faire beaucoup dessiner, mais encore on doit se servir du dessin pour l'intéresser à l'histoire, à la géographie et même aux sciences, peut-être aussi à la littérature; en dessinant des cartes, des scènes historiques, des appareils de physique, il arrivera ainsi par la voie indirecte de son aptitude spéciale à obtenir une culture générale. Tout cela me parait banal, connu, démontré, définitivement acquis, et je pense qu'il est oiseux d'insister plus longtemps.

Ce qui est plus important, c'est de dire très franchement ce que nous pensons des études qui sont par elles-mêmes complètement inutiles et surannées, mais que l'on conserve jalousement, parce qu'on les considère comme constituant une gymnastique intellectuelle. C'est pour cette raison-là qu'on veut souvent imposer le latin à tous les élèves. L'idée parait très séduisante, à première vue. Tout le monde reconnaîtra qu'il vaut mieux former son esprit que le remplir; il vaut mieux acquérir un bon jugement que d'avoir appris par cœur les rudiments d'une science particulière; l'écolier n'a pas perdu son temps au lycée s'il y a pris l'habitude de travailler; l'étudiant n'a pas à regretter d'avoir suivi des cours de droit romain, si ces cours, bien inutiles pour la pratique du droit, ont formé en lui l'esprit juridique.

Mais rendons-nous compte des abus auxquels peut donner lieu un bon principe. Il n'est pas de matière, si inutile, si ingrate, si futile qu'elle soit, dont on ne puisse dire qu'elle servira de culture à l'esprit. L'argument est extrêmement dangereux, parce qu'il est tendancieux, et se dispense de toute constatation précise. Quelle est la preuve que tel enseignement, malgré son inutilité reconnue, a fortifié mon esprit? Cette preuve, on ne la donne jamais, et on serait fort en peine de la donner.

Citons un exemple à l'appui.

Je viens de terminer une enquête avec le D⁣ᵣ Simon sur ces malheureux sourds-muets auxquels, par suite d'une méthode actuellement en faveur, on cherche à enseigner la parole et la lecture sur les lèvres. Il faut huit ou dix ans d'études extrêmement fatigantes, démoralisantes pour le sujet, et soit dit en passant, très coûteuses, pour amener un être qui est complètement sourd, et sourd de naissance, à prononcer des sons articulés qu'il n'entend pas, ou à deviner, par les mouvements des lèvres de son interlocuteur, quelques-uns des mots que celui-ci prononce. Lorsqu'on visite une École de sourds-muets, les professeurs de l'établissement vous présentent avec empressement des enfants sourds-muets qui prononcent d'une voix rauque quelques mots à peu près intelligibles, et peuvent lire sur certaines lèvres, celles de leur professeur, des questions élémentaires et toujours les mêmes, qui roulent sur leur nom et sur leur âge.

Mais il est permis de soupçonner que ces élèves qui servent à la démonstration et à l'exhibition ne sont que des demi-sourds, ou des enfant qui ont entendu autrefois; car dans ces deux conditions, ce qu'on appelle une « démutisation » est plus facile. Nous avons voulu savoir si, quelques années après avoir quitté l'Ecole, des sourds-muets, choisis avec soin parmi ceux que l'Administration elle-même considère comme ayant profité dans une mesure moyenne de l'enseignement oral, peuvent causer oralement avec des étrangers. En d'autres termes, le problème que nous nous étions posé était le suivant : cet enseignement oral, si pénible à acquérir, si coûteux à donner, présente-t-il une utilité sociale? Après être allé examiner chez eux, à leur domicile particulier, une quarantaine de sourds-muets, nous sommes arrivés à la conviction suivante : Il n'y a pas moyen qu'un étranger entretienne une conversation sérieuse, utile, avec un de ces sourds-muets; dès qu'on sort des banalités sur le nom, l'âge, dès qu'on ne s'aide plus du geste et de la mimique, dès qu'on veut avoir un renseignement précis, un nom propre, une adresse, un chiffre, un mot technique, il faut écrire. Notre conclusion a donc été : essayer de démutiser le sourd-muet complet et congénital, c'est donner un enseignement de luxe, qui peut procurer à ces malheureux et à leurs parents une satisfaction morale, mais ne leur sert pratiquement à rien pour trouver un métier, ni pour l'exercer; car mis en présence d'étrangers, ils sont impuissants à les comprendre et à s'en faire comprendre par la parole.

Quelle conclusion devait-on tirer de notre enquête? Que l'enseignement oral des sourds-muets est à supprimer? Sans doute, c'est la première idée qui vient.

Mais pour sauver la démutisation, on a objecté qu'à tout prendre, et malgré la pauvreté de ses résultats pratiques, elle a tout de même une vertu éducative.

C'est là l'erreur; et sans vouloir prendre trop au sérieux cette argumentation qui n'est qu'une défense personnelle pour des traditions menacées, nous dirons simplement ceci. Il est inexact et imprudent de soutenir que tout enseignement, quel qu'il soit, peut servir de culture à l'esprit. Il faut au moins que cet enseignement remplisse une condition fondamentale, celle d'être adapté aux aptitudes de l'individu. Mettre huit ans pour apprendre la parole et ne pas arriver à l'acquérir ne peut pas être une bonne gymnastique. C'est encore une de ces erreurs de pédagogie qui ont fait le plus de mal; et il semble pourtant qu'avec un peu de bon sens on aurait pu se l'épargner.

CHAPITRE VIII

La paresse et l'éducation morale.

I

LA PARESSE.

Lorsqu'un maître constate qu'un élève ne travaille pas autant que ses camarades, il se donne le plus souvent l'explication suivante : « Cet élève est un paresseux; il pourrait faire beaucoup mieux s'il voulait, mais il ne veut pas. Il manque de volonté, c'est sa volonté qui est coupable ». J'ai entendu donner cette explication simpliste non seulement par de modestes instituteurs, mais encore par des maîtres éminents. Un professeur du Collège de France à qui je parlais un jour des différences mentales existant entre les écoliers et de l'intérêt qu'il y aurait à étudier ces différences, m'affirma d'un ton qui voulait être sans réplique que lorsqu'on a fait de l'enseignement, on est persuadé qu'il existe seulement deux catégories d'élèves : les travailleurs et les paresseux. J'eus beau lui suggérer que peut-être la question était moins simple, que la volonté n'est qu'une résultante, et qu'il faudrait analyser chaque cas avec soin, savoir pour quelle raison un élève ne travaille pas... il me répétait constamment, couvrant ma voix : « des travailleurs et des paresseux, il n'y a que ça ». Cette opinion a pu, autrefois, avoir une certaine vogue, car elle était en harmonie avec la psychologie traditionnelle; pour le spiritualisme, il y a en nous deux parties distinctes: l'une passive, c'est l'intelligence et la sensibilité, l'autre active, essentiellement active, c'est la volonté. La volonté seule détermine les actes et la conduite; et dans ses manifestations elle est même affranchie de l'influence que pourraient exercer sur elle les parties passives de notre être, nos pensées et nos sentiments, car elle est une force libre; de plus elle représente une certaine énergie qui est distribuée à tous en quantité indéfinie; et si chacun de nous n'utilise pas cette volonté qui est à sa disposition, il en est responsable, et on doit le traiter en coupable. Mais aujourd'hui, ces idées de métaphysique paraissent bien délaissées; loin d'admettre que la volonté existe en chacun de nous comme une sorte de *Deus ex machina*, qui intervient de la manière qui lui plaît, pour faire tout ce qui lui plaît, nous sommes convaincus que toutes nos actions sont déterminées par un grand nombre d'influences corporelles et mentales, des habitudes, des pensées, des manières de sentir, des dispositions inconscientes, des antécédents héréditaires, etc.; c'est de toutes ces causes grandes et petites, conscientes et cachées, que notre conduite est faite. Par conséquent, si on veut comprendre la psychologie d'un écolier, si on veut corriger sa paresse, ou lui donner de bonnes habitudes de travail, on ne doit pas se contenter d'accuser naïvement sa volonté, il faut pousser l'analyse plus loin, l'observer, l'étudier, afin d'arriver en quelque mesure à l'expliquer.

Nous avons déjà vu dans les chapitres précédents que les défaillances de travail intellectuel peuvent tenir à bien des causes, qui sont étrangères à la volonté de l'élève; tour à tour, nous avons fait la part de la chétivité, des maladies, des altérations sensorielles, du défaut d'intelligence, du défaut de mémoire, et enfin d'une spécialisation d'aptitudes, qui rend l'enfant inapte au travail de la classe. Quand l'une ou l'autre de ces causes peuvent être incriminées, on ne doit pas accuser l'enfant de mauvaise volonté, ou d'une faiblesse de volonté; on ne peut pas lui appliquer l'épithète de *paresseux*, qui, si je l'entends bien, correspond à une faiblesse de volonté, dont l'enfant serait responsable.

Nous allons nous occuper un peu, dans toutes les pages qui suivent, de l'enfant paresseux. En classe, il se signale par une inattention qui présente deux formes principales : une activité éparpillée et bruyante, ou bien de l'inertie. Parfois, un peu d'insubordination s'ajoute.

Mais si on ne tient pas compte de l'attitude en classe, ou de la manière dont les devoirs sont faits, si en d'autres termes, on veut absolument imaginer quelque expérience, quelque *test* démontrant directement l'état de paresse d'un enfant, on se trouve très embarrassé, car il est très difficile de faire de bonnes expériences sur le caractère.

Bien souvent, un directeur d'école a signalé à notre attention quelque enfant dont le caractère lui paraissait indomptable; je me rappelle une petite fille de dix ans, qui faisait véritablement le malheur de son école; elle apportait le trouble dans toutes les classes où elle était mise; et par application d'une idée de justice distributive, la directrice la faisait passer successivement dans toutes les classes pour que chaque maîtresse eût sa part de martyre. On me montra cette intéressante enfant; on lui reprocha sa conduite devant moi; elle baissait la tête, elle avait une attitude des plus convenables. Je restai seul avec elle; elle était très douce, très sage, très composée; rien ne dénotait son instabilité; et si cette instabilité n'avait pas été signalée par plusieurs maîtresses différentes, on aurait même pu croire qu'il s'agissait simple-

ment d'une enfant peu sympathique, qu'une maîtresse
avait prise en grippe. J'ajoute que cette jeune enfant
n'avait aucune tare physique, que son développement
corporel était normal, qu'elle n'était ni hystérique, ni
épileptique, et que son intelligence naturelle était
dans la moyenne. Il est vrai qu'elle présentait un
grand retard d'instruction; mais cela se comprenait,
puisqu'en classe, elle n'écoutait rien, et passait la
plupart de ses journées dans un couloir.

Le seul moyen, à mon avis, de deviner le caractère
d'un enfant est de le mettre par artifice, dans le milieu
où il vit habituellement, et de surveiller ce qu'il y fait,
sans qu'il se doute de cette surveillance. Je propose
le procédé suivant qui m'a souvent réussi : il consiste
à faire faire à un enfant un travail dont la quantité
est mesurable, et qui n'exige que de l'attention, par
exemple barrer certaines lettres d'un texte, tous les *a*,
tous les *i*, tous les *r*, etc. Prenons cinq enfants de la
même classe, faisons-les asseoir autour de la même
grande table, donnons-leur la consigne de barrer des
lettres pendant cinq minutes, et restons là à les surveiller; ensuite, quand les cinq minutes seront écoulées, faisons un petit signe sur leur feuille pour savoir
quelle est la quantité de travail produite; puis nous
les abandonnons à eux-mêmes, après leur avoir recom-
mandé de continuer leur travail comme si nous étions
là. Aussitôt quelques-uns des élèves, les plus faciles
à distraire, profitent de notre absence, pour causer,
gêner ou taquiner leurs voisins. Après cinq minutes
écoulées, nous n'avons qu'à regarder le travail fait
pour nous rendre compte de ce qui s'est passé. Afin
d'arriver à une appréciation exacte, on compare
l'élève à lui-même; on recherche si son travail non
surveillé est égal ou inférieur à son travail surveillé;
dans le dernier cas, on peut soupçonner des distractions. Nous en avons eu souvent la preuve; nous dres-
sions ainsi, en employant ce procédé, la liste des

enfants qui nous paraissaient les plus distraits; puis nous demandions aux maîtres de dresser, par leurs propres moyens, une liste analogue; les deux listes, comparées, étaient presque identiques[1].

D'après l'opinion généralement répandue, les paresseux sont légion. La plupart des élèves, à entendre la plainte des maîtres, sont atteints de paresse. Or, une enquête très soigneuse, à laquelle j'ai déjà fait allusion, vient d'être entreprise à ma demande dans les écoles de Paris, sous la direction de M. l'Inspecteur Lacabe, afin de connaître le nombre des paresseux. Il s'agit bien entendu de paresse grave, portant atteinte aux études, et non des ces états passagers de relâchement, qui sont si fréquents. On a examiné soigneusement le cas des élèves qui dans le classement général occupent le dernier cinquième; on espérait trouver là en abondance le type du paresseux; et en effet, où le trouverait-on, si ce n'est dans les queues de classe? En faisant cette analyse, on a été obligé d'éliminer tous ceux chez lesquels l'insuccès scolaire s'explique par une faiblesse physique ou par une infirmité d'intelligence ou de mémoire. Ces éliminations faites, le résidu représente le paresseux par caractère, celui dont la paresse s'explique par des causes morales. Or, ce résidu est d'une petitesse étonnante. Il n'est que de 2 °/₀ du contingent total. Que vaut ce chiffre? Il n'a bien entendu qu'une valeur toute approximative. Il variera selon les milieux; il sera plus faible dans telle école, plus fort dans telle autre; il variera aussi suivant l'appréciation des maîtres, car la quantité d'efforts demandés à un élève n'est pas une quantité fixe, invariable, prédéterminée. Ce que l'un trouvera suffisant, un autre peut le considérer comme insuffisant et dérisoire. Les questions d'appré-

---

1. Pour plus de détails, voir *Année Psychologique*, t. XIV, p. 177 (1908).

ciation et de valeur sont ce qui complique le plus la constatation des phénomènes moraux; on les apprécie bien plus qu'on ne les constate. Mais enfin, l'idée à laquelle nous parvenons là n'est pas purement arbitraire, elle ne correspond nullement à la réponse d'un maître à qui l'on demanderait de dire : « Combien avez-vous de paresseux dans votre classe? ou combien avez-vous rencontré de paresseux dans votre carrière? » On a pris la précaution de bien définir l'objet qu'on étudie; on a laissé de côté tous les cas de paresse légère, transitoire, accidentelle, qui n'ont point un effet sérieux sur les études. On a considéré uniquement les élèves dont l'insuccès scolaire est notable.

Cela nous montre surtout que la question de la paresse de cause morale a bien moins de portée qu'on ne se l'imagine.

J'ai lu avec curiosité les notices individuelles que de très bons instituteurs qui ont pris part à cette enquête ont écrites sur des élèves paresseux; j'y cherchais une définition de la paresse, ou plutôt je pensais y trouver des détails précis qui me feraient comprendre en quoi la paresse consiste. J'ai été un peu déçu. Beaucoup d'analyses qu'on nous donne restent superficielles; on nous parle le plus souvent d'enfants qui se refusent à l'effort. Travailler, en effet, n'est pas toujours une affaire gaie, surtout pour l'enfant; il y a des problèmes, des leçons de grammaire qui n'ont rien de récréatif; pour fixer l'attention là-dessus, il faut faire un effort. Quelques paresseux en sont, nous dit-on, incapables; s'ils se sentent surveillés, ils lisent machinalement des yeux, l'esprit ailleurs, ou bien ils font semblant d'écouter. D'où vient qu'ils se refusent à l'effort, alors que la majorité de leurs camarades l'exécutent? On nous l'explique par le jeu de petites causes secondaires. Un enfant a eu de trop longues vacances, il a perdu l'habitude du travail; un autre n'a jamais acquis cette habitude parce qu'il se fait aider constamment par sa famille; c'est la famille qui fait les devoirs et travaille pour lui; un autre encore copie sans cesse sur ses camarades et se dispense ainsi de tout travail personnel. Toutes ces influences peuvent expliquer un fléchissement de la disposition à l'effort, mais les mêmes influences agissent vraisemblablement sur bien d'autres élèves et ne suffisent pas à les rendre paresseux; l'explication ne me paraît donc pas complète. Dans d'autres cas, l'instituteur met en cause un état de découragement. Un enfant qui s'aperçoit tous les jours que, malgré son travail, il reste le dernier de sa classe et reçoit de mauvaises notes, arrive au découragement et même au dégoût de l'étude, surtout s'il ne trouve pas auprès de ses parents un réconfort moral. On nous cite des exemples topiques. La famille de cet enfant est indifférente; quand il rentre chez lui, il ne trouve personne avec qui il éprouverait ce plaisir, si grand chez un enfant, de parler de ce qui se passe à l'école. Ailleurs, le père et la mère lui donnent l'exemple de la paresse et de l'incurie. Ailleurs encore, on se moque ouvertement, devant lui, de l'école; on tourne le maître en dérision; ou bien, ce qui est plus fréquent encore, on lui apprend à considérer le maître comme un ennemi, et les punitions comme des marques de méchanceté. Je me demande si, lorsque le cas présente une forme aussi accentuée, nous n'avons pas plutôt affaire à une contre-éducation qu'à de la paresse. Enfin, les maîtres nous citent une dernière cause de paresse : c'est l'insensibilité aux excitants habituels; l'élève, nous disent-ils, est indifférent à tout, il est atone; ou bien on ajoute cette remarque qu'il n'est pas accessible à l'émulation; remarque très grave, car l'émulation est le principal ressort de l'écolier. Toute cette explication est un peu sèche, un peu superficielle, et on ne se rend pas encore bien compte de ce qui constitue le fond de l'enfant paresseux.

Autant que j'en puis juger, je suppose que la paresse est produite par des mécanismes bien différents, et, en tout cas, je proposerai d'admettre deux types :

1° La paresse d'occasion. C'est une paresse peu stable; elle est le résultat d'un événement qui aurait pu manquer. Un enfant est découragé par une mauvaise note, ou par un échec à un examen, ou par les mauvais conseils d'un camarade; l'activité au travail qui s'était formée en lui et qui aurait continué à se produire sans cette petite cause extérieure, se trouve gênée, inhibée.

2° Le paresseux de naissance. Il y a manque, défaut initial dans l'activité au travail. L'enfant se montre mou, indolent, indécis, peu actif; de plus, il ne goûte pas le plaisir qui accompagne le travail ou qui est inspiré par la perspective du but à atteindre; et, enfin, il ne trouve pas en lui la volonté qui serait suffisante pour se dominer, faire l'effort.

J'ai connu une jeune fille qui, de temps en temps, par accès, tombe dans un état très caractérisé de paresse; alors elle laisse traîner ses affaires, sans les ranger; elle reste toute une journée sur sa chaise, en bâillant, passe son temps à lire un roman insipide et ne peut se décider à aucun effort physique. Heureusement pour elle, cet état est transitoire et, d'autres jours, elle montre une activité bien meilleure, vraiment normale, prend plaisir à travailler, et peut même fournir un effort considérable. Sa paresse est bien réellement de nature interne, et intime, sans motifs extérieurs; c'est même une paresse d'application encyclopédique, car ces jours-là elle se sent indifférente à peu près pour tout, rien ne la fait sortir de son apathie; c'est aussi une paresse produite par une synthèse de causes, car il y a défaillance à la fois de la sensibilité, de l'activité et de la volonté. Et cela est intéressant comme mécanisme. Je crois qu'on a tort de réduire la paresse à une défaillance de la volonté seule, car la volonté est surtout un effet, un résultat. Mais cette interprétation, si elle n'est pas soutenable psychologiquement, a une vraie valeur pédagogique, comme nous allons le montrer ci-après.

II

L'ÉDUCATION MORALE

Nous avons dit que les maîtres, quand ils croient avoir affaire à un élève paresseux, l'accusent de mauvaise volonté ou d'insuffisance de volonté et veulent le rendre responsable de cette insuffisance. Mais on s'est demandé si cette manière de voir est bien juste. D'abord, est-elle d'accord avec les opinions qui sont en faveur aujourd'hui sur le déterminisme? Si on n'admet pas l'existence, ni même la possibilité métaphysique du libre-arbitre, n'inclinera-t-on pas à croire que l'enfant paresseux est un irresponsable, puisqu'il est une victime d'antécédents physiologiques dont il ne sait rien et que du reste il n'a pas créés? Et de plus, allant plus loin, on dira : comme ces antécédents physiologiques qui expliquent la faiblesse du vouloir sont souvent pathologiques, ne devra-t-on pas considérer l'impuissance de la volonté comme une altération de la volonté, et faire du paresseux un malade qui a surtout besoin du médecin? Les médecins consultés là-dessus n'ont point l'habitude de se déclarer incompétents, bien au contraire; ils ont une tendance toute professionnelle à accepter la théorie pathologique de la paresse, puisqu'ils trouvent le plus souvent dans l'organisme des enfants paresseux qu'on leur amène des faiblesses constitutionnelles ou des maladies caractérisées des poumons, du cœur, et surtout de l'estomac et du système nerveux. On a vite fait de parler d'anémie et de neurasthénie.

Nous avons toujours cherché, dans ce livre, à ne pas nous montrer exclusifs et à convier le plus grand nombre possible de collaborateurs au grand œuvre de l'éducation. Nous sommes donc très heureux de voir que des médecins sont souvent consultés dans des cas de paresse morale, et il y a toujours lieu de chercher si cette paresse morale ne s'explique pas par des perturbations physiologiques accessibles à un traitement médical; qu'il en soit souvent ainsi, c'est probable; qu'il en soit toujours ainsi, c'est douteux. En tout cas, nous ne pouvons pas approuver le médecin qui, de parti pris, déclare malade tout paresseux et qui, ce qui est pire, s'arrange pour toujours vérifier son diagnostic *a priori* par une constatation incontrôlable. Nous ne voulons pas que le moraliste s'efface constamment devant le médecin. Nous ne croyons pas utile que l'enfant paresseux se considère comme un malade; nous n'admettons pas que l'instituteur lui-même considère l'enfant comme un malade dont on regarde les écarts avec sérénité; surtout, nous n'admettrons jamais qu'on supprime dans les milieux scolaires l'idée si féconde et si juste de la responsabilité morale. Laissons là les discussions de métaphysique; la métaphysique est une chose, et l'enseignement en est une autre. Au point de vue métaphysique, on a le droit d'être déterministe, parce que l'idée de libre-arbitre se confond avec la conception inintelligible du hasard et que cette idée-là n'explique nullement la responsabilité. Mais en pratique, et surtout à l'école, je suis pour que l'élève ait le sentiment qu'il est responsable de ses actions, de son travail, et que, lorsqu'il est puni pour sa paresse, il est puni avec justice. C'est à ce point de vue aussi que le maître doit se placer constamment, s'il veut exercer une action efficace sur ses élèves; c'est contre un responsable seulement qu'on peut s'emporter et s'indigner; l'indignation généreuse, quand elle est inspirée par l'intérêt de l'élève lui-même, quand elle est maintenue dans une juste mesure, quand surtout elle est pure de tout sentiment de vengeance, est un des plus puissants leviers de l'éducation.

Mais alors, dira-t-on, vous admettez que l'éducation consiste, comme l'action des tribunaux, à faire régner la justice parmi les enfants, et qu'elle se propose de les punir lorsqu'ils transgressent une loi juste? Les idées de responsabilité morale, de peine et de justice sont en effet des idées qui se tiennent. Mais je ne crois pas que l'éducation ait pour but d'administrer de la justice aux petits; il suffit qu'elle donne satisfaction à notre sentiment du juste, et qu'elle ne le choque pas. Il y a bien des cas où les moyens éducatifs s'emploient en dehors de toute considération du juste et de l'injuste. Je ne puis en citer de meilleure preuve que l'exemple suivant qui est bien trivial. Un enfant a la mauvaise habitude de s'oublier pendant son sommeil; franchement, entre nous, ce n'est pas lui qui en est responsable, c'est sa moelle épinière; cependant si une punition sévère peut être assez efficace pour couper court à cette habitude, on n'hésitera pas à la lui appliquer. Une telle punition nous paraîtra légitime, quoique injuste, parce qu'elle sera donnée dans l'intérêt bien entendu de l'enfant.

C'est là en effet le but de l'éducation; et insistons là-dessus, car il nous semble qu'en pratique, ce but est souvent méconnu. Les maîtres parfois, et surtout les parents, qui morigènent et punissent les enfants, semblent se mettre à des points de vue qui n'ont rien d'éducatif. Il y a beaucoup de punitions qu'on leur inflige par un pur sentiment d'égoïsme.

Un enfant crie, on le frappe; un chien aboie trop fort, on lui allonge un coup de pied. C'est une sorte d'acte réflexe, un moyen de défense, un soulagement pour l'énervement qu'on éprouve. De même, si on oblige un enfant à se taire, ou à rester immobile, c'est pour protéger sa tranquillité de parents, et sans réfléchir combien l'immobilité peut être malsaine pour un petit être. Le grand défaut de tous ces moyens, c'est que celui qui les emploie reste à son point de vue. Il en résulte que la punition se mesure à l'état de colère de celui qui l'impose; et elle devient une véritable vengeance; car lorsqu'on est en colère, il faut frapper très fort pour se sentir soulagé.

Un second mobile, qui est un peu plus avouable que le précédent, mais qui ne mérite pas encore l'épithète d'éducatif consiste à punir l'enfant «pour l'empêcher de recommencer. » Ce n'est pas encore de l'éducation, c'est un système de préservation analogue à celui qui est organisé par la société contre les malfaiteurs; dans ce cas, la société ne songe pas à l'intérêt du délinquant, mais à son intérêt propre; elle se défend.

Pour un véritable éducateur, une répression ne se justifie que parce qu'elle a pour but d'améliorer l'individu, de le mettre mieux en forme, de lui permettre une adaptation plus exacte à son milieu. C'est pour l'amener au contrôle personnel qu'on le contraint; c'est pour assurer sa liberté ultérieure qu'on restreint sa liberté actuelle. Voilà la seule excuse de la mainmise que l'éducation exerce sur lui.

Après avoir défini l'idéal de l'éducation morale, examinons le résultat pratique qu'elle se propose d'obtenir : ce résultat est une modification de la conduite. L'éducation morale ne consiste pas seulement à suggérer des idées justes, larges et humaines; elle ne consiste pas seulement à faire naître, au moyen de paroles appropriées, des sentiments louables. Ni les idées, ni les sentiments ne suffisent; il faut encore que l'action s'ensuive. Un être bien éduqué moralement est celui qui agit d'une manière morale. Un être franc n'est pas celui qui croit à la franchise, qui la vante et qui l'apprécie au fond de son cœur, c'est celui qui la pratique. Un professeur de morale, malgré toute sa science, n'est pas un être moral, tant que sa conduite ne l'est pas. Il faut donc, et c'est là le but de toute espèce d'éducation, amener les enfants à agir d'une certaine manière. Ce n'est pas tout encore. L'action isolée ne suffit pas. L'action soutenue de l'exemple et du conseil ne suffit pas. Il faut que l'action se répète, qu'elle s'organise, qu'elle devienne une manière d'agir qui n'exige point d'effort, qui se fait naturellement. Le résultat n'est pas atteint tant qu'on n'a pas créé une habitude.

Or, comment est-il possible de modifier la conduite d'un enfant, de lui faire abandonner des habitudes jugées mauvaises, et de lui faire accepter des habitudes bonnes ? Comment le décider à mettre de son attention sur quelque chose d'aussi fastidieux qu'un exercice de grammaire ? William James, le psychologue américain, est un de ceux qui ont le mieux compris ce point délicat ; il a montré qu'on ne peut rien construire de nouveau dans une âme d'enfant, sans tenir compte de ce qui y existe déjà. Un enfant a des tendances, il a des curiosités, des intérêts, il est sensible à certains excitants. Il faut donc tirer parti de ces tendances, mettre en œuvre les excitants auxquels il est sensible, afin d'accrocher à tout cela les habitudes d'actions qu'on veut lui donner. Par conséquent, il faut d'abord le connaître.

Mais à quel degré faut-il le connaître ? Et sommes-nous obligés de faire de sa nature une étude très attentive, pour apprendre à le diriger ? Ce n'est pas indispensable ; et il est heureux que ce ne soit pas indispensable ; sans cela jamais on n'aurait fait l'éducation de personne. Il est possible de diriger l'éducation d'un enfant, en tablant surtout sur des tendances qui sont communes à tous les enfants, et même à tous les hommes, et même à tous les animaux. Tous, nous cherchons le plaisir et nous fuyons la douleur : cette observation si simple est la base du dressage; avec une cravache et des carottes, on fait d'un singe tout ce que l'on veut. Remplaçons ces mobiles grossiers par des mobiles plus élevés, et nous avons l'essentiel d'une éducation morale s'appliquant à un être humain.

Toute l'œuvre éducative est suspendue à la personnalité du maître; elle vaut ce qu'il vaut. L'éducation suppose un inférieur et un supérieur; elle est faite d'influence, d'ascendant, et, pour tout dire, de suggestion, d'autorité. Mais d'où provient l'autorité? Quelle en est la source?

Est-ce de la personne physique? Oui, en partie; de la prestance, une belle stature, une force musculaire très grande, un regard assuré sont de grands avantages; les professeurs de petite taille ne le savent que trop. Le costume même a de l'importance. Mais je crois que tous les dons physiques n'ont qu'une valeur d'emprunt; ils impressionnent, parce qu'ils sont le signe habituel d'une grande énergie et d'une volonté forte. Ils ne servent plus à rien lorsqu'on s'est aperçu que les qualités de caractère font défaut. J'ai vu des colosses que des enfants bernaient.

Des dons intellectuels, on peut dire autant; mettre de la vie dans son enseignement, tenir constamment en éveil l'attention des élèves, c'est se rendre la discipline facile. De plus, les maîtres qui, par leur intelligence, ont acquis une certaine réputation, presque de la gloire, ont bien des titres à la confiance de leurs élèves; ceux-ci sont fiers de leurs maîtres; je m'en rappelle des exemples. Et, enfin, plus on a d'intelligence, plus on met d'à-propos et de finesse à employer l'autorité qu'on a; mais, cette autorité, l'intelligence ne la crée pas. Tout le monde a connu des maîtres éminents qui étaient impuissants à conduire une classe. Pour la même raison, on trouve des mariages où c'est l'époux le plus intelligent qui obéit à l'autre.

Même remarque pour la bonté, la bienveillance, l'affection que montrent certains maîtres à leurs enfants ; quelques-uns savent leur donner cette impression si profonde et si belle qu'on les traite toujours avec justice. Mais les qualités du cœur sont encore, j'ai regret à le dire, des qualités accessoires ; elles ne servent à rien, si elles ne sont pas appuyées par une autorité forte. On ne sait aucun gré à un maître d'être bon, s'il n'a pas le pouvoir de se faire craindre ; sa bonté paraît faiblesse. Et, d'autre part, il se rencontre des maîtres qui sont secs, froids, indifférents jusqu'à la malveillance ; mais ils savent agir sur leur troupeau.

L'autorité vient uniquement du caractère. Si l'on veut un autre mot, mettons volonté. Disons encore : force, puissance, coordination. Ce qu'il faut au maître, c'est une volonté qui ne soit point impulsive, ni débile, une volonté calme, qui réfléchit, qui ne s'emporte pas, qui ne se contredit pas, qui ne menace jamais en vain. Les parents sans ascendant sont ceux qui s'occupent trop peu de l'éducation de leurs enfants, qui sont toujours prompts à s'énerver, qui punissent avec excès, mais effacent trop vite la punition ; qui donnent des directions contradictoires, d'abord un ordre, puis un contre-ordre ; qui surtout menacent l'enfant coupable, mais ne tiennent jamais à exécuter la menace, et sont les premiers à rire de son esprit et de ses incartades. Qu'ils ne s'étonnent pas de manquer d'autorité ; c'est tout simplement par manque de caractère. Si vous voulez avoir de l'ascendant, commencez par faire votre propre éducation, tâchez d'acquérir un caractère, et le reste ira tout seul.

Les enfants sont malins; ils ont bien vite fait de juger leur homme. En vain, un maître cherche à en simuler le caractère qu'il n'a pas; j'en ai connu qui voulaient hausser le ton, frappaient comme des sourds sur leur pupitre et faisaient pleuvoir des pensums sur la classe; ils nous étourdissaient pendant un temps et on vivait sous le régime de la terreur, mais bientôt la fausseté de cette autorité simulée était percée à jour; on ne les craignait plus, et leurs punitions ne faisaient plus d'effet; je les comparerais à ces médecins qui, malgré l'abus des ordonnances, n'arrivent pas à acquérir d'empire sur leurs malades. Tout autre est celui qui possède un caractère ferme; il n'élève même pas la voix, il semble ne jamais s'occuper de discipline; mais, quand il est là, tout le monde se tient bien, et, quand il parle, c'est le silence absolu. Quand l'occasion se présente, il rit, il plaisante; il devient l'ami de ses élèves, il écoute leurs plaintes, il leur accorde la liberté de discuter contre lui; rien n'altère son prestige. Signe particulier : il ne punit pour ainsi dire jamais. On l'a remarqué, l'autorité du maître se mesure au petit nombre de punitions dont il a besoin pour obtenir une discipline parfaite [1].

Les moyens éducatifs, dont nous disposons pour agir sur l'organisme de l'enfant, sont au nombre de trois principaux; le plus souvent, on les combine; mais, pour la description, il faut les distinguer. Ce sont :

1° *L'abstention;*
2° *Les moyens répressifs;*
3° *Les moyens excitateurs.*

1° L'abstention est presque une application du principe que l'on désigne, en économie politique, sous

---

1. Un livre de Marion, *L'Éducation dans l'Université*, contient les remarques les plus fines sur l'autorité du Maître.

le nom de « laissez passer, laissez faire ». Il s'agit ici d'une abstention bienveillante et réfléchie, qui, bien entendu, a une limite.

Lorsqu'un enfant fait une action qui est mauvaise, soit pour lui, soit pour les autres, on a conseillé de lui laisser pleine liberté et d'attendre qu'il subisse la conséquence naturelle de son action.

Legouvé nous raconte qu'un jour où il voyageait en chemin de fer avec une de ses petites filles, quelqu'un vint à la portière du wagon offrir des fraises; l'enfant voulait en manger. Legouvé, qui se méfiait de l'esto- mac de la fillette, lui dit : « Manges-en, si tu veux; mais ne te plains pas, si tu es malade. » L'enfant ne put pas résister à la tentation, elle mangea et fut malade. C'était la sanction naturelle de son imprudence; et une indigestion est évidemment une leçon excellente. Et, de même, un enfant veut-il jouer avec des ciseaux, un couteau ou allumer des morceaux de papier, on l'avertira du danger, puis on le laissera se blesser un peu, « ça lui apprendra ».

L'esprit timoré des parents français, qui ont souci de la santé de leurs enfants, plutôt que de l'éducation de leur caractère, ne pratiquent jamais l'abstention- nisme, bien que Rousseau l'ait conseillé.

Les Anglais y inclinent volontiers, et certainement Spencer [1] exprime une opinion bien anglaise, quand il enseigne qu'on ne doit pas soustraire les enfants aux conséquences naturelles de leurs actes. Plus ces con- séquences sont naturelles, plus elles sont instructives. Il préfère les sanctions de la nature aux sanctions artificielles que nous épinglons, en quelque sorte, à certains actes, en soumettant nos enfants à des puni- tions. Par conséquent, si un enfant casse un joujou ou abîme son vêtement, il n'est pas d'avis qu'on le prive de dessert, puis que, le lendemain, on lui achète un

____

1. H. SPENCER, *De l'Éducation*, p. 167.

autre joujou ou un autre vêtement. Son avis est que l'enfant pâtisse, par l'obligation où il sera de se payer lui-même un autre jouet, et, s'il n'a pas d'argent, il se passera de joujou, et mettra le vêtement déchiré. Ceci, ce n'est pas seulement de l'éducation, c'est un enseignement philosophique, car rien ne donne mieux à l'enfant le sens de la vie, le sentiment de sa responsabilité, et surtout cette notion que les choses ne sont bonnes et mauvaises que par leurs résultats salutaires ou nuisibles. On s'irritera contre des punitions artificielles que le caprice d'un maître peut vous imposer, et, par suite, on détestera le maître, on deviendra l'ennemi de ses parents ; mais les sanctions de l'existence, on les comprend mieux, on sent mieux leur impérieuse logique et on s'y soumet de meilleur cœur.

Il y a beaucoup de vérité dans ce système d'éducation ; en fait, dans tous les pays, les enfants y sont soumis partiellement, car, si surveillés et protégés qu'ils soient par des parents timorés, ils ne sont jamais soustraits complètement aux conséquences de leurs erreurs ; un défaut d'attention produit bien souvent un faux pas et une chute. Et, d'autre part, la plupart des enfants vivent dans la société d'autres enfants de même âge ; leurs personnalités se rencontrent, se choquent, se blessent, apprennent à se dominer et à se soumettre à la volonté du plus grand nombre ; l'enfant s'aperçoit alors que ses actes reçoivent, non seulement une sanction naturelle, mais aussi une sanction sociale ; c'est encore une excellente éducation que cette coéducation ; et les enfants élevés solitairement reconnaissent plus tard que cette première leçon de la vie leur a bien manqué ; ils ont plus de peine à s'adapter au grand milieu social, quand ils n'ont pas fait leur apprentissage dans le milieu du collège.

Ceci admis, nous sommes obligés d'ajouter que le

principe de l'abstention ne peut pas constituer un système complet d'éducation. D'abord les conséquences en seraient trop brutales; il y a des actions dangereuses qu'on ne permettra jamais à un enfant. S'il s'approche trop d'un précipice, pendant une course en montagne, on le tirera par le bras; s'il entre dans votre cabinet de photographie et veut boire une solution de cyanure de potassium, on ne le laissera pas boire, sous prétexte que « ça lui apprendra ». Il faut donc intervenir de temps en temps pour adoucir quelques-unes des sanctions trop rigoureuses de la nature. L'ensemble des autres sanctions est-il suffisant pour former un caractère et surtout une moralité? c'est à discuter. Ceux qui l'admettent doivent supposer implicitement que la vie peut devenir une école de sagesse et de bonté; nous croyons plutôt que si elle donne des leçons assez précises pour nous rendre des utilitaires, en revanche la bonté et la moralité dépendent d'un idéal qui la dépasse. En tout cas, il est indiscutable que lorsqu'on a pour devoir d'élever un enfant, de l'instruire, ou lorsqu'on a une classe à faire, il est radicalement impossible d'attendre que la nature soit intervenue pour montrer aux enfants les conséquences de leurs actes; il faut intervenir soi-même, et sans perdre de temps. Je me rappelle à ce propos une observation qui m'a été contée; elle semble s'inspirer du système de Spencer, mais elle en est une application impitoyable. Un jeune garçon avait été mis en pension dans une école tenue par des frères; il était fort peu religieux, et il prenait plaisir non seulement à troubler la classe, mais à faire des plaisanteries de mauvais goût contre la religion. Les prêtres auraient pu décider son renvoi; ils le punirent autrement, et d'une façon bien plus cruelle. On ne s'occupa pas de lui, on ne lui corrigea jamais un devoir, on ne lui fit jamais réciter une leçon. A dix-huit ans, lorsqu'il sortit de pension, il était d'une ignorance intégrale. Ce fut une punition terrible dont, pendant toute sa vie, il a souffert.

Ce qu'il faut prendre au système abstentionniste, c'est tout ce qui sert à développer la responsabilité des enfants. La formule n'est donc pas exactement de « laisser faire », mais plutôt de régler les circonstances de telle manière que l'enfant éprouve le plus souvent possible les conséquences de ses actes. Or, même à l'école, cet esprit nouveau pourrait être introduit; il faudrait assouplir les règles inflexibles, ne pas faire des enfants de simples automates, leur laisser plus de spontanéité, et plus de responsabilité aussi; au lieu d'imposer constamment une certaine quantité de travail et le même mode de travail aux élèves, on leur laisserait plus de latitude là-dessus, mais ce qu'on exigerait seulement, c'est le résultat. Ainsi il n'y aurait pas d'*étude* de longueur déterminée et égale pour tous; chacun serait libre de prendre le temps qui lui convient. C'est par une réforme analogue qu'on devrait ne pas exiger des employés un temps de présence, pendant lequel ils resteront volontiers oisifs, mais une quantité de travail; pour les mêmes raisons, nous voudrions que le temps de service militaire fût proportionné aux résultats de l'éducation militaire. Toutes ces réformes ne sont certainement pas faciles à accomplir; et à l'application on serait arrêté par bien des difficultés. Mais il faut les essayer, car elles développent à un degré éminent l'initiative et la responsabilité.

Envisageons maintenant le cas le plus fréquent, celui où l'éducateur est obligé d'intervenir activement pour modifier la conduite de l'élève. Il va employer, avons-nous dit, soit des procédés répressifs, soit des procédés excitateurs; les uns et les autres sont tantôt physiques, tantôt moraux. Mais il ne faut pas être dupe des mots. De même que toute éducation est un véritable système d'action morale, tous les procédés éducatifs sont surtout des procédés moraux. Ceux qui paraissent être essentiellement physiques le sont moins qu'on ne l'imagine; ce qu'ils ont de matériel ne vaut que comme suggestion, simulacre, et leur action dépend des idées qu'ils éveillent, de la valeur qu'on leur attribue. Un coup, par exemple, donné à un chien ou à un enfant, peut être efficace; mais il l'est moins comme douleur physique que comme suggestion d'un au delà vague, mystérieux, menaçant; et ce qui le prouve bien, c'est qu'on peut, tout en riant, dans la chaleur d'un jeu, donner d'énormes tapes à un enfant ou à un chien; et ils en sont ravis, parce que ces tapes n'ont point la valeur de punitions. De même, les récompenses ne sont point tant efficaces par les sensations agréables qu'elles procurent que par toute l'allégresse qui s'ensuit. Je fais appel à ceux qui ont été récompensés, enfants, par une friandise ou l'apparition d'un « plat couvert »; ce qui faisait le prix de ces récompenses, ce n'est pas la petite sensation gustative, si courte et si maigre, qu'ils ont éprouvée, mais l'attente, la surprise, la manière dont le cadeau a été fait, et toutes les émotions qui ont fait cortège. Il est donc utile, je crois, de développer surtout les moyens d'action moraux dont nous disposons : ce sont les plus riches, les plus variés, les plus efficaces; les moyens physiques ne doivent être, à mon avis, que des amorces, des simulacres, des symboles.

2º *Les moyens répressifs.* — Ils consistent surtout à produire chez l'élève une impression désagréable, pénible, déprimante, douloureuse; cette impression étant accolée, associée à certaines actions, en détourne l'élève, et l'empêche d'agir; si elle est associée au contraire à certaines abstentions, elles l'incitent à agir; mais la dépression est toujours une influence à éviter car elle est une grande cause de perte d'énergie pour l'organisme; et par conséquent si on ne peut pas supprimer complètement les moyens répressifs, il faut au moins songer que ce sont des moyens de dernière ressource, et toujours les économiser.

Je ne suis pas pour le vrai et complet châtiment corporel; il n'est pas dans nos mœurs et il blesse notre sensibilité. Cependant je reconnais que le choc, la surprise produits par une violence ou même un simulacre de violence sont parfois du plus heureux effet. On me racontait que dans une pension se trouvait un enfant très irritable, qui de temps en temps se mettait dans des colères effrayantes; une seule personne avait acquis sur lui assez d'autorité morale pour le calmer. Un jour, l'accès se déclara pendant que la personne était absente. Un professeur d'anglais passait par là; sans hésiter, il empoigna l'enfant, le dévêtit, le porta sous la pompe, et lui fit recevoir pendant un bon moment un jet d'eau froide. Cette petite démonstration hydraulique eut un succès complet; l'enfant fut corrigé net; depuis cette époque, il n'eut plus d'accès de colère aussi violent. Autre observation; je tiens celle-ci d'un des membres les plus éminents de l'enseignement. Lorsqu'il était professeur de lycée, il avait un élève qui prenait continuellement une attitude sarcastique à son égard. Un jour, en pleine classe, le professeur s'impatiente, il escalade les gradins, va à l'élève, le saisit à bras le corps et le secoue. Devant cette manifestation d'énergie, l'élève reste étonné. Ce n'était qu'un choc, une surprise, ce n'était pas une punition corporelle. Dès ce jour, changement complet; l'élève change d'attitude, devient raisonnable, soumis, travailleur. Aujourd'hui, devenu un ingénieur distingué, il se rappelle encore la leçon bienfaisante qu'il a reçue, et il en est reconnaissant.

Le même effet déprimant peut être obtenu en ne prenant du procédé physique que son effet moral. Une réprimande faite d'une voix sévère et solennelle, en public, devant de nombreux témoins, humilie profondément certains enfants à amour-propre ombrageux; dans une école, cette admonestation est d'usage tous les samedis; les enfants appellent cela « passer à la parade ». Il est encore très bon d'exiger des délinquants « 'ils fassent des excuses, ou un effort pour réparer .u mal commis. Mais bien entendu le blâme devant témoins ne doit se faire que si l'on est sûr de l'acquiescement des témoins; car dans le cas contraire, tout l'effet est perdu. Un père a peu d'action, s'il gronde son fils devant une mère qui de parti pris donne raison au fils et le soutient contre le père.

Il y a beaucoup d'enfants qu'il est préférable de traiter après les avoir isolés. Chacun sait quelle influence énorme on exerce sur un enfant en l'appelant dans le cabinet du directeur, surtout si on le fait attendre, puis si on lui parle avec gravité, d'un ton pénétré, seul à seul. L'enfant est comme désarmé, inquiet de ce qu'on va lui faire, son cœur bat, il est en état de moindre résistance, c'est le moment d'agir fortement sur lui. C'est le moment surtout d'obtenir des confidences ou des aveux, en l'interrogeant avec adresse, et en mêlant par-ci par-là l'affirmation à la forme interrogative; il y a tout un art pour provoquer les aveux. Mais on n'en abusera pas, la confession est une pratique un peu dangereuse : elle amollit, elle traîne l'esprit de l'enfant sur des fautes qu'il convient de lui laisser oublier, et quelquefois elle donne à certains êtres un plaisir mauvais, le plaisir de la dégustation imaginative. Un autre et excellent moyen d'agir, consiste à faire appel aux bons sentiments des enfants jusqu'à ce qu'on soit arrivé à les attendrir. Un directeur d'école me disait qu'ayant eu à diriger l'éducation de fillettes qui vers treize ou quatorze ans devenaient rudes et méchantes, il les entreprenait en leur parlant longuement de la peine qu'elles causaient à leurs parents; quelques-unes restaient sèches; mais

s'il arrivait à faire pleurer l'enfant, il avait cause
gagnée.

Ces quelques moyens moraux dans lesquels on donne
un peu de soi, me paraissent infiniment préférables à
tout le système des mauvais points, des retenues et
des pensums, que certains maîtres distribuent avec
autant de discernement que des machines automa-
tiques. Il y a évidemment des cas où les punitions
scolaires sont indispensables ; que tout au moins, on
les donne avec discernement ; qu'on ne punisse pas
également tous les élèves, car peu suffit à quelques-
uns ; et en outre un élève trop souvent puni en prend
l'habitude et s'endurcit. Qu'on emploie surtout, je le
recommande, l'excellent système qui permet à l'élève
de réparer sa faute. Dès qu'il est puni, on l'avertit
que sa punition est inscrite, mais il sait que si d'ici la
fin de la classe il se tient d'une façon exemplaire, il
rachète sa faute, et sa punition sera levée. J'ai vu ce
système employé dans plusieurs écoles ; je le crois
excellent. Ce n'est plus de la dépression, c'est un
moyen excitateur.

3° *Les moyens excitateurs.* — Les moyens éducatifs
que nous appelons excitants sont ceux qui agissent
d'une manière favorable sur l'activité physique, intellectuelle et morale, qui l'augmentent, et qui en même
temps produisent un sentiment agréable de bien-être,
de satisfaction. Pour des raisons *a priori* nous devons
préférer cette manière d'agir, et même nous regrettons
que l'on ne puisse pas l'employer exclusivement ; seule
elle excite l'activité, la bonne humeur et la sympathie
pour le maître ; elle est conforme à l'esprit de toute
éducation, qui doit consister à faire agir, en produi-
sant un entraînement joyeux.

Les meilleurs moyens excitateurs sont les plus
directs, ceux qui font partie de l'action même que
l'on désire faire exécuter à l'enfant. Si je désire qu'un

jeune écolier fasse un certain devoir, j'essayerai d'abord de l'y intéresser ; mon premier soin sera de capter son attention, en sachant ce qu'il aime, en profitant de ce que les Américains appellent des « centres d'intérêt » ; je commencerai par une réflexion piquante, ou je profiterai d'une question d'actualité que je sais qu'il connaît : une guerre, un accident, une cérémonie quelconque ; ou bien j'exprimerai moi-même tout l'intérêt que je prends à ce travail, toute l'importance que j'y attache ; je ferai de l'entraîne-ment moral ; je discuterai avec l'élève ses idées, et si elles renferment la moindre valeur, je soulignerai cette valeur d'un ton discret. Dans d'autres cas, j'uti-liserai un peu l'esprit de contradiction, pour affermir son intérêt. Je m'attacherai à être optimiste, car l'encouragement est le principal levier de l'éducation.

Il y a longtemps que je mets en pratique ces idées, chez les personnes dont l'éducation m'a été confiée. Elles savent bien avec quelle ardeur je me suis mis à suivre leurs efforts, à les provoquer, à les entretenir. Aujourd'hui encore, où mes anciens élèves sont de-venus des adultes. je me sens de moitié dans tout ce qu'ils entreprennent, tant je m'y intéresse à fond. Cet intérêt n'a rien de factice ; peut-être était-il voulu au début ; mais depuis, et peu à peu, j'en suis devenu moi-même la dupe. C'est véritablement de tout cœur que je m'y suis mis, et si j'ai obtenu quelque puis-sance d'action, c'est à ce prix-là.

Les moyens excitateurs dont nous disposons ne sont pas tous aussi directs ; ils peuvent avoir, comme les moyens dépressifs, une valeur d'emprunt, ils peu-vent n'être qu'épinglés. Nous les diviserons en trois groupes : les récompenses, les éloges et les missions de confiance.

Les récompenses, ce sont surtout les cadeaux et les faveurs que les parents peuvent faire à leurs enfants : argent, jouets, friandises, soirées au théâtre, promenades, voyages, et ainsi de suite. Ce sont là des moyens coûteux, qui ne sont pas de mise à l'école ; et le maître, en fait de cadeaux et d'avantages matériels, serait obligé de se restreindre au don plus modeste de livres, d'images et de porte-plume ; cela ne mène pas loin. Une lecture amusante, faite par le maître à une fin de classe, est aussi d'un excellent effet. Mais les véritables récompenses scolaires, ce sont les bonnes notes, les places en composition, les prix ; seulement cet effet est dû surtout à la valeur que l'on attache ostensiblement à ces avantages ; ce sont des valeurs d'estime. Les décorations que dans les basses classes des écoles on distribue aux enfants sages rentrent dans cette catégorie ; elles ont eu leurs détracteurs. J'ai vu des pédagogues décorés qui s'insurgeaient contre les croix données à des enfants d'écoles ; ils croyaient sans doute possible de rendre des enfants plus sages et plus désintéressés que les adultes. A notre avis, on ne doit éliminer aucun moyen éducatif, lorsqu'il donne des effets utiles.

On a reproché aux récompenses de supposer une comparaison entre camarades ; celui qui est récompensé ou qui arrive le premier en composition ne doit sa victoire qu'à un écrasement de ses rivaux. On a dit de ce système qu'il flatte surtout des sentiments égoïstes et vaniteux, et n'incline pas à la bonté, à l'amour du prochain. En outre, en pratique, l'inconvénient est que ce sont presque toujours les mêmes qui arrivent aux bonnes places et aux prix ; les autres élèves se découragent, et ils ont même raison de se décourager, car ils ne sont point récompensés de leurs efforts. On a proposé de ne pas abuser de la comparaison entre élèves différents, et de ne pas faire trop de fond sur la rivalité, quoique ce soit un mobile bien puissant ; il est préférable de comparer l'élève à lui-même, à son passé, et de lui tenir compte surtout de la manière dont il évolue et dont il se surpasse.

C'est l'idée émise par notre collègue et ami M. Boitel, le directeur de l'école Turgot; il veut que chaque élève dessine lui-même la courbe de son travail, d'après ses notes de quinzaine, car l'ascension ou la descente de la courbe ont bien plus d'éloquence que les différences arithmétiques des notes. Un père de famille dont le fils est soumis à ce système, me disait un jour : « Quand mon garçon rentre de l'école le samedi, je lui dis aussitôt : Eh bien, est-ce que ça monte, ta courbe ? »

Bien que cette méthode des graphiques individuels n'ait pas encore été scientifiquement contrôlée, — en pédagogie, on ne contrôle rien, c'est l'usage — elle mérite d'être essayée. Seulement, il ne faut jamais être un éducateur à l'esprit exclusif; on se priverait par là d'un grand nombre de ressources. L'émulation est une force, un excitant inouï pour certaines natures que l'ambition dévore. Un maître intelligent saura toujours en tirer parti.

Après les récompenses, qui sont comme le paiement du travail et de la bonne conduite, citons l'effet moral produit par l'approbation du maître. Il y a une approbation tacite, qui est de l'action la plus heureuse. Les élèves bien doués et encore jeunes travaillent surtout pour faire plaisir à leur maître, et c'est une raison pour que celui-ci ne soit pas trop souvent remplacé par un autre; un sentiment vague et général de contentement, un petit sourire suffisent à stimuler le zèle; et ce sont, je crois, les mobiles d'affection qui agissent le plus souvent pour faire travailler les élèves; qu'on y ajoute l'influence de l'habitude sur le travail, l'influence de la tradition et de la routine, et comme en sourdine l'action préventive de quelques punitions toujours possibles, et cela suffit, il n'en faut pas davantage.

Mais parfois il est bon que l'approbation vague s'accentue, devienne un éloge, un compliment, un témoignage de satisfaction. Mais ici bien des réserves sont à formuler ; il faut que l'éloge soit discret et bref, il faut qu'il soit mérité, qu'il soit proportionné au travail fourni, et que sa justice soit sentie et approuvée de toute la classe, et pleinement évidente ; il faut qu'il ne soit pas répété trop souvent, et qu'il soit plutôt un encouragement à faire encore mieux pour l'avenir que la constatation d'un progrès acquis. S'il est bon de soutenir l'élève, de montrer qu'on est content de lui, qu'on a confiance en lui, qu'on est sûr de ses progrès, en revanche, n'oublions pas que le compliment répété abusivement excite chez l'enfant un sentiment d'amour-propre, qui peut facilement dégénérer en vanité.

Et les mauvais élèves, dira-t-on, comment est-il possible de les faire profiter d'une action encourageante ? Le maître serait désarmé s'il lui fallait attendre que ses mauvais élèves eussent mérité des récompenses pour les leur donner ; et toujours punir ne vaut rien. Heureusement, on peut recourir à une autre méthode, qui à notre avis est infiniment préférable à tout ce que nous avons décrit jusqu'ici : c'est la mission de confiance. Méthode active par excellence ; l'élève est incité à agir d'une certaine manière, il apprend qu'on a confiance en lui, on le relève dans sa propre estime. Ainsi, le maître obligé de quitter la classe pendant deux minutes, fait monter en chaire un mauvais élève, et lui dit : « tu vas noter celui de tes camarades qui se sera le mieux tenu pendant mon absence ». Il est presque certain que l'élève, fier de cette mission, ne fera aucun passe-droit. Moins encore ; il suffit de lui confier la distribution des crayons et des cahiers pour lui faire un très grand plaisir, surtout si on a su attacher à cette fonction de l'importance. On a pu calmer de mauvaises têtes en leur donnant la charge de défendre des élèves plus jeunes. Une vraie brute s'est adoucie en s'occupant d'un petit infirme ;

le sentiment de protection, en entrant dans certains cœurs, opère des miracles. J'ai même vu, dans une classe d'anormales, une petite arriérée qu'on avait chargée de donner des leçons de lecture à une autre enfant, plus jeune et plus arriérée; elle s'acquittait consciencieusement de sa mission, et par la même occasion la petite maîtresse s'apprenait à lire. De même encore, dans un autre ordre d'idées, confiez à une enfant dépensière les clefs de la caisse, avec responsabilité de sa gestion, et vous verrez, pour peu que vous sachiez vous y prendre, combien elle va devenir économe. Cette méthode, faisant agir l'enfant d'une certaine manière, crée en lui des habitudes qui, par la répétition, ont des chances de devenir permanentes et de faire partie intégrante de sa nature.

Dans les pages précédentes, nous n'avons essayé de faire aucune distinction entre les enfants qu'on se propose d'éduquer. Nous avons fait, pour simplifier, cette supposition implicite que tous les enfants sont taillés sur le même modèle. Beaucoup de maîtres se conduisent comme s'ils prenaient cette erreur pour une vérité. Ils ont un système de punitions et de récompenses, qu'ils appliquent le cas échéant; ils ne savent donc pas quel est l'effet intime des moyens éducatifs qu'ils emploient; ils ne font que maintenir un bon ordre superficiel, comme s'ils étaient simplement chargés d'une mission de police. Beaucoup de parents se conduisent de la même manière. Nous l'avons déjà dit, nous le répétons, une éducation n'est légitime que si elle est inspirée par l'intérêt de l'enfant, que si l'enfant en profite, et par conséquent pour le savoir, il faut se transporter dans l'âme de l'enfant, imaginer ce qu'il pense et ce qu'il sent. Il faut donc, plus ou moins, chercher à étudier sa psychologie.

De cette nécessité, je citerai seulement deux ou trois exemples. Nous avons parlé plus haut des moyens répressifs, qui comprennent comme types principaux la punition et le blâme. Aucun maître ne peut s'en passer; il est possible à la rigueur de ne jamais punir; mais on ne peut pas se dispenser de blâmer, de menacer, d'intimider. Or, le succès de ces moyens répressifs et dépressifs dépend évidemment de la résistance que leur oppose l'enfant; il faut connaître cette résistance, en tenir compte; car il y a deux manières de manquer le but. L'une consiste à frapper trop fort un être faible, à produire une dépression trop considérable. Écrasé par les punitions, terrorisé par un excès de sévérité, l'enfant devient timide, craintif, ombrageux, triste; il perd toute confiance en lui, et cette belle joie de vivre qui est le charme de l'enfance. Rien n'est plus douloureux à voir qu'une physionomie d'enfant battu. L'autre erreur, de sens opposé, consiste à employer un moyen dépressif qui n'est pas assez puissant, étant donnée la résistance combative du gaillard à qui l'on a affaire. Dans les asiles, quand un aliéné qu'on a voulu calmer par la cellule en sort dans un état d'excitation, c'est la preuve qu'on ne l'a pas enfermé assez longtemps. Mais on ne peut pas le laisser indéfiniment en cellule; et par conséquent avant d'ordonner cette mesure, le médecin se demande si elle pourra produire l'effet voulu. De même, tout moyen répressif échoue, s'il laisse l'enfant en état de révolte.

Dernièrement, quelqu'un me racontait l'histoire d'un bambin de cinq à six ans, qui ne veut pas, qui n'a jamais voulu manger d'aliments solides. Chaque jour, à l'heure du repas, il trouve à côté de son assiette un fouet; il sait ce que cela signifie, et il se tourne tranquillement vers son père navré, en lui disant : « je ne veux pas manger, j'aime mieux être fouetté ». Ce mot prouve que les moyens coercitifs ont échoué, et que les parents feront bien de chercher autre chose. Leur défaite est d'autant plus fâcheuse qu'elle amoindrit leur autorité; c'est donc sans compensation aucune qu'ils ont eu recours à des moyens dont le grand défaut est d'exciter chez les enfants des sentiments de rancune et de malveillance, ce qui est infiniment regrettable, car l'éducation doit être œuvre de bonté.

Le caractère intellectuel et moral des enfants est aussi une précieuse indication. Ceux qui les connaissent bien savent à quel point il faut varier ses procédés pour arriver à un résultat quelconque. On se borne à commander aux très jeunes, mais il faut raisonner davantage avec les plus âgés, et chercher à les convaincre. Je me rappelle deux enfants dont le caractère était si différent que si on les avait traités de la même manière, on n'aurait rien obtenu ni de l'un ni de l'autre. L'un était à la fois très sensible de cœur et très indépendant de caractère. Il fallait le prendre à la fois par le sentiment et le raisonnement; il était touché par certaines paroles, et surtout convaincu par les explications qu'on lui donnait et dont il percevait la justesse; mais un ordre sec le faisait cabrer. L'autre, qui était pourtant du même âge, se montrait tout différent. Il n'était certes pas insensible aux arguments émotionnels, ceux-ci le touchaient profondément, mais c'était une imprudence de se mettre à raisonner avec lui car il niait l'évidence, il ne s'avouait jamais vaincu et mettait dans la discussion une affaire d'amour-propre; le meilleur moyen de le diriger était d'employer l'ordre impératif, et sans réplique. On peut être, en théorie, l'adversaire de l'argument d'autorité; en fait, il y a des cas où cette méthode s'impose.

Je suis persuadé que si on connaissait exactement les différents types de caractère qui existent, on arriverait assez vite à classer chaque enfant, et à deviner quelle est l'éducation morale qui convient à sa catégorie. Au lieu de tâtonner et de faire tant d'erreurs, on agirait à coup sûr. La principale difficulté vient toujours des apathiques et des vicieux. Mais existe-t-il des apathiques complets, des enfants insensibles à tous les excitants, et n'ayant aucune tendance naturelle dont on pourrait tirer profit? Si de tels enfants existent, ils doivent être en quantité négligeable. Quant aux enfants vicieux, amoraux, aux futurs criminels, à ceux qui font l'effroi des éducateurs, je suppose que par leur psychologie ils ne diffèrent pas aussi profondément que par leur conduite des autres enfants que nous considérons comme normaux. Ils sont sans doute peu altruistes, peu enclins à la tendresse et à la pitié; ils manquent souvent même de cette sensiblerie qui peut suppléer la sensibilité; rappelons-nous avec quelle froideur les criminels écoutent les plaintes déchirantes de leurs victimes, avec quel sang-froid, parfois quelle ivresse ces brutes ont fait couler le sang, même dans des situations atroces. Mais dans ces êtres, même les plus endurcis, on trouve encore des rudiments de sentiments, qui s'ils avaient été convenablement cultivés, auraient pu les protéger contre leur déchéance. Presque tous ont de la vanité, une vanité ridicule et énorme, qui a poussé sur leur fond d'égoïsme. Voyez quel prix ils attachent à l'opinion publique, comme ils recherchent la publicité de la cour d'assises, comme ils sont fiers de voir leur nom imprimé dans les journaux. Sans y prendre garde, on permet véritablement à leur vanité de produire les effets les plus pernicieux; c'est leur vanité qui, avec la complicité de la presse et de l'opinion, devient une excitation au crime, alors que mieux orientée elle devrait en devenir une prophylaxie. Remarquons encore quelles sont leurs relations avec leurs complices, avec ceux qui font partie des mêmes bandes; la manière dont ils se vantent de leur adresse et de leur courage; la manière dont des camarades les poussent quelquefois au crime, en leur disant, s'ils hésitent : « tu as donc peur? tu n'es pas un homme ? » Remarquons encore que souvent ils tiennent un engagement, qu'ils ne dénoncent pas un complice, qu'ils ont leur manière d'honneur, et qu'on les a vus même faire des actes de générosité, par vantardise. C'est donc l'amour-propre qui les inspire presque constamment, et si le mot ne paraît pas trop fort, nous dirons que ces êtres qui passent pour amoraux ou immoraux ont bel et bien une morale, morale très spéciale, uniquement égoïste, mais dont un éducateur très intelligent et très avisé pourrait tirer parti, j'en ai la conviction profonde.

Avec ces natures-là, ce ne sont pas du tout les moyens répressifs, punitions ou réprimandes, qui réussissent; ce sont les moyens excitateurs, l'éloge et surtout le type de « la mission de confiance ». Je n'en dis pas plus sur ce point, mais on devine le commentaire. Il faut transformer peu à peu la vanité en orgueil et en tirer le respect de soi.

Il n'y a pas seulement à tenir compte du caractère propre de l'enfant pour l'éduquer; il faut encore tenir compte que cet enfant n'est pas isolé, qu'il est en classe et que la classe forme une société, qui a beaucoup des caractères de notre société d'adultes, beaucoup de ses défauts surtout, la confusion des mouvements, le désordre, la nervosité, le sentiment de son irresponsabilité et de sa force et tout ce qui en résulte de dangereux. Au caractère de l'enfant vient donc s'ajouter l'influence de la multitude. Cela complique le travail du maître. Il ne doit pas oublier en effet que la société enfantine est une union qui se fait contre lui; ce qui le prouve, c'est que les enfants détestent la délation; la délation est le grand crime sociologique du collège. Le maître doit s'appliquer à contenir, à diriger la force de ce groupement, d'autant plus active que les élèves sont plus nombreux, car il faut bien plus d'autorité pour tenir quarante élèves que dix. Il se rappellera le mot de Richelieu : « diviser pour régner » ; il séparera les mutins ; il empêchera surtout les indisciplinés de corrompre les dociles ; il distribuera les places de manière à ce que les actifs soient à côté des indolents ; il s'efforcera de former un noyau de bons élèves représentant une tradition de travail et de discipline ; il se souviendra que l'exemple et l'émulation sont de grandes forces et il les tournera en sa faveur.

On a eu l'idée, dans certaines écoles de Paris, de diviser les classes en sous-groupes, composés de dix à quinze élèves ; ces sections ont reçu des noms de grands hommes : Turgot, Pasteur, Victor Hugo ; on s'efforce de leur donner une personnalité et on s'y est pris de diverses manières. On s'y est pris surtout en excitant la rivalité entre deux groupes et en accordant des récompenses collectives à chacun d'eux, toutes les fois que celui-ci obtient une moyenne de notes qui est supérieure à la moyenne du rival. Quand cette solidarité est bien sentie, on voit les enfants les plus travailleurs du groupe surveiller les paresseux et même leur reprocher de faire perdre des points à la petite société. N'est-il pas ingénieux et vraiment touchant d'amener un écolier à tenir à un de ses camarades le langage suivant : « Est-ce que tu ne peux pas travailler davantage? » Le seul inconvénient de ces groupements est leur caractère artificiel ; ils ne reposent pas sur un intérêt réel, mais sur une convention ; il est vrai qu'avec des enfants on peut donner à une simple convention beaucoup de valeur morale.

Une dernière question vient à l'esprit. A parcourir toutes ces descriptions de moyens qui sont à notre disposition pour forger les âmes, on trouve que ces moyens sont bien mesquins et on se demande avec inquiétude s'il est possible d'en faire sortir une vraie, une haute et profonde leçon de morale. Cette inquiétude est surtout ressentie par ceux qui ont été élevés dans le respect de la morale religieuse. Ils ne comprennent pas qu'une morale laïque puisse s'enseigner, car elle leur paraît dépourvue de fondement, de justification rationnelle et surtout de sanction. Il est bien certain que pour un esprit simpliste, le commandement de Dieu suffit à tout et répond à tout. Mais du moment que l'enseignement officiel est devenu neutre et n'emprunte aucun argument aux religions, comment va-t-on enseigner, par des procédés laïques, la morale aux enfants? Toute morale se résume en un système de sacrifices qui sont demandés à notre égoïsme. Par quel argument pourra-t-on convaincre des enfants de la légitimité de ce sacrifice si on ne leur parle ni de divinité, ni de vie future, par conséquent si on est obligé de se passer de ces arguments traditionnels, qui sont si vigoureux, si impressionnants, quoique au fond ils soient purement égoïstes, par conséquent peu moraux?

Je ne peux pas, faute de place, exposer la question dans toute son ampleur ; je veux seulement montrer qu'une éducation morale est possible en principe, sans le secours d'une discipline religieuse.

Les objections qu'on adresse à l'enseignement laïque supposent que l'éducation se fait par la force du raisonnement et des idées. Voilà l'idéal auquel on rêve beaucoup aujourd'hui. On y est arrivé indirectement par réaction contre l'enseignement religieux qu'on a accusé d'asservir les âmes; on parle sans cesse maintenant dans les journaux pédagogiques des droits que possède la conscience chez l'enfant; on déclare qu'il faut respecter sa raison, ne pas porter atteinte à son jugement. On a surtout la conviction qu'on outrepasse les droits de l'éducateur lorsqu'on crée chez l'enfant un état de croyance dont il ne pourra plus se débarrasser quand il sera parvenu à l'âge d'homme. Sans doute ces scrupules sont très louables; ils montrent que l'on comprend bien maintenant que l'enfance reçoit facilement des empreintes ineffaçables et que l'instituteur ne doit pas abuser de sa puissance. Je me rappelle à ce propos qu'un père de famille, qui n'était nullement croyant, me disait un jour, en parlant de son fils, âgé de six ans : « Je vais l'envoyer chez les prêtres; de cette façon, il aura des sentiments religieux qui dureront toute sa vie. » Il y a quelque chose de choquant dans cette atteinte à une personnalité qui ne peut pas encore se défendre. Mais ne tombons pas d'un excès dans un autre ou plutôt ne confondons pas les méthodes d'éducation avec le but de l'éducation. Le but est de faire des hommes libres, mais la méthode ne peut pas consister à traiter un enfant en homme libre, ni à faire appel à sa raison, quand il est encore à un âge où il n'a pas de raison. Nous l'avons répété comme un *leitmotiv* dans tout ce livre, l'éducation consiste à provoquer des actions utiles, des habitudes et par conséquent à faire fonctionner toutes nos facultés, celle du jugement aussi bien que les autres. La moralité de l'enfant ne se crée pas avec des idées, elle ne résulte pas d'arguments qu'on lui adresse, et les exposés des raisons ne servent qu'à éclairer, diriger, fortifier, justifier, rationaliser une tendance morale quand elle est déjà formée. Cette tendance morale est chez les enfants le résultat de deux mobiles principaux : d'abord le respect qu'ils ont pour leurs parents et leurs maîtres, c'est l'élément d'autorité, c'est l'idée d'obligation, qui est nécessaire à tout système de morale pour qu'elle soit efficace ; et ensuite, les sentiments d'altruisme, la bonté, la charité, la sympathie, l'affection, le désintéressement, tous ces mobiles chauds et tendres qui conduisent au don de soi et qui donnent à la moralité un cœur.

Je veux, en terminant ce chapitre, exposer en quelques mots une expérience d'éducation morale qui vient d'être faite dans des écoles primaires de Paris. C'est plus qu'une expérience, ce sont plutôt des exercices pratiques, de morale. Je crois la tentative nouvelle, et, comme elle a déjà eu un succès très encourageant, je pense qu'il est bon de la faire connaître, afin que d'autres la répètent, pour le plus grand bien des enfants. Nous allons parler encore une fois des classes d'anormaux; car c'est à propos de l'organisation de ces classes que l'on a imaginé cette tentative. Tout l'honneur en revient à mon ami, M. l'inspecteur Belot.

Nous venions d'obtenir l'autorisation de créer dans une école primaire de Paris une classe d'essai pour petites filles anormales. Il y a de cela quatre ans déjà. Nous étions un peu indécis, presque inquiets; on nous avait confié une mission importante; nous ne voulions pas compromettre une si belle cause. Les adversaires des classes d'anormaux, — car il y a toujours des adversaires de ce qui est nouveau, — prétendaient que c'était dangereux de réunir dans une même école des enfants normaux et anormaux. Ces derniers, disaient-ils, étaient des enfants vicieux qui allaient corrompre l'élément sain. Ou bien, ce serait la guerre; les normaux se moqueraient de leurs camarades, ils les tourneraient en dérision; les parents s'en mêleraient, l'école serait bientôt considérée comme une école de fous; elle serait décriée, désertée. Il fallait, répétait-on de tous côtés, établir entre ces deux populations d'élèves une cloison étanche, organiser des récréations dans des préaux différents, mettre les entrées et les sorties à des heures différentes; autant aurait valu deux établissements distincts. Nous étions si bien impressionnés par ces craintes que nous choisîmes pour notre essai une école ayant la bonne fortune de posséder deux portes d'entrée: il fut décidé que l'une de ces portes serait réservée aux petites anormales. Mais on y a bien vite renoncé ; et, en fait, la porte d'entrée spéciale n'a jamais servi. Ce qui à première vue semblait un danger était en réalité un avantage. Aujourd'hui, sous l'influence de M. Belot, on a établi des relations aussi nombreuses que possible entre la classe des petites anormales et la population du reste de l'école. On s'est même aperçu que ces relations ne servent pas seulement aux petites anormales, mais encore, et surtout, aux grandes fillettes normales qui trouvent là une occasion merveilleuse d'apprendre, en les pratiquant, la solidarité et le dévouement ; c'est une des meilleures applications pour le cours de morale qu'on leur fait à l'école. Les repas de cantine, les récréations, les leçons de gymnastique, de travail manuel, d'art ménager se prennent en commun, c'est-à-dire en même temps, dans les mêmes préaux ou dans les mêmes classes. Ce contact incessant permet aux petits anormaux de vivre avec des enfants mieux élevés, mieux tenus, qui leur servent d'exemple, et qu'ils imitent dans leurs manières et leurs propos.

De plus, les classes supérieures fournissent des élèves qui deviennent *les petites mères* des jeunes anormales. Nous nous sommes préoccupés, avec M. Belot, de donner une forme matérielle, administrative, à cette coopération, car tout doit être réglé dans une école. Il ne faut pas que les sentiments des enfants se manifestent seulement dans des fêtes, des réjouissances, des jeux et des danses en commun, ou pendant les visites officielles. Il ne faut pas non plus que l'assistance des grands pour les petits se traduise trop fréquemment par des cadeaux de vêtements ou d'argent, car, une fois engagé dans cette voie, on peut aller trop loin, enlever toute spontanéité aux normaux, en leur imposant une sorte de taxe des pauvres, comme on le fait en Angleterre ; et, d'autre part, les anormaux trop dorlotés, trop gâtés, finiraient par croire que ces soins

et ces cadeaux leur sont dus. Après bien des tâtonne-
ments, nous avons pensé, M. Belot et moi, que, sans
proscrire les fêtes, les tombolas, les danses, les réu-
nions amicales, mauvaises si elles constituent l'essentiel, très bonnes si elles ne sont que l'exception, il
était nécessaire que les relations de ces enfants eussent un but précis d'instruction et d'éducation. Aussi,
d'après notre nouveau règlement, le cours des
redoublantes fournit chaque jour une monitrice qui
reste à peu près toute la journée dans la classe des
anormales, aide les plus jeunes, les moins habiles à
faire leur devoir et à suivre la leçon ; la même monitrice n'y reviendra qu'un mois ou deux après. De plus,
deux fois par semaine, entre quatre heures et quatre
heures et demie, les petites mères viennent donner à
leurs pupilles des répétitions individuelles : une des répétitions a pour objet l'instruction, les autres sont des
leçons de choses, des explications, des conseils. Chaque
petite mère est en service pendant une quinzaine ; sa
quinzaine finie, elle rédige un rapport de deux à trois
pages sur ce qu'elle a observé chez sa pupille. La
quinzaine suivante, on l'a remplace par une autre grande
élève, une autre petite mère, afin que le zèle, vif mais
court, de ces tutrices encore jeunes n'ait pas le temps
de s'épuiser. Toute cette organisation n'est possible
qu'avec la collaboration très attentive de la Direction
de l'école ; il faut y mettre une volonté intelligente, un
désir de bien faire, et une surveillance de tous les ins-
tants. Ce qui a réussi dans une école doit pouvoir réussir
ailleurs. Je n'ai pas dit combien m'a paru curieux le
spectacle de ces petites anormales, si joyeuses de l'arrivée des petites mères, quand quatre heures sonnent;
il faut avoir vu les démonstrations bruyantes des pupilles, l'air raisonnable et sérieux des plus grandes; je
n'ai pas parlé des lettres qui s'échangent, de ces rapports de quinzaine où l'on trouve tant de bonne
volonté, de l'intérêt que les parents de normaux ont

pris à cette œuvre d'éducation, des services qu'ils nous ont déjà rendus pour trouver des places à nos petites anormales, qui ont déjà quitté l'école. Tous ceux qui ont été admis à voir ces choses, à en pénétrer le détail, en ont été profondément touchés : on nous a dit, on nous a répété sur tous les tons qu'il faudrait faire des tentatives analogues partout, dans toutes les écoles ordinaires, pour le bénéfice des enfants normaux. Partout les grands devraient apprendre à s'occuper des petits. On parle beaucoup aujourd'hui d'enseigner la solidarité. L'enseigner par des leçons est bien ; l'enseigner en la faisant pratiquer vaut encore mieux.

CHAPITRE IX

Deux mots de conclusion.

————

J'ai annoncé en commençant ce livre, que je me proposais d'examiner si l'introduction en pédagogie de recherches qui sont non seulement expérimentales, mais rigoureusement scientifiques, serait un bienfait pour la pédagogie, si les méthodes d'enseignement en deviendront meilleures, si l'art de connaître les aptitudes des enfants sera perfectionné.

Nous ne sommes pas ici dans le domaine de la science pure, mais parmi les faits de la vie réelle; les écoles existent, elles sont peuplées d'enfants, c'est tout un organisme qui fonctionne depuis des centaines d'années; il y a tout autour des fonctionnaires, une hiérarchie, des positions prises, des traditions, des intérêts de personne, et comme des dogmes. Tout cet ensemble a des tendances à durer, à résister en luttant contre les changements, quand même ces changements seraient des progrès. Les recherches de pédagogie expérimentale qui se poursuivent actuellement doivent donc être considérées non seulement en elles-mêmes, mais relativement aux institutions qu'elles visent à modifier.

L'ancienne pédagogie, ou pour parler plus exactement, la pédagogie qui actuellement encore domine l'enseignement, a eu une origine surtout empirique. C'est en enseignant que les maîtres ont fait des observations utiles, dont ils ont tiré parti pour modifier leur enseignement; puis ces observations ont été, la plupart du temps, oubliées, et il n'en est resté que certaines règles de conduite, des usages, des habitudes. C'est ainsi que sont nées les méthodes et qu'ont été composés les programmes, toujours avec un grand respect de la tradition. Ce qu'on peut dire de meilleur de ces pratiques, c'est qu'elles se sont formées pour résoudre des questions réelles, qu'elles sont toujours restées en contact avec l'existence réelle et qu'en somme elles ont rendu de grands services; je les comparerais à une vieille carriole, qui grince, et qui avance bien lentement, mais enfin, elle marche.

De temps en temps, sous la poussée du besoin, ou sous l'inspiration d'un éducateur intelligent, il se produit des réformes, un léger changement de l'orientation, et même parfois il y a des innovations excellentes, comme celles dont l'Amérique nous donne le spectacle dans ses écoles professionnelles; mais le défaut général de ces tentatives, c'est d'être empiriques, sans contrôle, car jamais on n'a songé à ces expériences de comparaison avec témoin, qui sont indispensables pour administrer une preuve scientifique. C'est ce défaut constant de méthode qui a inspiré à un psychologue cette parole bien juste qu'en pédagogie tout a été dit, mais rien n'a été prouvé. Cet empirisme général n'empêche pas que la pédagogie dont nous parlons ne possède sa théorie, sa doctrine; mais c'est une doctrine vague et purement littéraire, une réunion de phrases creuses, qu'il est impossible de critiquer, tant la pensée en est flottante; ce n'est pas assez précis pour être faux.

Contre cette pédagogie, pour la détruire et la remplacer, se sont élevés, depuis une trentaine d'années, beaucoup de novateurs, qui sont ou se disent inspirés de l'esprit scientifique. Ces novateurs sont aujourd'hui partout, un peu en France, en Italie, en Angleterre, davantage en Allemagne, surtout en Amérique. Ils ont entrepris de refaire la pédagogie sur des bases nouvelles, des bases scientifiques. Ils font beaucoup de travaux, qui reposent toujours sur l'observation et l'expérience. Ces travaux s'exécutent soit dans des enquêtes par questionnaires, soit dans des laboratoires de Facultés, quelquefois aussi, mais plus rarement, dans les collèges, lycées et écoles. Le programme qu'on se propose de remplir est extrêmement vaste; on veut d'une part réformer l'organisation de l'enseignement, et d'autre part mettre au premier plan la psychologie de l'enfant, et en déduire avec une rigueur mathématique tout l'enseignement qu'il doit recevoir.

Les éducateurs ont eu la curiosité éveillée par toutes ces promesses; mais ceux qui ont voulu connaître, analyser, comprendre les travaux de la nouvelle science ont été toujours un peu déçus; car ils n'y trouvent que des travaux très techniques, à aspect barbare, dont les conclusions sont très partielles, et souvent d'un intérêt bien médiocre, d'une portée bien contestable; ce ne sont que des fragments épars, isolés, démembrés. Et les maîtres ont été surtout surpris de voir que même s'ils se pénétraient de toutes ces expériences, ils n'en tireraient presque aucun profit, aucune application pratique dans la manière dont ils font la classe. Les pédologistes, ceux du moins qui se sont aperçus de l'attitude déçue des éducateurs, ont eu beau leur crier : « attendez! faites-nous crédit!... nous ne sommes qu'au commencement! » Il a semblé que ce commencement même n'était pas bien engagé. Je parlais de l'ancienne pédagogie comme d'une carriole démodée, mais pouvant encore rendre service. La pédologie a l'aspect d'une machine de précision, une locomotive mystérieuse, brillante, compliquée, et qui au premier aspect frappe d'admiration ; mais les pièces semblent ne pas tenir les unes aux autres, et la machine a un défaut, elle ne marche pas.

J'ai cherché dans ce livre, non pas à concilier ces deux systèmes opposés, mais à trouver mon chemin entre les deux. Il m'a semblé qu'aux uns et aux autres on peut faire un reproche et reconnaître un avantage. L'ancienne pédagogie est trop généralisatrice, trop vague, trop littéraire, trop moralisatrice, trop verbale, trop prédicatrice. Je déteste l'homélie et le prêche ; je les trouve inefficaces, ennuyeux, exaspérants. Mais enfin, si critiquables que soient ses procédés, tout au moins cette ancienne pédagogie a rendu des services ; elle a eu la vision directe des problèmes à résoudre, elle a été mêlée à la vie des écoles, et elle ne s'est pas trompée en insistant sur tout ce qui nous intéresse le plus dans l'éducation. Gardons d'elle au moins son orientation, son goût des problèmes réels. D'autre part, les méthodes modernes de la pédagogie sont des tests, des expériences sèches, étroites, partielles, bien souvent inutiles, imaginées par des gens de laboratoire qui n'ont pas le sens de l'école et de la vie, et qui semblent ne jamais mettre le nez à la fenêtre de leur laboratoire. Mais elles sont l'expérience, le contrôle, la précision, la vérité.

Il nous paraît facile de concilier ces deux tendances en demandant à l'ancienne pédagogie et à la nouvelle des services différents. L'ancienne pédagogie doit nous donner les problèmes à étudier ; la pédagogie nouvelle doit nous donner les procédés d'étude.

Conformément à ce point de vue, je crois qu'on peut introduire en pédagogie, dès à présent, un certain nombre de réformes utiles.

Veut-on savoir quelle est la somme de connaissances d'un enfant, veut-on mesurer son degré d'instruction ? Veut-on savoir si l'enseignement qu'un maître donne est aussi efficace que celui d'autres maitres ? Veut-on connaitre la valeur de quelque procédé nouveau et ses effets utiles ? Veut-on concilier les opinions contraires d'un maître et de son inspecteur ? On aura recours à la méthode de mesures que M. Vaney a organisée.

Veut-on connaître la valeur physique d'un enfant ? Le soupçonne-t-on d'avoir un développement corporel inférieur à celui de son âge; une santé plus chétive ? Est-il nécessaire de tenir compte de cette donnée pour les leçons de gymnastique, pour les exercices de sport, pour les jeux, pour l'assistance scolaire, pour l'excuse d'une diminution de travail en classe, et enfin pour demander une intervention médicale ? Nous avons vu comment il faut s'y prendre, quelle est la marche à suivre, quelles sont les mensurations qui sont les plus significatives.

S'agit-il des examens à pratiquer sur les organes des sens ? Affaire importante, car les enfants, dont les défectuosités visuelles et auditives n'ont pas été reconnues, présentent un retard très préjudiciable dans leurs études. Nous avons rassuré le maître, trop prompt à s'alarmer de son incompétence, et nous lui avons montré qu'il est possible de diviser ces examens sensoriels en deux parties, dont l'une, de nature pédagogique, doit lui être confiée.

Pour l'appréciation de l'intelligence de l'écolier, nous avons dit au milieu de combien de circonstances compliquées et trompeuses on est appelé à se faire une opinion et de quelle nécessité est une méthode de mesure. Nous avons exposé cette méthode, qui est un instrument précieux, à la condition qu'il soit manié avec beaucoup de tact et d'intelligence. Et à ce propos nous avons affirmé qu'il existe une éducation de l'intelligence, c'est-à-dire un moyen de la développer, et que ce moyen ne consiste pas en leçons orales, mais en exercices d'entrainement, constituant ce que nous avons appelé une *orthopédie mentale*.

La mémoire a ensuite attiré notre attention, car elle est une des bases de l'instruction et elle atteint chez l'enfant un maximum de développement. Le maître doit s'occuper de mesurer la mémoire de chaque écolier, pour ne pas la surcharger, et surtout pour ne pas donner à tort et à travers des récompenses et des punitions qui ne seraient pas méritées. Nous avons montré que la mémoire se mesure, dans une expérience collective, aussi facilement que l'acuité visuelle. Après un mot sur l'étude et la cure des illusions de mémoire, qui sont en grande partie des erreurs de jugement, nous avons dit que la distinction des écoliers en visuels, auditifs et moteurs ne présente, dans l'état actuel de nos connaissances, aucune garantie d'exactitude et par conséquent aucun intérêt. Nous avons terminé en traçant un programme de l'éducation de la mémoire, qui peut, tout comme l'intelligence, être entraînée par des exercices méthodiques. Nous avons surtout insisté sur la nécessité d'exercices gradués et nous avons prouvé par quelques observations quelles erreurs on commet en abandonnant cette méthode.

Le chapitre des aptitudes des enfants est à peine ébauché; la question des corrélations est encore mal connue; nous sommes ici dans la science de demain. Nous nous sommes bornés à réclamer, pour les enfants qui ne réussissent pas dans les travaux littéraires l'accession aux travaux manuels, auxquels on attache avec tant de raison aujourd'hui une grande valeur éducative. Toutes les fois qu'un enfant est dans les derniers de sa classe, on devrait examiner ce dont il serait capable dans un atelier de bois et de fer.

Un dernier chapitre sur l'éducation morale et sur la paresse nous a permis de démontrer dans un tableau d'ensemble la variété des procédés dont dispose un éducateur pour agir sur un enfant; l'œuvre de demain consistera à établir des relations entre les différents caractères des enfants et les moyens les plus appropriés à chacun des caractères types.

Grâce à tous ces essais, nous arrivons à rendre plus précise, plus pratique, plus utile la connaissance des enfants. Ceux qui se pénètrent de ces méthodes y gagnent l'avantage de s'épargner quelque erreur, de corriger quelque préjugé, de fixer leur attention sur un signe décisif, ou de savoir ce que précisément il faut faire pour arriver à un jugement exact. Considérée à ce point de vue, la pédagogie cesse d'être un art suranné et profondément ennuyeux. Elle nous permet de nous pencher de plus près sur l'âme de nos enfants, et elle commence déjà à nous enseigner comment il faut s'y prendre pour leur assurer l'éducation de la mémoire, du jugement et de la volonté. Elle n'est pas seulement utile aux enfants, mais à nous-mêmes, et, faisant un retour sur nous, sur nos infirmités et nos faiblesses, nous voyons combien nous gagnerions à nous appliquer ces méthodes. Cela devrait être le souci de tous ceux qui cherchent à introduire un peu d'intelligence et d'art dans l'administration de leur existence. Cela devrait être surtout le souci de tous ceux qui détiennent les pouvoirs publics et qui, au lieu de tant se préoccuper de la science matérielle, du bien-être matériel, de l'industrie matérielle, devraient aussi songer qu'il est tout aussi important, plus important peut-être, de veiller à une bonne direction et organisation de la force morale, car c'est la force morale qui mène le monde.

FIN.

CHAPITRE V

CHAPITRE VI

CHAPITRE VII

CHAPITRE VIII

CHAPITRE IX

2779. — IMPRIMERIE HEMMERLÉ et Cⁱᵉ.
Rue de Damiette 2, 4 et 4 bis. — 8.09.

ERNEST FLAMMARION, ÉDITEUR, 26, RUE RACINE, PARIS

BIBLIOTHÈQUE

DE

PHILOSOPHIE SCIENTIFIQUE

Collection in-18 jésus à 3 fr. 50 le volume

FÉLIX LE DANTEC (*Chargé de Cours à la Sorbonne*)
Les Influences Ancestrales

Après avoir, dans une courte introduction, mis en évidence les avantages de la narration historique des faits, l'auteur montre comment, de la seule notion de la continuité des lignées, on conclut sans peine aux principes de Lamarck et Darwin. Le premier livre de l'ouvrage est un véritable résumé de la biologie tout entière ; grâce à l'heureux emploi d'une expression nouvelle et imprévue « la canalisation du hasard », les questions les plus ardues de l'hérédité et de l'origine des espèces sont exposées avec simplicité, sans qu'il soit jamais nécessaire de faire appel à aucune connaissance spéciale ou technique...................... 1 vol. in-18.

H. POINCARÉ (*Membre de l'Institut*)
La Science et l'Hypothèse

M. Poincaré a réuni sous ce titre les résultats de ses réflexions sur la logique des sciences mathématiques et physiques. Dans les unes comme dans les autres, l'hypothèse a joué un grand rôle. Quelques personnes en ont voulu conclure que l'édifice scientifique est fragile ; être sceptique de cette façon, c'est encore être superficiel. Douter de tout, ou tout croire, ce sont deux solutions également commodes qui, l'une et l'autre, nous dispensent de réfléchir.

Un peu de réflexion nous montre au contraire que l'emploi de l'hypothèse est nécessaire et peut être légitime ; sans doute il est dangereux, mais ce n'est qu'une raison de plus de reconnaître avec soin les pièges auxquels le savant est exposé.

M. Poincaré a évité soigneusement l'emploi des formules mathématiques. Son livre pourra donc être lu par toutes les personnes cultivées ; il le sera certainement par tous ceux qui s'intéressent à la philosophie des sciences...................... 1 vol. in-18.

DASTRE (*Professeur de Physiologie à la Sorbonne*)
La Vie et la Mort

Ce livre intéressant entre tous, sera bientôt dans toutes les mains. Ce n'est plus, comme jadis, un poète ou un moraliste qui vient disserter sur la destinée humaine et développer les éternels lieux communs que comporte le sujet. L'auteur de cet ouvrage, M. DASTRE, professeur de physiologie à la Sorbonne, est l'un de nos savants les plus originaux et les p'us profonds. Son livre traite des questions relatives à la Vie et à la Mort au point de vue de la philosophie et de la science. Il nous révèle qu'il y a des animaux immortels, que la mort n'a pas existé de tout temps, qu'elle est apparue à un moment du cours des temps géologiques ; que la vieillesse elle-même est une maladie qui pourrait être évitée et que la vie pourrait être plus longue sans s'accompagner de décrépitude.............................. 1 vol. in-18.

Dr GUSTAVE LE BON. — Psychologie de l'Éducation

Ce livre a été écrit pour tous les membres de l'enseignement, et au moins autant pour les pères de famille, soucieux de l'avenir de leurs fils. Le Dr LE BON s'est livré à une étude attentive du volumineux Rapport de la Commission d'enquête sur la Réforme de l'enseignement ; il en est sorti persuadé que toute la réforme n'a malheureusement tourné qu'autour d'une question de programmes ; et il craint que les programmes nouveaux n'apportent aucun remède. C'est l'esprit de l'enseignement, la méthode, qui auraient besoin d'être améliorés : « Tous les programmes sont indifférents, mais ce qui peut être bon ou mauvais, c'est la façon de s'en servir. »

Le Dr LE BON estime que cette vérité élémentaire est totalement méconnue ; son livre qu'éclaire sans cesse une vue, à la fois profonde et subtile des réalités, a pour but de la faire pénétrer dans le public. « Cette réforme de l'opinion est la première qu'on doive tenter aujourd'hui. »................... 1 vol. in-18.

FRÉDÉRIC HOUSSAY (*Professeur de Zoologie à la Sorbonne*)
Nature et Sciences naturelles

Ce nouveau livre, accessible à tous les esprits cultivés et réfléchis, a pour noyau la plus originale tentative pour montrer, dans l'édification de la science, la continuité de pensée depuis l'antiquité jusqu'à notre époque. Il contient de plus une philosophie opposant la réalité naturelle aux diverses images scientifiques que l'homme s'en est faites, images que les progrès techniques modifient beaucoup moins dans leurs traits essentiels qu'on ne le croit d'ordinaire. Toutes les théories générales y sont groupées, classées, comparées, et les grandes controverses y apparaissent comme des malentendus permanents entre les diverses sortes de pensées humaines. L'ouvrage se termine par un suggestif aperçu sur l'orientation actuelle des sciences naturelles......... 1 vol. in-18.

Dʳ J. HÉRICOURT. — Les Frontières de la Maladie

Les frontières de la maladie, ce sont les maladies de la nutrition qui commencent, s'installant de façon insidieuse et progressant insensiblement, jusqu'au moment où elles se démasqueront en troubles graves et incurables ; ce sont les infections latentes et atténuées qu'on laisse évoluer librement, et qu'on répand autour de soi, d'abord dans sa famille, et puis au dehors ; ce sont toutes les maladies qui laissent aux patients les apparences de la santé, et qui, par cela même, sont abandonnées à leur libre évolution dans leur phase maniable par l'hygiène, jusqu'à leur transformation en états graves, contre lesquels la thérapeutique est alors le plus souvent impuissante..................................... 1 vol. in-18

H. POINCARÉ (*Membre de l'Institut*)
La Valeur de la Science

Ce nouvel ouvrage de M. Poincaré a pour but de rechercher quelle est la véritable valeur objective de la Science ; n'est-elle, comme le prétendent ses détracteurs, qu'une accumulation d'hypothèses arbitraires, une simple règle d'action incapable de nous rien faire connaître de la réalité. On pourrait le croire à voir les capricieuses variations de la mode scientifique ; le caractère à demi conventionnel des notions les plus fondamentales, comme celles de temps et d'espace.

Un examen plus approfondi nous rassure ; il nous montre, il est vrai, que la nature des choses nous demeurera à jamais mystérieuse ; mais qu'il y a dans les rapports mutuels de ces choses inconnaissables, je ne sais quelle harmonie qui est la seule réalité objective qui nous soit accessible.

L'auteur à ce propos revient sur la question de la rotation de la Terre et fait justice de certaines légendes qui ont couru dans les journaux politiques à propos de ses idées sur le mouvement absolu. Il montre comment, malgré la relativité de l'espace, la vérité pour laquelle Galilée a souffert, reste néanmoins la vérité.. 1 vol. in-18.

Dr GUSTAVE LE BON. — L'Évolution de la Matière

Cet ouvrage présente un intérêt scientifique et philosophique considérable. L'auteur y a développé les recherches nombreuses que sous ces titres : *La Lumière Noire, La Dématérialisation de la Matière*, etc., il a publié depuis plusieurs années. On sait qu'elles ont eu en France et surtout à l'étranger un retentissement énorme. Il a montré que, contrairement à une croyance bien des fois séculaire, la matière n'est pas éternelle et peut être détruite sans retour, qu'elle est le siège d'une énergie colossale insoupçonnée jusqu'ici et dont l'intensité est telle que la dissociation complète d'une pièce de 1 centime représenterait autant d'énergie qu'on pourrait en obtenir en brûlant 68.000 francs de houille.

Parmi ses expériences sur les diverses phases de la dématérialisation de la matière on remarquera celles où il prouve par des photographies instantanées que les produits de la dématérialisation de la matière traversent visiblement les obstacles matériels.

Les expériences sur le radium et leur analyse critique forment un des chapitres intéressants de l'ouvrage. On y voit que tous les corps de la nature possèdent les mêmes propriétés que le radium bien qu'à un degré moindre. — 1 vol. in-18 illustré de 62 gravures photographiées au laboratoire de l'auteur.

E. BOINET (*Professeur de Clinique médicale*)
Les Doctrines médicales. — Leur évolution

La nécessité d'une doctrine directrice s'impose à la médecine, qui est à la fois un art par ses applications et une science par ses moyens d'étude. Les doctrines médicales ont donc une portée pratique et théorique, et leur évolution marque les étapes de la médecine.

Le *Livre I*, consacré aux *Doctrines antiques*, se divise en six chapitres : Le *premier* comprend la *médecine sacerdotale* ; le *second chapitre* traite de la *doctrine Hippocratique* ; le *chapitre III* expose les *rivalités de l'Ecole de Cos*, personnifiée par Hippocrate, et de *l'Ecole de Cnide* ; dans les *chapitres IV et V* se trouvent les doctrines multiples de l'*Ecole d'Alexandrie* et la *médecine* au temps d'*Aristote* ; la *doctrine de Galien* fait l'objet du *VI* et *dernier chapitre*.

Le *Livre II* étudie l'*alchimie* et la *doctrine chimiatrique*.

Le *Livre III* montre l'influence des progrès de l'anatomie humaine.

Le *Livre IV*, renferme l'œuvre du xix° siècle illustré par trois noms français, Bichat, Claude Bernard, Pasteur.

Les idées modernes sur la maladie sont exposées dans le *Livre V*.

Le *Livre VI* est consacré aux *défenses de l'organisme*.

Le *Livre VII* montre l'application des doctrines modernes à la thérapeutique et à l'hygiène....................................... 1 vol. in-18.

ÉMILE PICARD (*Membre de l'Institut, Professeur à la Sorbonne*)
La Science moderne et son état actuel

M. Picard s'est proposé de donner, dans ce volume, une idée d'ensemble sur l'état des sciences mathématiques, physiques et naturelles dans les premières années du xx' siècle. Une esquisse de l'état actuel des sciences, de leurs méthodes et de leurs tendances, précédée de remarques historiques, est susceptible de faire mieux comprendre que des dissertations abstraites ce que cherchent les savants, quel'e idée on doit se faire de la science, et ce que l'on peut lui demander. On trouvera discutés dans ce volume, avec de nombreux exemples à l'appui, les divers points de vue sous lesquels on envisage aujourd'hui la notion d'explication scientifique, ainsi que le rôle des théories, sans lesquelles la science se réduit à un catalogue de faits. Ces trois cents pages forment une véritable encyclopédie, où sont condensés les résultats positifs les plus importants, en même temps qu'un livre de philosophie scientifique, où les liens qui unissent les diverses sciences sont mis en évidence... 1 vol. in-18.

ALFRED BINET (*Directeur du Laboratoire de Psychologie à la Sorbonne*)
L'Ame et le Corps

Depuis quelques années, le vrai problème de l'âme et du corps sollicite de nouveau l'attention du monde savant. M. Binet a voulu montrer que les progrès récents de la psychologie expérimentale ont eu un retentissement sur les spéculations les plus hautes et les plus abstraites de la philosophie. L'analyse de la sensation, de l'image, de l'idée, de l'émotion, telle qu'elle résulte des travaux les plus précis, oblige à poser en termes nouveaux la distinction du physique et du mental. Les anciennes hypothèses, le matérialisme, le spiritualisme, l'idéalisme, le parallélisme, le monisme, apparaissent maintenant comme frappées d'un vice radical, et doivent faire place à une solution nouvelle, et mieux adaptée aux données les plus importantes de la science...... 1 vol. in-18.

FÉLIX LE DANTEC (*Chargé de Cours à la Sorbonne*)
La Lutte universelle

Contrairement à Saint-Augustin qui affirme que les corps de la nature se soutiennent réciproquement et « s'aiment en quelque sorte » M. Le Dantec prétend, dans ce nouveau livre, que l'existence même d'un corps quelconque est le résultat d'une lutte. « Etre, c'est lutter » dit-il et il ajoute aussitôt : « Vivre, c'est vaincre ». L'auteur est amené en effet à classer les corps en trois

Catégories. Il n'y a là qu'une manière nouvelle de parler, mais cette manière de parler est assez féconde pour constituer un vrai système philosophique........................... 1 vol. in-18.

LUCIEN POINCARÉ (*Inspecteur général de l'Instruction publique*)
La Physique moderne. — Son Évolution

M. L. POINCARÉ a pensé qu'il serait utile d'écrire un livre où, tout en évitant d'insister sur les détails techniques, il ferait connaître, d'une façon aussi précise que possible, les résultats si remarquables qui, depuis une dizaine d'années, sont venus enrichir le domaine de la physique et modifier profondément les idées des philosophes aussi bien que celles des savants.... 1 vol. in-18.

L. DE LAUNAY (*Professeur à l'École des Mines*)
L'Histoire de la Terre

Écrire un ouvrage de géologie, sans termes rébarbatifs, sans mots latins, sans énumérations fastidieuses, sans termes techniques, sans figures ; faire une *Histoire de la Terre*, qui soit, à proprement parler, une Histoire, c'est-à-dire qui raconte simplement les faits du passé dans leur succession chronologique et qui ne devienne pas, pour cela, un roman, tel est le but difficile que s'est proposé M. DE LAUNAY.................................... 1 vol. in-18.

FÉLIX LE DANTEC (*Chargé de Cours à la Sorbonne*)
L'Athéisme

Voici, nous dit l'auteur, un livre de bonne foi ; et, réellement, le ton de l'ouvrage est tel qu'on pourrait se demander, le plus souvent, si l'on est en présence d'un plaidoyer pour l'athéisme ou pour la nécessité d'une foi religieuse.

M. LE DANTEC commence par nous expliquer comment il a été amené fatalement et presque malgré lui à ses opinions philosophiques actuelles ; il ne les a pas choisies comme étant les meilleures : il les a subies pour ainsi dire et ne saurait, par conséquent, songer à les imposer aux autres. À notre époque de crise religieuse, ce livre, d'une lecture très facile, devra être dans toutes les mains... 1 vol. in-18.

JULES COMBARIEU (*Chargé de cours d'Histoire musicale au Collège de France*)
La Musique. — Ses Lois et son Évolution

Dans ce travail, l'auteur s'est placé à un point de vue nouveau, qui n'est pas celui de Marx, de Gevaërt, de Riemann, et des autres grands théoriciens. M. Jules COMBARIEU ne s'est pas contenté d'exposer en langage très clair, avec exemples à l'appui, les *lois* de la musique — mécanisme du rythme, règles du contre-point, formes diverses de la composition, etc. — et de les replacer dans leur évolution historique : il les explique, en rattachant un état donné de l'art et de la théorie à l'état correspondant de la vie sociale ; de plus, il montre que la musique, tout en étant la forme la plus libre de la pensée, est en harmonie avec les lois fondamentales de la nature.................................... 1 vol. in-18 illustré.

Dr HÉRICOURT. — L'Hygiène moderne

Sous une forme toute nouvelle, et qui n'a rien de commun avec les traités d'hygiène classiques, toujours lourds et touffus, *L'Hygiène Moderne* du Docteur J. Héricourt présente aux lecteurs du grand public un ensemble d'idées générales capables de les guider avec sûreté pour la solution de tous les problèmes concernant la conservation et la protection de leur santé.

L'hygiène de l'individu, l'hygiène de la maison et de la rue, l'hygiène des collectivités permanentes ou temporaires, y sont traitées dans leurs grandes lignes, en une série de chapitres d'une lecture attachante.................................... 1 vol. in-18.

L. POINCARÉ *(Inspecteur général de l'Instruction publique)* L'Électricité

Dans ce nouveau volume, M. Lucien Poincaré étudie les modes de production et d'utilisation des courants électriques et les principales applications qui appartiennent au domaine de l'électrotechnique.

L'auteur s'adresse au public éclairé qui s'intéresse aux progrès des sciences et lui présente, sous une forme très simple et facilement accessible, un tableau fidèle de l'état actuel de l'électricité .... 1 vol. in-18.

HENRI LICHTENBERGER *(Maître de Conférences à la Sorbonne)* L'Allemagne moderne. — Son Évolution

La science allemande s'est efforcée, depuis quelques années surtout, en de nombreuses publications individuelles ou collectives, de dresser le bilan du siècle écoulé. Il a semblé qu'il pouvait être intéressant de présenter au public français, sous une forme aussi simplifiée que possible et dans un esprit de stricte impartialité, quelques-uns des résultats généraux de cette vaste enquête. Dans cet ouvrage on a donc essayé de donner, en quatre livres, un tableau sommaire de l'évolution économique, politique, intellectuelle, artistique de l'Allemagne moderne.......... 1 vol. in-18.

Dʳ GUSTAVE LE BON. — L'Évolution des Forces

Ce livre est consacré à développer les conséquences des principes exposés par Gustave Le Bon dans son ouvrage l'*Evolution de la Matière*, dont la 12ᵉ édition a paru récemment. — 1 vol. in-18 illustré de 42 figures.

GASTON BONNIER (*Membre de l'Institut, Professeur à la Sorbonne*)
Le Monde végétal

L'ouvrage que vient de rédiger M. Gaston Bonnier n'est pas, à proprement parler, un livre de Botanique.

Dans *Le Monde Végétal*, l'auteur, avant tout, expose les faits qui éclairent la philosophie des sciences naturelles ; il y passe en revue la succession des idées que les savants ont émises sur les végétaux ; il les commente et il les discute. — 1 vol. in-18 illustré de 230 figures.

ERNEST VAN BRUYSSEL (*Consul général de Belgique*)
La Vie sociale. — Ses évolutions

Ce livre expose dans son ensemble toute l'histoire de l'humanité. Il a pour but l'étude des idées sociales dès leur origine et à travers leurs évolutions, durant la succession des siècles. Ecrit largement, d'une synthèse claire et rigoureuse, il nous met, par une analyse raisonnée, en face de l'immense progrès qu'a réalisé l'esprit de l'homme dans le sens de la conquête de sa liberté matérielle et intellectuelle, simplement en exposant les faits ainsi qu'ils se sont succédé. C'est une leçon encyclopédique et à la fois un enseignement moral d'une haute portée.................. 1 vol. in-18.

ENVOI FRANCO CONTRE MANDAT OU TIMBRES-POSTE

520. — Paris. — Imp. Hemmerlé et Cⁱᵉ.

9 782013 456302